Früher in den Ruhestand

Werner Siepe

WOLTERS KLUWER | STEUERTIPPS

Postfach 10 01 61 · 68001 Mannheim
Telefon 0621/8626262
Telefax 0621/8626263
www.steuertipps.de

2. aktualisierte Auflage
Stand: März 2025

Zum Zwecke der besseren Lesbarkeit verwenden wir allgemein die grammatisch männliche Form. Selbstverständlich meinen wir aber bei Personenbezeichnungen immer alle Menschen unabhängig von ihrer jeweiligen geschlechtlichen Identität.

Redaktion: Dr. Torsten Hahn, Benedikt Naglik, Gerald Eckel

Geschäftsführer: Christoph Schmidt, Stefan Wahle

Layout und Umschlaggestaltung: futurweiss kommunikationen, Wiesbaden

Bildquelle: ©auremar – stock.adobe.com

Printed in Poland

ISBN 978-3-96533-432-8

Vorwort

Menschen ab 65 Jahren werden in der Regel zur Gruppe der älteren Generation oder Senioren gezählt. Die meisten von ihnen befinden sich bereits im Ruhestand und beziehen Rente oder Pension. Aufgrund ihrer oft stabilen finanziellen Lage wird diese Zielgruppe von der Wirtschaft auch als »Best Ager« bezeichnet und gezielt umworben. Doch die Annahme, dass Senioren sich angesichts ihrer Altersbezüge keine Gedanken mehr über ihre Finanzen machen müssten, ist trügerisch. Stark steigende Lebenshaltungskosten, insbesondere für Lebensmittel, Energie und Heizung, können den vermeintlich sorgenfreien Ruhestand gefährden.

Mit dem Eintritt in den Ruhestand haben Senioren jedoch mehr Zeit, sich intensiv mit ihren finanziellen Angelegenheiten zu beschäftigen. Dabei stehen Sicherheit und Verlässlichkeit im Vordergrund. Schicksalsschläge wie schwere Krankheiten, Pflegebedürftigkeit oder der Verlust des Partners können schnell auch finanzielle Probleme nach sich ziehen, weshalb eine gute Planung unerlässlich ist.

Im vorliegenden Ratgeber werden sieben Bereiche rund um die Finanzen von Senioren bzw. Ruheständlern eingehend beleuchtet. Der Ratgeber richtet sich auch an Personen, die beispielsweise schon mit 63 Jahren oder noch früher in den Ruhestand gegangen sind. Zwar zählen sie im engeren Sinne nicht zu den Senioren. Jedoch wird sich ihr Ziel, den vorzeitigen Ruhestand finanziell zu sichern, nicht von den 65 Jahre und älteren Senioren unterscheiden.

Die finanzielle Sicherheit im Alter gelingt Ihnen umso besser, je genauer die **Versorgungsplanung** erfolgt und je sicherer der individuell ermittelte **Versorgungsbedarf** durch Alterseinkünfte gedeckt wird. Am Anfang und damit gleich im ersten Kapitel des Buches steht eine Bestandsaufnahme der Einnahmen und Ausgaben – ein Kassensturz ist essenziell für eine solide Haushaltsplanung. Ziel ist es, mit dem Alterseinkommen auszukommen. Ergänzend wird empfohlen, regelmäßig eine Vermögensbilanz zu erstellen, um Schulden und Vermögen im Blick zu behalten. Sachwertanlagen wie Gold, Aktien oder Immobilien bieten attraktive Möglichkeiten zur Vermögenssicherung.

Im zweiten Kapitel geht es um das **Wohnen im Alter.** Das Wohnen spielt eine zentrale Rolle für die finanzielle Sicherheit. Ob im Eigenheim, betreuten Wohnen oder einer Seniorenresidenz – die Wohnform sollte gut durchdacht sein. Wer sein Eigenheim nutzen möchte, um Kapital freizusetzen, ohne auszuziehen, hat heute verschiedene Optionen. Diese sollten jedoch sorgfältig geprüft werden.

Wer über **Vermögen** im Alter verfügt, kann bei zusätzlichem Geldbedarf über Banken oder Bausparkassen einen Auszahlplan für einen bestimmten Zeitraum vereinbaren. Bei Investmentfonds und Exchange Traded Funds (ETFs) sorgt ein Entnahmeplan mit Kapitalerhalt oder Kapitalverzehr für regelmäßig zufließende Gelder.

Im dritten Kapitel stehen daher Sachwertanlagen wie Aktien und Aktienfonds inklusive ETFs sowie Gold im Vordergrund. Mit der Direktanlage in vermietete Immobilien und mit Anteilen an Immobilienfonds lassen sich zudem relativ stabile Mieterträge und Ausschüttungen erzielen.

Darlehen benötigen die wenigsten Senioren. Günstige KfW-Mittel helfen aber beim altersgerechten Umbau des Eigenheims, wie im vierten Kapitel erläutert wird. Auch tilgungsfreie Festdarlehen von Banken oder Versicherern können dazu beitragen, eine finanzielle Durststrecke zu überwinden.

Im fünften Kapitel werden **Versicherungen** unter die Lupe genommen, die Senioren haben müssen oder noch zusätzlich abschließen sollten, wie zum Beispiel eine Elementarschadenversicherung als Zusatzpolice zur Wohngebäude- und Hausratversicherung. Andererseits sind einige andere Versicherungen entbehrlich oder sogar komplett überflüssig. Eine Prüfung aller von Ihnen abgeschlossenen Policen mit Angebotsvergleichen kann Geld sparen.

Rund 25 % der Senioren müssen **Steuern** zahlen. Daher geht es im sechsten Kapitel darum, mit geeigneten Konzepten Einkommensteuer zu sparen. Da dies bei den Renten und Pensionen nur selten möglich ist, rücken die steuerlich abzugsfähigen Sonderausgaben in den Vordergrund. Dazu zählt beispielsweise die Vorauszahlung von Beiträgen zur Kranken- und Pflegeversicherung für privat oder freiwillig gesetzlich versicherte Ruheständler. **Schenkung- und Erbschaftsteuer** lässt sich ebenfalls durch eine geschickt vorweggenommene Erbfolge sparen, zu der außer dem Nießbrauch auch die kaum bekannte ehebedingte Zuwendung des Eigenheims oder eines Miteigentumsanteils an den Ehepartner gehört.

Der mit der Versorgungsplanung im ersten Kapitel begonnene Kreis schließt sich im siebten und letzten Kapitel mit der **Nachlassplanung.** Der rechtzeitige Abschluss von Testament oder Erbvertrag ist allemal besser, als sich ganz auf die gesetzliche Erbfolge zu verlassen. Mit der vorweggenommenen Erbfolge über Schenkungen und vorher festgelegten Vermächtnissen im Erbfall lassen sich die gewünschten Ziele des künftigen Erblassers am besten erreichen. Sie dienen auch dazu, dass Pflichtteilsansprüche von Abkömmlingen erst gar nicht geltend gemacht werden. Schon in Goethes Faust heißt es mit Blick auf die Erben: »Was du ererbt von deinen Vätern hast, erwirb es, um es zu besitzen.« Und für Senioren als künftige Erblasser sollte das Motto gelten: »Was du auch tust, tue es klug und bedenke das Ende.«

Abschiede sind nie leicht, doch sie eröffnen neue Möglichkeiten und Wege. Mit diesem Ratgeber möchte ich Ihnen nicht nur praktische Tipps an die Hand geben, sondern auch Mut machen, die Herausforderungen des Ruhestands aktiv anzugehen. Denken Sie daran: Jede Veränderung birgt die Chance auf einen Neubeginn.

In diesem Sinne wünsche ich Ihnen viel Erfolg und Gelassenheit für Ihre finanzielle Zukunft – und vor allem einen erfüllten Ruhestand.

Werner Siepe

Inhalt

1 Die Vermögens- und Versorgungsplanung

Die finanzielle Versorgung im Alter richtig zu planen, ist nicht nur möglich, sondern auch dringend notwendig, um den **Lebensstandard im Ruhestand** zu sichern. Trotz der Unsicherheiten der Zukunft bietet eine strukturierte Altersvorsorge Orientierung und Sicherheit. Hierbei gilt: Altersvorsorge bedeutet, während des Berufslebens Geld zu sparen und anzulegen. Altersversorgung ist das Ergebnis dieses Prozesses – die finanzielle Sicherheit im Ruhestand.

Die **Haushaltsplanung,** die sich vor allem auf den Versorgungsbedarf und die zu erwartenden Alterseinkünfte konzentriert, sollte durch eine umfassende **Vermögensplanung** ergänzt werden. Dabei ist es wichtig, regelmäßig – sei es jährlich, vierteljährlich oder sogar monatlich – eine private Bilanz zu erstellen, um einen Überblick über das vorhandene Vermögen und etwaige verbleibende Schulden zu erhalten.

Die **Versorgungsplanung** ist somit ein ganzheitlicher Vorgang, mit dem Sie die eigenen Finanzen im Alter so gut wie möglich in den Griff bekommen. Sie geht deutlich über die Frage, wie Sie Versorgungslücken im Alter schließen sollten, hinaus. Für alle Arten der Versorgungsplanung empfiehlt es sich, zwecks besserer Übersicht mit **Excel-Tabellen** zu arbeiten.

! Eine finanziell abgesicherte Altersversorgung ist durch sorgfältige Planung erreichbar. Auch wenn Kritiker darauf hinweisen, dass Planung lediglich den Zufall durch potenzielle Irrtümer ersetzt, bleibt sie dennoch die bessere Alternative. Denn Irrtümer können erkannt und korrigiert werden – der Zufall hingegen entzieht sich jeglicher Kontrolle.

1.1 Budget und Haushaltsplanung

Im **Ruhestand** verändert sich das Haushaltsbudget grundlegend im Vergleich zur aktiven Berufsphase. Auf der **Einnahmenseite** stehen vor allem Renten und Pensionen, die in der Regel deutlich niedriger ausfallen als die vorherigen Gehälter. Gleichzeitig entfallen jedoch bestimmte Kosten, wie etwa die Ausgaben für den Arbeitsweg oder Beiträge zur Altersvorsorge. Dennoch übersteigen die **Einkommensverluste** in den meisten Fällen die Einsparungen bei den Ausgaben.

1.1.1 Deckung des Versorgungsbedarfs im Alter

Der **Versorgungsbedarf** im Alter für Konsumausgaben (Wohnkosten und übrige Lebenshaltungskosten) hängt insbesondere

- vom **angestrebten Lebensstandard** und
- der **Anzahl der Haushaltsmitglieder** ab.

Das Motto »Mit dem Einkommen auskommen« gilt auch für Ruheständler, die im Alter zudem ihren bisher erreichten Lebensstandard so gut wie möglich sichern wollen.

! Der finanzielle Bedarf umfasst das Geld, das Ruheständler zur Sicherung ihres laufenden Lebensunterhalts und zur Erfüllung zusätzlicher Wünsche (z.B. Reisen oder intensive Hobbys) benötigen. Da Ausgaben für bestimmte Versicherungen (z.B. Berufsunfähigkeits-, Kapitallebens-, private Rentenversicherung) und Fahrten zum Arbeitsplatz im Ruhestand wegfallen, sinkt der Versorgungsbedarf im Vergleich zur aktiven Berufsphase.

Selbstnutzer von Einfamilienhaus oder Eigentumswohnung genießen nach völliger Entschuldung ihr miet- und schuldenfreies Eigenheim. Erwachsene Kinder sind aus dem Haus und müssen in aller Regel nicht mehr finanziell unterstützt werden.

Aus den genannten Gründen liegt der Versorgungsbedarf im Alter mehr oder weniger deutlich **unter dem finanziellen Bedarf in der Berufsphase.**

! Als grobe Faustformel für den Versorgungsbedarf im Alter kann die 80-Prozent-Regel gelten, wonach die Netto-Alterseinkünfte mindestens 80 % des letzten Nettoeinkommens bei Erwerbstätigkeit und gleichzeitig mindestens 1.500,– € für alleinstehende bzw. 2.500,– € für verheiratete Ruheständler ausmachen sollten.

Eine **exakte Erfassung der Nettoeinnahmen** im Alter, die zur Bestreitung der laufenden Kosten erforderlich sind, ist meist nur mit Mühe möglich. Daher verwendet man häufig die erwähnte Faustformel, um den geschätzten Versorgungsbedarf im Alter zu ermitteln, und orientiert sich dabei am zuletzt bezogenen Nettogehalt.

! Es ist nicht sinnvoll, einen sehr hohen Versorgungsbedarf von 100 % und mehr des früheren Nettogehalts anzunehmen, da im Ruhestand tatsächlich berufsbedingte Kosten oder bestimmte Versicherungsbeiträge wegfallen und Eigenheimbesitzer, deren eigene vier Wände im Ruhestandsalter endlich schuldenfrei sind, zusätzlich Zins- und Tilgungsbeiträge für die nun ausgelaufenen Hypothekendarlehen einsparen. Ein Versorgungsbedarf in Höhe von 100 % oder mehr des letzten Nettogehalts würde auf dem Papier zu künstlich hohen Rentenlücken führen. Umgekehrt wird bei einem angenommenen Versorgungsbedarf von nur 60 % des Nettogehalts eine zu geringe Rentenlücke ausgewiesen. Mittelwerte von rund 80 % des Nettogehalts eignen sich daher besser zur Schätzung des finanziellen Bedarfs im Alter.

Vor allem geht es darum, eine **Versorgungslücke zu vermeiden.** Unter Versorgungslücke (auch »**Rentenlücke**« genannt) versteht man die Lücke, bei der die **Alterseinkünfte unter dem Versorgungsbedarf liegen** und somit ein Defizit entsteht. Sofern man den

Versorgungsbedarf mit 80 % des letzten Nettoeinkommens ansetzt, aber nur Netto-Alterseinkünfte von 60 % besitzt, macht die Lücke 20 % des letzten Nettoeinkommens aus.

! Liegen die Netto-Alterseinkünfte aber bei 90 % oder gar 100 % des letzten Nettoeinkommens und damit über dem Versorgungsbedarf, entsteht ein Überschuss. Dieser Überschuss kann dann als willkommene finanzielle Reserve angesehen werden. Sofern außerplanmäßige Ausgaben anfallen, können sie mithilfe dieser Reserve ausgeglichen werden. Das Altersvermögen müsste dann nicht angetastet werden. Es kann für zusätzlichen Konsum verwendet, an Ehegatten oder Kinder verschenkt bzw. vererbt, in Stiftungen investiert oder für andere gute Zwecke verwendet werden.

1.1.2 Geringer, mittlerer und hoher Versorgungsbedarf

Jeder jetzige oder künftige Ruheständler sollte von einem **Versorgungsbedarf** ausgehen, der deutlich über dem Mindestbedarf von beispielsweise 1.500,– € für **Alleinstehende** oder 2.500,– € für **Paare** liegt. In der folgenden Tabelle wird ein mittlerer Versorgungsbedarf von 2.500,– € für Alleinstehende und 3.500,– € für Paare angenommen. Dieser Versorgungsbedarf sollte zumindest ausreichen, um den Lebensunterhalt zu decken.

Ein hoher Versorgungsbedarf von 3.500,– € für Alleinstehende bzw. 4.500,– € für Paare liegt noch einmal 1.000,– € über dem mittleren Versorgungsbedarf. Selbstverständlich sind dem Versorgungsbedarf **nach oben keine Grenzen** gesetzt. Wer auch im Ruhestand über hohe Alterseinkommen verfügt, kann sich auch höhere Konsumausgaben und damit einen anspruchsvolleren Lebensstandard leisten.

Monatlicher Versorgungsbedarf im Alter

	gering	mittel	hoch
Alleinstehende	1.500,– €	2.500,– €	3.500,– €
Paare	2.500,– €	3.500,– €	4.500,– €

1.1.3 Durchschnittliche Konsumausgaben laut Statistik

Private Haushalte gaben im Jahr 2022 laut **Statistischem Bundesamt** durchschnittlich 2.846,– € im Monat für Konsum aus. Davon entfielen 1.025,– € oder 36 % auf Wohnen (inkl. Kosten für Energie und Instandhaltung). Nur 417,– € oder 15 % machten die Kosten für Ernährung aus. Bei 347,– € oder 12 % lag der Anteil der Kosten für Verkehr (eigenes Fahrzeug und Nutzung öffentlicher Verkehrsmittel).

Die restlichen 1.097,– € oder 37 % der Konsumausgaben beziehen sich auf

- **Freizeit/Unterhaltung/Kultur** (245,– €),
- **Gastronomie/Beherbergung** (177,– €),
- **Innenausstattung/Haushaltsgeräte** (170,– €),
- **Kommunikation** (122,– €),
- **Gesundheit** (110,– €),
- **Kleidung/Schuhe** (103,– €)
- und **Sonstiges** (170,– €).

Zu den Konsumausgaben kamen noch rund 500,– € für **Versicherungsbeiträge** (ohne Kranken- und Pflegeversicherung) und Kreditzinsen hinzu, sodass die Gesamtausgaben bei rund 3.350,– € in 2022 lagen. Im Jahr 2025 könnten die durchschnittlichen Konsumausgaben für private Haushalte auf 3.200,– € steigen und einschließlich der Versicherungsbeiträge sogar auf 3.700,– €.

Der **Versorgungsbedarf für einen 2-Personen-Haushalt im Alter** dürfte geringere Kosten für Verkehr, Versicherungsbeiträge und Sonstiges enthalten, sodass im Durchschnitt eher mit Gesamtausgaben von 3.200,– € im Monat zu rechnen ist. Bei einem 1-Personen-Rentnerhaushalt könnten die Konsumausgaben monatlich 2.000,– € in 2025 ausmachen und bei einem Seniorenpaar ab 65 Jahre rund 3.000,– € im Durchschnitt.

1.1.4 Mindestversorgungsbedarf

Mindestens 1.500,– € für Alleinstehende bzw. 2.500,– € für Paare sollten es aber beim Versorgungsbedarf im Alter auf jeden Fall sein. Für die Höhe des **Mindestversorgungsbedarfs im Alter** gibt es im Übrigen einige Anhaltspunkte. Beispielsweise liegt die **Pfändungsfreigrenze** für Arbeitseinkommen (also der nicht pfändbare Betrag) in der Zeit vom 1.7.2024 bis 30.6.2025 bei 1.500,– € für Alleinstehende und 2.060,– € für Paare. Nettoeinkommen von bis zu 1.375,– € für Alleinstehende bzw. 2.145,– € für Paare wurden im Jahr 2024 auf die seit 2021 eingeführte **Grundrente** nicht angerechnet.

Die **Grundsicherung im Alter** für Bedürftige nach Erreichen der Regelaltersgrenze liegt aktuell nur bei durchschnittlich rund 1.000,– € für Alleinstehende und 1.500,– € für Paare. Diese Beträge decken aber nur das **Existenzminimum** ab und sind ein Maß für absolute Armut. Von **relativer Armut** spricht man, wenn der Versorgungsbedarf unter 60 % des sogenannten **Medianeinkommens** (durchschnittliches Nettoeinkommen bei 1-Personen-Haushalten) in Höhe von 2.190,– € liegt, also unter 1.314,– € für Alleinstehende. Bei Paaren sind es 1.971– €, da ein Zuschlag von 50 % erfolgt. Der Versorgungsbedarf von mindestens 1.314,– € für Alleinstehende bzw. von 1.971,– € für Paare schützt jedoch nur vor relativer Armut.

1.2 Deckung des Versorgungsbedarfs durch Alterseinkommen

Der **Versorgungsbedarf** muss durch entsprechende **Nettoeinkommen,** also Einkommen nach Abzug von Beiträgen zur gesetzlichen oder privaten Kranken- und Pflegeversicherung und von Steuern, gedeckt werden. 2023 lag das durchschnittliche Nettoeinkommen aller privaten Haushalte bei monatlich 3.650,– € und in den Haushalten von Ruheständlern bei 2.900,– €. Die durchschnittlichen Bruttoeinkommen pro Monat betrugen 5.207,– € in allen Haushalten und 3.300,– € in Rentner- und Pensionärshaushalten.

Aussagekräftiger sind aber die für Ruheständler vorherrschenden Haushaltstypen »**Alleinlebende**« und »**Paare ohne Kinder**«. Laut **Alterssicherungsbericht der Bundesregierung** 2024 mit Zahlen für 2023 lag das monatliche Nettoeinkommen von Ehepaaren im Alter ab 65 Jahren bei durchschnittlich 3.759,– € (im Westen 3.897,– € und im Osten 3.181,– €). Dies sind rund 260,– € mehr im Vergleich zum mittleren Versorgungsbedarf von 3.500,– € laut voriger Tabelle.

Manche werden die für Alleinstehende und Paare im Alter ab 65 Jahre hochgerechneten monatlichen Nettoeinkommen für zu hoch halten. Bei diesen Zahlen ist aber zu berücksichtigen, dass in den Nettoeinkommen der Senioren auch **zusätzliche Kapital-, Miet- und Erwerbseinkünfte** enthalten sind.

Außerdem ist die gesetzliche Rente zwar die weitaus wichtigste, aber nicht die einzige Quelle von Alterssicherungsleistungen. **Beamte** erhalten eine im Vergleich dazu deutlich höhere Pension und **Freiberufler** über spezielle Versorgungswerke (z.B. Ärzte, Anwälte und Architekten) eine höhere berufsständische Rente. Zudem gibt es Betriebsrenten und private Renten (Riester-Rente, Rürup-Rente, Rente aus privater Rentenversicherung).

! Es ist daher falsch, die gesetzliche Rente netto mit dem Gesamtnettoeinkommen von Ruheständlern gleichzusetzen. Nur 30 % aller Arbeitnehmer besitzen laut Alterssicherungsbericht der Bundesregierung außer der gesetzlichen Rente keine weiteren Einkünfte. Im Umkehrschluss heißt das: 70 % der ehemaligen Arbeitnehmer haben außer der gesetzlichen Rente noch zusätzliche Renten und Alterseinkünfte, zum Beispiel eine Betriebsrente, Riester-Rente oder Rente aus einer privaten Rentenversicherung.

Bei ehemaligen Beamten reicht die im Vergleich zur gesetzlichen Rente höhere Pension in der Regel schon zur Versorgung im Alter aus. Dies liegt daran, dass die **Beamtenpension** eine »**bifunktionale Versorgung**« darstellt, die neben einer **Grundversorgung** noch eine **Zusatzversorgung** enthält.

! Nur-Beamte können demzufolge neben der Pension keine Betriebsrente erhalten. Allerdings können sie wie Arbeitnehmer durch freiwillige Zahlungen Ansprüche auf eine private Rente (z.B. Riester-Rente oder Rente aus privater Rentenversicherung) erwerben oder auch mit freiwilligen Beiträgen über mindestens fünf Jahre eine gesetzliche Rente nach Erreichen der Regelaltersgrenze erhalten.

Entscheidend für die Frage, ob die Alterseinkünfte zur Versorgung im Alter ausreichen, ist die **Höhe des Nettoeinkommens.** Ausgehend von den Bruttoeinkünften im Alter müssen daher nach Abzug von Kranken- und Versicherungsbeiträgen und Steuern auch die jeweiligen Nettoeinkünfte ermittelt werden.

1.2.1 Brutto- und Nettorenten

Wer als Neurentner seit 1.1.2025 eine gesetzliche Rente bezieht und nur auf 35 persönliche **Entgeltpunkte** kommt, erhält eine gesetzliche Rente von 1.376,20 € (= 35 Entgeltpunkte × 39,32 € aktueller Rentenwert bis zum 30.6.2025). Nach Abzug des Beitrags zur gesetzlichen Kranken- und Pflegeversicherung von 175,47 € (= 12,75 % von der Bruttorente) bei einem kinderlosen Rentner verbleibt ein Rentenzahlbetrag von 1.200,73 €.

Zwar muss dieser **Neurentner** im Jahr 2025 keine Steuern zahlen, sofern er keine weiteren Alterseinkünfte hat. Sein Rentenzahlbetrag ist somit mit der Nettorente identisch. Jedoch liegen diese mit rund 1.200,– € nur 200,– € über der Grundsicherung im Alter und immerhin 300,– € unter dem niedrigen Versorgungsbedarf von 1.500,– € laut Tabelle für einen alleinstehenden Rentner, sodass man von relativer Armut sprechen könnte.

! Bei gesetzlichen Renten über 1.500,– € brutto pro Monat fallen zumindest bei alleinstehenden Neurentnern auch Steuern an. Es wäre also fahrlässig, nur vom monatlichen Rentenzahlbetrag nach Abzug von Beiträgen zur gesetzlichen Kranken- und Pflegeversicherung auszugehen. Auf die Nettorente, also die Rente nach Abzug von Beiträgen und Steuern, kommt es an. Die Deutsche Rentenversicherung überweist immer nur die gesetzliche Rente nach Kranken- und Versicherungsbeiträgen und vor Steuern.

Bei einer monatlichen Rente von 2.000,– € brutto bleiben dem alleinstehenden Neurentner ohne weitere Einkünfte vor Steuern gerade einmal 1.745,– € übrig. Er muss nach Ablauf des ersten vollen Rentenjahres dann noch mit einer Nachzahlung von 882,– € rechnen, also 73,50 € pro Monat. Mit einer Nettorente von 1.671,50 € liegt er gerade einmal 171,50 € über dem Mindestversorgungsbedarf von 1.500,– €.

! Wer bereits eine volle Jahresrente und den dazu ergangenen Einkommensteuerbescheid des Finanzamts erhalten hat, sollte die noch abzuziehende Steuer dem Vorauszahlungsbescheid entnehmen. Liegt die vierteljährliche Vorauszahlung beispielsweise bei 300,– € für Einkommensteuer und eventuell Kirchensteuer, sind im Monat noch 100,– € vom Rentenzahlbetrag abzuziehen.

Um den **Unterschied zwischen Brutto- und Nettorente** zu beziffern, werden im Folgenden drei Bruttorenten von 3.000,– €, 2.400,– € und 1.800,– € zugrunde gelegt. Ein **Standardrentner** im Westen, der 45 Pflichtbeitragsjahre lang so viel verdient hat wie ein Durchschnittsverdiener, käme auf eine Bruttorente von monatlich 1.769,40 € und damit auf rund 1.800,– € wie in der folgenden Tabelle.

Gesetzliche Renten brutto und netto für Neurentner ab 1.1.2025

Bruttorente [1]	Nettorente alleinstehend [2]	Nettorente verheiratet [3]
3.000,– €	2.226,– €	2.529,– €
2.400,– €	1.850,– €	2.096,– €
1.800,– €	1.460,– €	1.584,– €

1) Monatliche Bruttorente = 75/60/45 Entgeltpunkte × durchschnittlicher aktueller Rentenwert 40,– € in 2025.

2) Bruttorente minus 12,75 % Beitrag zur gesetzlichen Kranken- und Pflegeversicherung und minus Einkommensteuer laut www.steuertipps.de/service/rechner/einkommensteuer-rechner/ für Alleinstehende.

3) Bruttorente minus 12,15 % Beitrag zur gesetzlichen Kranken- und Pflegeversicherung bei verheirateten Rentnern und minus Einkommensteuer laut www.steuertipps.de/service/rechner/einkommensteuer-rechner/ für zusammen veranlagte Verheiratete.

Der **durchschnittliche Rentenwert** von 40,– € für einen Entgelt- bzw. Rentenpunkt im Jahr 2025 kommt wie folgt zustande: 39,32 € für das 1. Halbjahr und 40,68 € für das 2. Halbjahr. Dabei wird die Rentenerhöhung ab 1.7.2025 auf rund 3,5 % geschätzt.

Eine **Bruttorente** von 3.152,– € würde in der gesetzlichen Rentenversicherung einen Höchstverdiener mit 40 Pflichtbeitragsjahren und ständiger Überschreitung der jeweiligen Beitragsbemessungsgrenze voraussetzen, der dadurch rund 78,8 **Entgeltpunkte** erreichen könnte.

Diesen idealtypischen Höchstrentner mit 40 Pflichtbeitragsjahren und Bruttogehältern über der **Beitragsbemessungsgrenze** in der gesetzlichen Rentenversicherung wird es aber nur unter Akademikern geben, die 40 Jahre lang immer so viel verdient haben wie die Beitragsbemessungsgrenze in der gesetzlichen Rentenversicherung, die in 2025 bei monatlich 8.050,– € liegt. Wer ein Studium abgeschlossen hat, wird frühestens mit 25 Jahren in den Beruf eintreten und dann 40 Pflichtbeitragsjahre bis zum vollendeten 65. Lebensjahr erreichen.

Im Dezember 1958 geborene Neurentner, die bis zur Regelaltersgrenze von 66 Jahren weiterarbeiten, würden auf 41 Pflichtbeitragsjahre mit Höchstverdienst und somit auf 3.085.– € brutto für ihre gesetzliche Rente im Jahr 2025 kommen. Nichtakademiker mit 45 Pflichtbeitragsjahren und ständigem Höchstverdienst über der Beitragsbemessungsgrenze kämen theoretisch sogar auf eine monatliche Bruttorente von 3.504,– €, für 87,6 Entgeltpunkte. Doch eine solche Höchstrente wird es 2025 in der Praxis wohl nicht geben.

Die **Nettorenten** für **Alleinstehende** von 1.528,– € bis 2.364,– € reichen zur Deckung eines geringen Versorgungsbedarfs von 1.500,– € aus. Bei verheirateten Alleinverdienern dürfte nur die Nettorente von 2.628,– € zumindest einen geringen Versorgungsbedarf von 2.500,– € decken.

1.2.2 Bruttopension und Nettopension

Bei **Pensionen** von ehemaligen **Beamten** ist vieles anders im Vergleich zu gesetzlichen Renten von früheren Arbeitnehmern. Es gibt eine **Mindestpension** von rund 1.800,– € brutto, während es eine **Mindestrente** bis heute nicht gibt. Die gesetzliche Rente einschließlich Grundrentenzuschlag für Geringverdiener mit einer Mindestversicherungszeit von 33 Jahren wird nur in den seltensten Fällen über 1.100,– € brutto hinausgehen.

! Im Durchschnitt lag die Bruttopension am 1.1.2023 laut Alterssicherungsbericht 2024 der Bundesregierung bei monatlich rund 3.820,– € für Männer und 3.150,– € für Frauen, die vorher in den Bundesländern beschäftigt waren. Anfang 2025 dürfte sie auf über 4.000,– € bei den Männern und über 3.300,– € bei den Frauen gestiegen sein, also im Durchschnitt auf gut 3.650,– €. Die Pension eines ehemaligen Beamten hängt von der Höhe des Endgehalts und den Dienstjahren ab. Wer auf mindestens 40 Dienstjahre kommt, erhält 71,75 % seines Endgehalts als Pension. Eine Bruttopension von beispielsweise

3.500,– € setzt somit ein zuletzt bezogenes Bruttogehalt von 4.878,– € und 40 Dienstjahre voraus. Bei nur 35 Dienstjahren müsste das Bruttogehalt 4.779,– € ausmachen, um eine Bruttopension von 3.000,– € zu erhalten.

In der folgenden **Tabelle** werden drei **Beispiele für Brutto- und Nettopensionen** genannt. Eine Bruttopension von 4.500,– € und mehr ist bei mindestens 40 Dienstjahren im höheren Dienst ab A 13 zu erwarten. Typisch für den gehobenen Dienst in A 11 ist eine Bruttopension von 3.600,– € und für den mittleren Dienst in A 8 von 2.700,– €, falls der Höchstsatz von 71,75 % bei mindestens 40 Dienstjahren erreicht wird.

Beispiele für Beamtenpensionen brutto und netto

Bruttopension 1)	Nettopension alleinstehend 2)	Nettopension verheiratet 3)
4.500,– €	3.274,– €	3.460,– €
3.600,– €	2.673,– €	2.765,– €
2.700,– €	2.038,– €	2.062,– €

1) Monatliche Bruttopension ist abhängig von Besoldungsgruppe (z.B. A 2 bis A 16), Bundesland und Anzahl der Dienstjahre.

2) Bruttopension minus Einkommensteuer laut www.steuertipps.de/service/rechner/einkommensteuer-rechner/ für Alleinstehende und minus Beitrag zur privaten Kranken- und Pflegepflichtversicherung von geschätzt 365,– €.

3) Bruttopension mit Verheiratetenzuschlag von rund 100,– € minus Einkommensteuer laut www.steuertipps.de/service/rechner/einkommensteuer-rechner/ für zusammen veranlagte Verheiratete und minus Beitrag zur privaten Kranken- und Pflegepflichtversicherung von geschätzt 730,– €.

Im Gegensatz zur gesetzlichen Rente wird die **Beamtenpension** steuerlich wie Einkünfte aus nichtselbstständiger Arbeit behandelt und damit bis auf einen geringen Versorgungsfreibetrag voll besteuert. Der Pensionär erhält vom jeweiligen Landesamt für Versorgung die Bruttopension minus Steuern überwiesen. Dieser Zahlbetrag ist aber bei privat krankenversicherten Pensionären nicht mit der Nettopension gleichzusetzen.

Da deutlich über 90 % der Beamten und **Pensionäre** privat krankenversichert sind, ist von der Pension nach Steuern noch der **Beitrag zur privaten Kranken- und Pflegepflichtversicherung** abzuziehen, um die tatsächliche Nettopension zu ermitteln. Pensionäre haben in den meisten Bundesländern einen Anspruch auf Beihilfe in Höhe von 70 % der Arznei-, Arzt-, Zahnarzt- und Krankenhauskosten. Sie müssen dann nur die restlichen 30 % über die private Krankenkasse (z.B. Debeka als weitaus größte private Krankenkasse für Beamte und Pensionäre) abdecken.

! Die Höhe des monatlichen Beitrags zur privaten Krankenversicherung hängt insbesondere von Eintrittsalter, Gesundheitszustand, Anzahl der versicherten Familienmitglieder und Tarif der jeweiligen privaten Krankenkasse ab. In der vorigen Tabelle werden 350,– € für einen alleinstehenden Pensionär und 700,– € für ein Ehepaar unterstellt. Davon werden rund 290,– € bzw. 580,– € als steuerlich abzugsfähiger Vorsorgeaufwand berücksichtigt.

Die Nettopensionen von 2.038,– € bis 3.267,– € für alleinstehende Pensionäre reichen zur Deckung des Versorgungsbedarfs aus. Bei verheirateten Pensionären wird die Nettopension von 2.028,– € aber nicht einmal den geringen Versorgungsbedarf von 2.500,– € decken, sofern der Ehepartner keine eigenen Einkünfte bezieht. Erst die Nettopension von 3.267,– € wird fast zur Deckung des mittleren Versorgungsbedarfs ausreichen.

1.2.3 Sonstige Renten brutto und netto

Gesetzliche Rentenversicherung und Beamtenversorgung sind sicherlich die wichtigsten, aber nicht die einzigen Alterssicherungssysteme. Daneben bestehen noch **folgende Arten der Alterssicherung:**

- **berufsständische Versorgung** für Freiberufler wie Ärzte und Rechtsanwälte,
- **betriebliche Altersversorgung** in der Privatwirtschaft,

- **Zusatzversorgung für Angestellte** im öffentlichen und kirchlichen Dienst und
- die **private Altersvorsorge** über Riester-Rente, Rürup-Rente und Rente aus privater Rentenversicherung.

Berufsständische Renten sind Freiberuflern in kammerfähigen Berufen vorbehalten. Betriebs- und Zusatzrenten sowie Privatrenten ergänzen nur gesetzliche Renten und Beamtenpensionen. Für ehemalige Beamte kommen jedoch Betriebs- und Zusatzrenten nicht infrage.

! Betriebs- und Zusatzrenten von mehr als 187,25 € im Monat (Stand 2025) sind grundsätzlich beitragspflichtig in der gesetzlichen Kranken- und Pflegeversicherung. Rund 19 % gehen von dem Bruttorentenbetrag ab, der diesen monatlichen Freibetrag übersteigt. Privatrenten sind nicht beitragspflichtig, sofern die Rentenbezieher in der gesetzlichen Krankenversicherung pflichtversichert sind. Nur bei freiwillig in der gesetzlichen Krankenversicherung versicherten Privatrentnern fallen Beiträge an.

Betriebsrenten in der Privatwirtschaft und **Riester-Renten** sind voll steuerpflichtig. Bei Renten aus der privaten Rentenversicherung wird nur der **Ertragsanteil** von beispielsweise 18 % bei 65-Jährigen besteuert. **Rürup-Renten** unterliegen wie gesetzliche Renten einem Besteuerungsanteil von beispielsweise 83,5 % bei Rentenbeginn im Jahr 2025. Ab Rentenbeginn im Jahr 2058 werden auch Rürup-Renten ähnlich wie gesetzliche Renten voll besteuert.

Bei den **sonstigen Renten** errechnen sich die Nettorenten ebenfalls nach Abzug eventueller Beiträge zur gesetzlichen Kranken- und Pflegeversicherung sowie der Steuern.

1.2.4 Zusätzliche Alterseinkünfte brutto und netto

Außer Renten und Pensionen können noch **zusätzliche Alterseinkünfte** aus **Kapitalvermögen** (Zins- und Dividendenerträge), Vermietung (Mietreinerträge) und selbstständiger oder nichtselbstständiger Arbeit vorliegen. Zins- und Mieteinkünfte zusammen machten laut **Alterssicherungsbericht 2024** der Bundesregierung im Durchschnitt monatlich 968,– € bei alleinstehenden Senioren und 2.101,– € bei Paaren aus. 46 % der Allleinstehenden und 62 % der Paare verfügten über zusätzliche Alterseinkünfte.

Zinseinkünfte hatten 14 % der alleinstehenden bzw. 22 % der verheirateten Ruheständler ab 65 Jahren. Die Bruttozinseinkünfte lagen bei 231,– € für Alleinstehende und 280,– € für Paare im Monat. Bis zu 1.000,– € jährlich für Alleinstehende bzw. 2.000,– € für zusammen veranlagte Ehepaare sind von der Abgeltungsteuer befreit. Nur die über diesem Sparerfreibetrag liegenden Zinseinkünfte werden zu 25 % zuzüglich Solidaritätszuschlag besteuert.

10 % der alleinstehenden bzw. 19 % der verheirateten Rentner und Pensionäre erzielten **Vermietungseinkünfte** in Höhe von durchschnittlich 794,– € im Monat bei Alleinstehenden und 1.030,– € bei Ehepaaren. Mietreinerträge werden nach Abzug von Abschreibungen und eventuellen Zinskosten voll versteuert.

Zusätzliche **Erwerbseinkünfte von durchschnittlich 2.188,– € im Monat hatten insbesondere männliche Ruheständler.** Die Bezieher von Erwerbseinkünften ab einem Alter von 65 Jahren und mehr waren in den meisten Fällen selbstständig tätig.

1.3 Fixe Kosten und variable Kosten als Ausgaben

Bei den Ausgaben im Alter ist zwischen **fixen** (feststehenden) und **variablen** (veränderlichen) **Ausgaben** zu unterscheiden. Außerdem ist zu beachten, ob diese Ausgaben monatlich, vierteljährlich, halbjährlich oder jährlich anfallen.

Fixe Ausgaben fallen regelmäßig an. Dazu zählen insbesondere die monatlichen Kosten für Wohnen wie Miete plus sämtliche Nebenkosten (sog. Bruttowarmmiete) oder Bewirtschaftungskosten für das selbst genutzte Eigenheim inklusive Instandhaltungskosten plus eventuell noch anfallende Raten für Hypothekendarlehen. Hinzu kommen Beiträge zur Unfall-, Haftpflicht-, Hausrat- und Rechtsschutzversicherung, die meist jährlich bezahlt werden.

! Beiträge zur gesetzlichen bzw. privaten Kranken- und Pflegeversicherung werden direkt oder indirekt von den Brutto-Alterseinkünften abgezogen. Sofern sie bei der Berechnung des Nettoeinkommens bereits berücksichtigt sind, müssen sie nicht noch einmal gesondert unter den Fixkosten aufgeführt werden. Dies gilt auch für die vierteljährliche Einkommensteuer-Vorauszahlung bei der gesetzlichen Rente.

Variable Ausgaben sind Kosten für Ernährung, Bekleidung und Schuhe, Körper- und Gesundheitspflege, Auto und Verkehr sowie Persönliches (Unterhaltung, Sport, Hobbys, Reisen, Geschenke, Spenden). Diese laufenden Lebenshaltungskosten variieren sowohl in ihrer Höhe als auch in den Zeitpunkten ihres Anfalls.

Einnahmenüberschuss als Ziel

Um auch im Alter finanziell gut über die Runden zu kommen, sollte das Nettoeinkommen die fixen und variablen Ausgaben übersteigen. Ein **regelmäßiger Einnahmenüberschuss** sollte das Ziel sein.

Plötzlich auftretende **Budgetdefizite** sollten durch Entnahme von liquidem Vermögen (z.B. Tagesgeldguthaben) oder einem **Dispositionskredit** überbrückt werden.

! Die Aufnahme von Ratenkrediten im Alter sollte tabu sein. Die monatlichen Kreditraten würden die Fixkosten noch weiter erhöhen.

Um die laufende Liquidität auch im Ruhestand zu sichern, sollten Sie eine sorgfältige **Liquiditätsplanung** vornehmen. Dafür reicht oft schon eine Aufzeichnung aller Nettoeinnahmen und Ausgaben über drei Monate aus.

! Besser ist es, eine Kalkulation mit einer Excel-Tabelle oder einer entsprechend geeigneten App durchzuführen. Dazu werden in der ersten Spalte alle Nettoeinnahmen (Bruttoeinnahmen abzüglich Kranken- und Pflegeversicherungsbeiträge und Steuern) erfasst und in den weiteren Spalten alle monatlich, vierteljährlich, halbjährlich und jährlich anfallenden Ausgaben (fixe und variable Kosten). Die vierteljährlich, halbjährlich und jährlich anfallenden Ausgaben sind dann auf Monatsbasis umzulegen, also Division durch 3, 6 oder 12.

Das **monatliche Budget im Alter** könnte dann wie folgt aussehen:

Monatliches Budget im Alter

Einnahmen netto nach Steuern	**Ausgaben**
Gesetzliche Rente	Miete oder Belastung aus Bewirtschaftung
Beamten- oder Betriebspension	evtl. Kreditraten[4)]
Betriebsrente	Sonstige Versicherungsbeiträge[5)]
Privatrenten	Gebühren und Beiträge[6)]
Mietreinerträge oder Ausschüttungen[1)]	Kosten für Verkehr[7)]
Zins- und Dividendenerträge[2)]	Kosten für Ernährung
Arbeitseinkünfte[3)]	Sonstige Kosten für Lebensunterhalt[8)]

1) Bruttomiete minus Bewirtschaftungskosten bei vermieteten Immobilien oder Ausschüttungen bei geschlossenen Immobilienfonds.
2) Zinserträge aus Zinsanlagen (Tages- oder Festgeld, Anleihen und Rentenfonds) und Dividendenerträge aus Aktien bzw. Aktienfonds nach Abgeltungsteuer.
3) Zusätzliche Einkünfte aus selbstständiger oder nichtselbstständiger Tätigkeit.
4) Kreditrate für Zins und Tilgung (z.B. Belastung aus Kapitaldienst für restliche Hypothekenschulden).
5) Beiträge zur Unfall-, Wohngebäude-, Hausrat-, Auto- und Privathaftpflichtversicherung (außer Beiträgen zur gesetzlichen oder privaten Kranken- und Pflegeversicherung).
6) Rundfunk-, Telefon- und Zeitungsgebühren sowie Vereinsbeiträge.
7) Kosten für eigenes Auto, Kosten für Bahn- und Busfahrten.
8) Kosten für Bekleidung und Schuhe, Körper- und Gesundheitspflege sowie Persönliches (Unterhaltung, Sport, Hobbys, Reisen, Geschenke, Spenden).

1.4 Bilanz und Vermögensplanung

Netto-Alterseinkünfte und Versorgungsbedarf im Alter stehen im Vordergrund der Diskussion um eine sichere Altersversorgung. Auf die künftigen Alterseinkünfte können Sie sich mit einer **sorgfältigen Einkommensplanung** einstellen. Dabei werden die künftigen Renten, Pensionen sowie sonstigen Alterseinkünfte aus Immobilien, Kapitalvermögen oder aus selbstständiger bzw. nichtselbstständiger Tätigkeit im Alter geschätzt.

Bestimmte Alterseinkünfte wie Zins-, Dividenden- oder Mieteinkünfte setzen aber das Vorhandensein von **Altersvermögen** voraus. Das Bild mit dem Früchte abwerfenden Apfelbaum sei erlaubt. Er ist ein Symbol für die Schaffung von Bleibendem, das immer wieder Früchte trägt. Gepflanzt im Herbst, gefroren im Winter und aufgeblüht im Frühling, um erneut Früchte zu tragen. Das Vermögen ist vergleichbar mit dem Apfelbaum, während die Vermögenseinkünfte als Früchte bzw. Ernte aus diesem Vermögen anzusehen sind. Im Bürgerlichen Gesetzbuch wird das **Nießbrauchrecht** beispielsweise als Recht zur Nutzung und zur Fruchtziehung umschrieben. Das Genießen der Vermögenseinkünfte wird daher auch als »Fruchtgenuss« bezeichnet.

! Ähnliches gilt für den Aufbau von Altersvermögen und den Genuss von Alterseinkünften aus Zinsanlagen, Aktienanlagen oder Immobilien. Die wohl wichtigste Regel beim Aufbau des Vermögens lautet: »Lege nicht alle Eier in einen Korb« oder »Setz nicht alles auf eine Karte«. Diese Anlageregel sollte Sie dazu motivieren, Ihr Vermögen zu streuen und Ihre Geldanlagen so zu mischen, dass Ihr Anlagerisiko minimiert wird.

Das künftige Altersvermögen wird in fast allen Darstellungen nur stiefmütterlich behandelt. Eine **Vermögensplanung** für das Alter ist aber genauso wichtig wie eine **Einkommensplanung.** In eigener Sache oder Sache der Kinder »Kapitalist« zu sein, kann auf keinen Fall schaden.

Zwar wurde bereits im Jahr 2001 das sogenannte **Altersvermögensgesetz** (AVmG) verabschiedet. Diese Bezeichnung täuscht hingegen, da es in diesem Gesetz und einem **Ergänzungsgesetz zum Altersvermögensgesetz** (AVmEG) ausschließlich um die ab 2002 eingeführte **Riester-Rente** und das Recht auf eine Betriebsrente aus Entgeltumwandlung ging. Das aus Riester-Beiträgen und Riester-Zulagen aufgebaute Riester-Kapital wird typischerweise ebenso verrentet wie das aus Beiträgen zur Entgeltumwandlung gebildete Kapital. Bei der neuen Betriebsrente ab 2018 ist die Verrentung sogar unbedingte Pflicht.

1.5 Altersvermögen in Geld oder Immobilien

Es ist keine sinnvolle Strategie, sich im Alter ausschließlich auf passive Einkünfte (wie ein »Rentier«) oder rein auf vorhandenes Vermögen (wie ein »Kapitalist«) zu verlassen. Ein Rentner ohne nennenswertes Vermögen wird ebenso wenig finanziell abgesichert sein wie jemand mit Vermögen, dem es an regelmäßigen Einnahmen mangelt. Die optimale Lösung besteht vielmehr in der Kombination beider Aspekte: ausreichend hohe, verlässliche Alterseinkünfte und substanzielle Vermögenswerte. Idealerweise sollten die monatlichen

Einnahmen die Ausgaben dauerhaft übertreffen, um Spielraum für den Alltag zu schaffen. Zusätzliches Vermögen dient dabei als Sicherheitspolster für unvorhersehbare Herausforderungen – etwa bei gesundheitlichen Einschränkungen, Pflegekosten oder dem Verlust des Lebenspartners.

Faustregeln zur Anlagemischung (von Vermögensverwaltern und Fondsmanagern auch Streuung, Diversifikation, Asset Allocation oder Portfolio-Mix genannt) gehen üblicherweise von einer Drittelung des Vermögens aus. Schon der legendäre Baron Rothschild empfahl die Aufteilung: 1/3 Aktien, 1/3 Anleihen, 1/3 flüssige Mittel. Unter Einbeziehung von Immobilien und Gold kann die Rothschild-Regel auf die vier Kernanlagen **Gold, Aktien, Zinsanlagen** und **Immobilien** erweitert und der Anteil der flüssigen Mittel getrost auf 1/10 des Vermögens reduziert werden.

Demzufolge gibt es dann **vier große Vermögensgruppen** bzw. Anlageklassen:

- **G:** Gold und andere Edelmetalle (Silber, Platin und Palladium).
- **A:** Aktien und Aktienfonds (z.B. börsennotierte ETF-Aktienindexfonds).
- **B:** Banksparen (Tagesgeld und Festgeld), Bonds (Anleihen) und Rentenfonds.
- **I:** vermietete Immobilien oder Immobilienfonds (z.B. alternative Investmentfonds mit Immobilien).

Nennen wir es »**GABI-Konzept**« (**G** für Gold, **A** für Aktien, **B** für Banksparen und Bonds, **I** für Immobilien).

Selbstverständlich sollte die Anlagemischung nicht schematisch zu je einem Viertel erfolgen. Die richtige Streuung hängt von Ihrem Lebensalter und Ihrer Anlagementalität ab. Jüngere werden einen höheren Aktienanteil halten als Ältere, da sie mögliche Kursverluste besser aussitzen können und in der Regel auch risikofreudiger sind.

Flüssige Gelder (Liquidität bzw. Cash) in Höhe von mindestens 10 % des Gesamtvermögens sind in jeder Lebensphase Trumpf. Für rentennahe Erwerbstätige und für Rentner könnte sich in Niedrigzinsphasen dann zum Beispiel die folgende **1-2-3-4-Regel** empfehlen:

- **10 %** Tages- und Festgelder (Liquidität, Cash),
- plus **20 %** zusätzliche Zinsanlagen (Anleihen, Rentenfonds),
- plus **30 %** Immobilien (z.B. Mietshaus oder vermietete Eigentumswohnung) und
- plus **40 %** Aktien (z.B. Direktanlage in Aktien oder ETF-Aktienindexfonds) und Gold,

sind 100 % Vermögen.

Über diese **1-2-3-4-Regel** lässt sich naturgemäß trefflich streiten. Sie soll auch nur eine grobe Richtschnur für mittlere und große Vermögen sein.

Auch Ruheständler sollten über Vermögen verfügen. Im Gegensatz zum Einkommen, das zur Deckung des laufenden Versorgungsbedarfs im Alter dient, bietet Vermögen eine zusätzliche finanzielle Rücklage für besondere Schicksalsfälle.

Doch es gibt auch Vermögen wie das **selbst genutzte Haus- und Wohnungseigentum,** das zwar keine Erträge abwirft, aber dem Eigentümer dafür Mietzahlungen erspart.

Fünf Fragen stehen bei der **Vermögensplanung** im Vordergrund:

- Wie hoch sollte das Vermögen als Ertragsquelle und Rücklage sein?
- Wie erfasst man die Höhe des Immobilien- und Geldvermögens?
- Welche eventuellen Restschulden sind vom Bruttovermögen abzuziehen?
- Wie stellt man eine persönliche Vermögensbilanz auf?
- Wie führt man anhand der Vermögensbilanz eine Nachlassplanung durch?

1.6 Vermögen als Ertragsquelle und finanzielle Rücklage

Die Höhe des vorhandenen Vermögens im Alter hängt wesentlich davon ab, ob Ruheständler zur **Miete** oder in einem **selbst genutzten Eigenheim** wohnen. 44 % der Rentner, aber sogar 74 % der Pensionäre leben im Eigenheim. Das durchschnittliche **Nettovermögen von Pensionären** lag mit 403.800,– € nach der Studie »Private Haushalte und ihre Finanzen« der Deutschen Bundesbank deutlich über dem **Nettovermögen von Rentnern** in Höhe von 223.600,– €.

Das **Eigenheim** als selbst genutztes Haus- und Wohneigentum wird in der Bundesbank-Studie zum Bruttovermögen gezählt und mit durchschnittlich 258.800,– € beziffert. Wenn man die durchschnittlichen Hypothekenschulden von 29.700,– € davon abzieht, bleibt ein Nettovermögen von rund 220.000,– € für das Eigenheim übrig. Dies ist aber brachliegendes Kapital, da das Eigenheim keine laufenden Erträge abwirft und nur durch Verkauf zu Geld gemacht werden kann.

! Wer auch nach Verkauf weiter im Eigenheim mietfrei wohnen will, kann einen Verkauf gegen Wohnrecht und Rente in Erwägung ziehen. Allerdings ist er dann nicht mehr rechtlicher Eigentümer.

Haushalte von Ehepaaren kamen auf ein **Nettovermögen** von 319.000,– € im Gegensatz zu nur 141.800,– € bei **1-Personen-Haushalten von Alleinlebenden.** Unter Nettovermögen ist dabei immer das Bruttovermögen minus Schulden zu verstehen. Im Durchschnitt aller Haushalte lag das Bruttovermögen bei 262.500,– €. Nach Abzug vorhandener Schulden in Höhe von 29.700,– € blieb ein durchschnittliches Nettovermögen von 232.800,– € übrig.

In der folgenden Tabelle wird das **mittlere Vermögen** auf 150.000,– € bei Alleinstehenden und 300.000,– € bei Paaren geschätzt, da die Vermögen bis Ende 2024 weiter gewachsen sind. Da die oberen 10 % der Haushalte laut obiger Studie auf ein Nettovermögen von mehr als 555.400,– € kamen, wird das **hohe Vermögen** in der folgenden Tabelle mit 600.000,– € bei Paaren und 300.000,– € bei Alleinstehenden angegeben. Von einem sehr hohen Vermögen könnte man ab 1,2 Millionen Euro bei Paaren und 600.000,– € bei Alleinstehenden sprechen. Reiche Ruheständler haben noch mehr Vermögen.

Von **niedrigen Vermögen** wird bei geschätzten 50.000,– € bei Alleinstehenden und 100.000,– € bei Paaren ausgegangen. Wer **Wohngeld** (Mietzuschuss für Mieter oder Lastenzuschuss als Eigentümer) beanspruchen will, darf beispielsweise nicht mehr als ein Geldvermögen von 60.000,– € (Alleinlebender) bzw. 90.000,– € (Paarhaushalt) haben. Und beim Antrag auf **Grundsicherung** im Alter liegt die Grenze für das vorhandene Vermögen nur bei 10.000,– € bzw. 20.000,– €.

Höhe des Vermögens

	gering	mittel	hoch
Alleinstehende	50.000,– €	150.000,– €	300.000,– €
Paare	100.000,– €	300.000,– €	600.000,– €

Die geschätzten Beträge für geringes, mittleres oder hohes Vermögen können als Ertragsquelle wie bei Geldanlagen oder vermieteten Immobilien dienen oder als finanzielle Rücklage in Schicksalsfällen (z.B. schwere Erkrankung, Pflegebedürftigkeit, Tod des Ehepartners oder auch Scheidung).

Laut Studie der **Deutschen Bundesbank** über die **Vermögensverteilung** in privaten Haushalten verfügten nur 11 % der Haushalte über **Aktien** mit einem durchschnittlichen Börsenwert von 43.700,– € und 16 % über **Fondsanteile** von durchschnittlich 37.500,– €. 43 % hatten Ansprüche aus **privaten Rentenversicherungen und Kapitallebensversicherungen** mit einem durchschnittlichen Rückkaufwert von 33.200,– €.

Deutlich mehr als die Hälfte der Haushalte verfügten über Bankguthaben, und zwar 72 % über **Sparguthaben** von durchschnittlich 27.000,– € und 99 % über **Giroguthaben** auf laufenden Konten von durchschnittlich 7.100,– €. 21 % der Haushalte hatten noch restliche Hypothekenschulden in Höhe von durchschnittlich 125.100,– € und 35 % noch Schulden aus unbesicherten Krediten wie Ratenkrediten von durchschnittlich 10.800,– €.

1.7 Die Struktur von Immobilien- und Geldvermögen

Die **Deutsche Bundesbank** unterscheidet in ihrer Studie zur **Vermögensverteilung** privater Haushalte auf der Aktivseite der Haushaltsbilanz zwischen **Sachvermögen** (Eigenheim, vermietete Immobilien, Fahrzeuge/Sammlungen/Schmuck, Betriebsvermögen) und **Finanzvermögen** (Spar- und Girokonten, Bausparguthaben, Fondsanteile/Aktien/Anleihen, Guthaben aus privaten Renten- und Lebensversicherungen, Beteiligungen).

Wenn man vom gesamten Sachvermögen den Wert von Edelmetallen (Gold, Silber, Platin), Fahrzeugen, Sammlungen und Schmuck sowie den anteiligen Wert des Betriebsvermögens abzieht, gelangt man zum **Immobilienvermögen.** Ähnliches gilt für das um Beteiligungen bereinigte Finanzvermögen, das dann als **Geldvermögen** bezeichnet werden kann.

Immobillien- und Geldvermögen bestimmen die Vermögensstruktur von Rentner- und Pensionärshaushalten. Sofern man noch weiter untergliedert, ergeben sich folgende Vermögensteile:

1.7.1 Immobilienvermögen

- Eigenheim (selbst genutztes Haus- und Wohneigentum),
- Direktanlage in vermietete Immobilien,
- Anteile an offenen Immobilienfonds,
- Beteiligungen an alternativen Investmentfonds mit Immobilien und
- Immobilienaktien, REITS und Immobilien-Crowdinvesting.

1.7.2 Geldvermögen

- Giro- und Tagesgeldguthaben,
- Spar- und Festgeldguthaben,
- Bausparguthaben,
- Guthaben in Renten- und Lebensversicherungen (Rückkaufswerte),
- Direktanlage in Anleihen,
- Direktanlage in Aktien,
- Fondsanteile an Aktien-, Renten- und Mischfonds und
- Anteile an ETFs auf Aktien oder Anleihen.

Bei dieser Aufstellung kommt es nicht darauf an, ob das Vermögen durch Einmalanlagen oder Sparpläne mit regelmäßigen, monatlichen Einzahlungen (z.B. Fondssparplan) entstanden ist. Möglicherweise laufen monatliche Sparpläne mit Aktienfonds oder Aktien-ETFs auch noch im Alter weiter und tragen zum weiteren **Vermögensaufbau** bei.

Je älter, desto eher findet aber auch ein **Vermögensabbau** durch Auszahlungs- bzw. Entnahmepläne statt. Das vorhandene Vermögen vermindert sich also durch **Entsparen.** So verfügten 65- bis 74-Jährige laut **Bundesbank-Studie** noch über ein Nettovermögen von 313.200,– €. Dies sind kaum weniger als die 317.100,– € der 55- bis 65-Jährigen. Bei den mindestens 75-jährigen Ruheständlern sank das Nettovermögen jedoch auf durchschnittlich 223.600,– €.

1.7.3 Restschulden

Insbesondere Senioren mit einem Eigenheim haben eventuell noch Restschulden, da sie ihre **Hypothekendarlehen** noch nicht vollständig getilgt haben. Möglicherweise haben sie auch wegen eines altersgerechten Umbaus ihres Eigenheims noch einen zinsgünstigen **KfW-Kredit** aufgenommen.

Restschulden können beispielsweise durch **Ratenkredite** für den Auto- oder Möbelkauf entstanden sein.

! Teure Dispositionskredite durch Überziehung des laufenden Girokontos sollten ganz vermieden werden. Wenn dies nicht kurzfristig möglich ist, sollte zumindest eine Umwandlung in einen Rahmenkredit erfolgen.

Reinvermögen nach Abzug von Schulden

Vom **Bruttovermögen** (Immobilien- und Geldvermögen) auf der Aktivseite der Vermögensbilanz sind eventuell **Restschulden** (Hypothekenschulden, Konsumentenkredite, Dispositionskredite, Kreditkartenschulden, unbezahlte Rechnungen, offene Steuernachzahlungen) abzuziehen. Nur der verbleibende Betrag stellt das Netto- bzw. Reinvermögen dar. Es gilt somit die einfache Gleichung:

Bruttovermögen minus Restschulden (Fremdkapital) = Nettovermögen (Eigenkapital).

Die **Restschulden privater Haushalte** liegen bei durchschnittlich 29.700,– €. Restliche Hypothekenschulden hatten 21 % der Haushalte und 35 % noch Restschulden durch unbesicherte Kredite.

Ruheständler werden oft komplett schuldenfrei sein. Mangels Restschulden stimmen in diesem Fall Brutto- und Nettovermögen überein und das gesamte Kapital ist reines Eigenkapital. Insbesondere ein schuldenfreies Eigenheim führt zu einem höheren Nettovermögen. Es sollte aber nicht das Ziel sein, nur das selbst genutzte Haus- und Wohnungseigentum als Nettovermögen zu haben. Darüber hinaus sollte auf jeden Fall auch Geldvermögen vorhanden sein.

1.8 Vermögensbilanz aufstellen

Gerade auch im Ruhestand sollten Sie sich einen genauen Überblick über das vorhandene Vermögen verschaffen.

! Dazu stellen Sie eine Vermögensbilanz per Excel-Tabelle auf und aktualisieren diese mindestens einmal am Schluss eines jeden Jahres, besser aber regelmäßig zum Ende eines Vierteljahres oder Monats. Wie bei der Bilanz eines Unternehmens stehen auf der linken Seite dieser Vermögensbilanz die Bruttovermögenswerte (Aktiva). Diesen werden die eventuell noch vorhandenen Restschulden als Fremdkapital auf der rechten Seite gegenübergestellt. Nach Abzug des Fremdkapitals vom Bruttovermögen errechnet sich das Nettovermögen (Eigenkapital), das zum Ausgleich der Bilanz ebenfalls auf der rechten Seite der Bilanz (Passiva) erscheint.

Die **Vermögensbilanz im Alter** könnte dann wie folgt aussehen:

Vermögensbilanz im Alter

Vermögen brutto	**Kapital**
Eigenheim (Verkehrswert)	Fremdkapital (Restschulden)[6]
Vermietete Immobilien (Verkehrswert)	
Anteile an Immobilienfonds[1]	
Aktien und Aktienfonds (Kurswert)[2]	
Anleihen und Rentenfonds (Kurswert)[3]	
phys. Gold und Goldzertifikate (Kurswert)[4]	
Guthaben auf Konten[5]	Eigenkapital (Nettovermögen)[7]

1) Grundbesitzwert bei Anteilen an offenen und geschlossenen Immobilienfonds
2) aktuelle Kurswerte von Aktien, Aktienfonds und Aktien-ETFs
3) aktuelle Kurswerte von Anleihen, Rentenfonds und Anleihen-ETFs
4) aktueller Marktwert von physischem Geld und Goldzertifikaten
5) aktuelle Guthaben auf Bank-, Bausparkassen- und Versicherungskonten (Spar- bzw. Bausparguthaben, Tagesgeld, Festgeld, Auszahlungsplan, Rückkaufswert von Kapitallebensversicherungen und privaten Rentenversicherungen)
6) aktuelle Restschulden bei Hypothekendarlehen, Ratenkrediten und Dispositionskrediten
7) Eigenkapital = gesamtes Vermögen brutto minus Restschulden

2 Finanziell sicheres Wohnen im Alter

Wohnen im Alter kann auf verschiedene Art und Weise erfolgen. Zur **Altersgruppe 65plus** zählten zuletzt rund 18 Millionen Menschen, dies sind 22 % der Gesamtbevölkerung in Deutschland. Sechs Millionen Senioren leben allein ohne Lebenspartner, also jeder Dritte. Im bevölkerungsstärksten Bundesland Nordrhein-Westfalen waren von den 1,3 Millionen alleinstehenden Senioren beispielsweise zwei Drittel verwitwet, ein Fünftel geschieden und knapp ein Zehntel ledig. Rund 48 % der Frauen ab 65 lebten in Nordrhein-Westfalen allein. Bei den Männern ab 65 waren es nur rund 22 %.

Wie aber wohnt die Altersgruppe 65plus? Sechs Millionen oder 55 % aller Seniorenhaushalte in Deutschland wohnen im **Eigenheim** und die übrigen fünf Millionen oder 45 % zur **Miete** in ihrer Wohnung. Die sechs Millionen Selbstnutzer von Einfamilienhäusern und Eigentumswohnungen werden zusehends mit Konzepten zum »Verkaufen und Wohnenbleiben« umworben, sofern sie im Alter mehr Geld wünschen, ohne aus ihrem geliebten Eigenheim ausziehen zu müssen.

Neue Wohnformen im Alter wie **betreutes Wohnen** oder **Wohnen in Seniorenresidenzen** werden mit der steigenden Lebenserwartung vor allem von Hochbetagten ab 80 Jahren immer häufiger nachgefragt und genutzt. Aber auch schon Senioren im Alter von 70 oder 75 Jahren interessieren sich dafür.

2.1 Wohnen im Eigenheim

Im **Eigenheim** und damit in ihren eigenen vier Wänden wohnen also sechs Millionen Seniorenhaushalte. Bei 3,6 Millionen oder 60 % aller Seniorenhaushalte mit Eigenheim handelt es sich dabei um das **klassische Einfamilienhaus** (frei stehend, Doppelhaushälfte oder Reihenhaus). Die übrigen 2,4 Millionen oder 40 % nutzen ein Zweifamilienhaus (mit einer meist an Angehörige vermieteten kleineren Wohnung), eine Eigentumswohnung oder eine Wohnung in einem ihnen gehörenden Mehrfamilienhaus selbst.

Unter Eigenheim ist immer das **selbst genutzte Haus- und Wohneigentum** zu verstehen. Selbstverständlich kann man sein Ein- oder Zweifamilienhaus auch vermieten. Bei Eigentumswohnungen ist dies sogar mehrheitlich der Fall. Da eine Selbstnutzung durch den Eigentümer als Vermieter aber nicht erfolgt, handelt es sich dann um eine Kapitalanlage in Wohnimmobilien und nicht um ein selbst genutztes Eigenheim.

Bezogen auf alle Haushalte in Deutschland ergibt sich folgendes Bild: Acht von zehn Bundesbürgern möchten in den eigenen vier Wänden wohnen, aber nicht einmal die Hälfte hat sich ihren Traum vom Eigenheim bereits erfüllt. Nur 17 Millionen von rund 40 Millionen Haushalten wohnen im eigenen Haus oder in der eigenen Wohnung. Die **Wohneigentumsquote,** also der Anteil der von Eigentümern selbst bewohnten Häusern und Wohnungen im Verhältnis zur Gesamtzahl aller Häuser und Wohnungen, liegt in Deutschland weiterhin nur bei 43 %.

Der Anteil der selbst genutzten Eigentumswohnungen nimmt im Vergleich zu den selbst bewohnten Ein- oder Zweifamilienhäusern ständig zu. Rund fünf Millionen **Eigentumswohnungen** werden von ihren Eigentümern selbst genutzt. Dies sind 53 % und damit gut die Hälfte aller Eigentumswohnungen. Die restlichen 4,3 Millionen Eigentumswohnungen werden typischerweise von Kleinkapitalanlegern vermietet und dienen diesen zumeist als Altersvorsorge.

2.1.1 Miet- und schuldenfreies Eigenheim

»Das Eigenheim ist die einzige Altersvorsorge, in der man schon heute leben kann«. Dieser von den Bausparkassen erdachte Spruch ist im Kern wahr. Tatsächlich können auch junge Familien schon in den eigenen vier Wänden wohnen, sofern sie den Bau oder Kauf ihres Einfamilienhauses oder ihrer Eigentumswohnung mit eigenen und fremden Geldmitteln finanzieren konnten.

Der Traum vom Eigenheim wird nur dann zum Albtraum, wenn Haus oder Wohnung aus finanziellen Gründen verkauft werden müssen und zu wirtschaftlichen Verlusten führen. Dies passiert vor allem dann, wenn eine Finanzierung trotz geringer eigener Geldmittel und hoher monatlicher Belastung für Zins und Tilgung in Kauf genommen wird.

Damit das Eigenheim der Königsweg zur Altersvorsorge ist, müssen mehrere Voraussetzungen erfüllt werden. Getreu dem Motto **»Eigentum statt Miete«** muss der Bau oder Kauf einer Immobilie dem Mieten aus finanzieller Sicht überlegen sein. Dies trifft jedoch bei den drastisch gestiegenen Immobilienpreisen in den Top Sieben der Immobilienstädte (München, Stuttgart, Frankfurt, Köln, Düsseldorf, Hamburg und Berlin) zurzeit kaum noch zu. Dort wird es oft heißen: »Der Laie baut oder kauft, der Fachmann wohnt zur Miete«. Am Ballungsrand und in ländlichen Regionen sieht dies meist noch anders aus. Dort ist trotz hoher Kaufpreise auch heute noch in vielen Fällen Kaufen günstiger als Mieten.

In ihrem Eigenheim wohnende Senioren haben ihr Einfamilienhaus oder ihre Eigentumswohnung schon vor 20 oder 30 Jahren erworben. Zu Beginn des Ruhestands sollte das geliebte Eigenheim in aller Regel schuldenfrei sein. Dann kann der Rentner oder Pensionär endlich das **miet- und schuldenfreie Wohnen** genießen. In Höhe der ersparten Wohnkosten entsteht ein **geldwerter Vorteil,** der durchaus als »Quasi-Rente« bezeichnet werden kann. Schließlich kommt es bei einer gesicherten Altersversorgung nicht darauf an, ob diese durch höhere Einnahmen (z.B. gesetzliche Rente plus Betriebsrente) oder geringere Ausgaben (z.B. ersparte Miet- und Zinskosten) erfolgt.

Die **Wohn-Riester-Rente** ermöglicht die Riester-Förderung beim Eigenheim. Durch Einsatz der Riester-Verträge bei der Tilgung erfolgt eine schnellere Entschuldung des Eigenheims. Spätestens ab dem 68. Lebensjahr müssen aber Steuern bezahlt werden, da das Riester-Kapital fiktiv mit 2 % verzinst wird und dann voll versteuert werden muss. Eine tatsächliche Rente in Geldform fließt dem entschuldeten Haus- und Wohnungseigentümer nicht zu.

Insofern ist die Bezeichnung »**Eigenheimrente**« für die Wohn-Riester-Rente missverständlich. Eine echte Eigenheimrente kann es nur geben, wenn das Eigenheim auf Rentenbasis verkauft wird und der Verkäufer weiter darin wohnen bleiben kann.

2.1.2 Eigenheim als Königsweg zur Altersvorsorge

Das Eigenheim als Königsweg zur Altersvorsorge? Darüber gehen die Meinungen selbst unter Fachleuten auseinander. Die eine Gruppe, wozu auch der Autor dieses Ratgebers zählt, bejaht diese These aus eigenen positiven Erfahrungen. Die andere Gruppe stellt dies in Abrede und gibt grundsätzlich der Anlage in Aktien den Vorzug.

Besonders kritisch sah dies beispielsweise ein Journalist, der in der **WirtschaftsWoche** Folgendes schrieb: »Wer in den eigenen vier Wänden wohnen will, nimmt meist hohe Schulden auf. Statt für den Vermögensaufbau werden freie Mittel dann zur Tilgung verwendet. Dazu nehmen Hauseigentümer häufig massive Einschränkungen ihrer beruflichen Mobilität in Kauf. Wer dagegen, statt einen Kredit abzuzahlen, zur Miete wohnt und in Aktien investiert, bleibt flexibel und erzielt zumindest ähnlich hohe Renditen. Beim Eintritt in den Ruhestand kann der Neurentner einen Teil seines Vermögens auflösen und die Wunschimmobilie erwerben. Schließlich, so die Immobilienfans, ist im Alter nichts wertvoller als das selbst bezahlte, selbst genutzte Eigenheim. Ob die Rendite der selbst genutzten Immobilie mit der Aktie mithalten kann, ist ungewiss«.

In diesem bereits vor mehr als 25 Jahren erschienenen Beitrag steckt viel Richtiges (hohe Schulden für ein Eigenheim, Verwendung freier Mittel zur Tilgung, eingeschränkte berufliche Mobilität, schuldenfreies Eigenheim im Alter). Die Empfehlung, zunächst in Aktien zu investieren und erst zu Beginn des Ruhestands ein selbst genutztes Eigenheim ohne Aufnahme von Schulden zu kaufen, ist aber kritisch zu sehen. Wer dieser Empfehlung folgt, verzichtet auf mehr Lebensqualität, mehr Freiheit für Familien mit Kindern und vor allem auf die Unabhängigkeit vom Vermieter.

Zudem können die **Immobilienpreise** bis zum Ruhestand so stark gestiegen sein, dass die eigenen Mittel zur Finanzierung des Eigenheims bei Weitem nicht ausreichen. Genau diese Erfahrung müssen Senioren machen, die nach dem extremen Anstieg der Immobilienpreise in den Jahren 2012 bis 2022 jetzt noch »auf die alten Tage« ein Einfamilienhaus kaufen wollen.

Die Abhängigkeit von steigenden Mieten steht der **Abhängigkeit von Hypothekenzinsen und Tilgungsbeträgen** in nichts nach. Wie lautet doch das Sprichwort: »Zins und Miete schlafen nicht.« Die Belastung des Eigentümers mit Zins und Tilgung wird nach völliger Entschuldung auf null sinken, während der Mieter mit weiteren Mietsteigerungen rechnen muss.

Die möglichen **Nachteile eines Eigenheims** wie geringere Flexibilität bei beruflich bedingtem Ortswechsel oder langfristige Bindung von eigenen Geldmitteln sollen selbstverständlich nicht verschwiegen werden. Andererseits sprechen bei Mietern mit ausreichend vorhandenem Eigenkapital und einer dauerhaft tragbaren monatlichen Belastung aus Zins und Tilgung viele wirtschaftliche Faktoren für den Umstieg von Miete auf Eigentum:

- Sicherheit vor Mietsteigerungen und Kündigungen,
- Hoffnung auf Wertsteigerung oder zumindest Werterhalt des Eigenheims,
- sowie miet- und schuldenfreies Wohnen im Alter nach vollständiger Rückzahlung des Hypothekendarlehens.

2.1.3 Die Nutzungsphase und Tilgungsphase

Jeder »Eigenheimer« kennt die Freude nach geglücktem Einzug ins eigene Haus. Die Erwerbs- und Finanzierungsphase ist vorüber. Der Stress der vergangenen Wochen und Monate wird langsam abgebaut, da meist nur noch kleinere Arbeiten in Haus oder Garten anfallen. Man ist glücklich und auch ein wenig stolz darauf, dass man es geschafft hat.

Die nach Einzug beginnende **Nutzungsphase** können Sie nun wörtlich nehmen. Nach dem Aufstieg vom Mieter zum Eigentümer nutzen Sie Ihr Eigenheim selbst, meist zusammen mit Ihrer Familie. Als Selbst- bzw. Eigennutzer sind Sie nun »Herr im eigenen Haus«. Sie nutzen die neuen Freiheiten und verschaffen sich mehr Lebensqualität. Die Unabhängigkeit vom Vermieter beschert Ihnen ein mietfreies Wohnen.

Sehr schnell erkennen Sie aber, dass dies mit einer neuen Abhängigkeit von Banken oder Bausparkassen erkauft wird, da Sie fremde Geldmittel aufnehmen mussten. Mietfrei bedeutet eben nicht automatisch schuldenfrei. Die Schuldenfreiheit müssen Sie sich in der Nutzungsphase nun durch eine geeignete **Tilgungsstrategie** erkämpfen. Insofern sollten Sie die Phase der Selbstnutzung auch als Tilgungs- und Entschuldungsphase ansehen. Der Aspekt einer planmäßigen Entschuldung wird von vielen Selbstnutzern jedoch unterschätzt oder sogar ganz vernachlässigt.

Was nützt Ihnen aber ein Eigenheim, wenn Ihnen die aufgenommenen Schulden über den Kopf wachsen und Sie noch als 70-Jähriger an deren Abtragung arbeiten müssen? **»Schornsteinhypotheken«** nach Art der Voll- oder Überfinanzierung oder **»Methusalemhypotheken«** mit extrem langen Darlehenslaufzeiten und Eigenheimschulden noch im hohen Alter werden Ihre Freude im Laufe der Zeit erheblich trüben. Jeder vierte Seniorenhaushalt mit einem Eigenheim hat noch Restschulden auf dem Buckel.

! Planen Sie daher die für Sie persönlich geeignete Tilgung Ihrer Hypothekendarlehen und damit die Entschuldung Ihres Eigenheims von Anfang an ein und sehen Sie die laufenden Tilgungszahlungen und Sondertilgungen unter dem positiven Aspekt des Vermögensaufbaus. Mit jedem getilgten Euro erhöhen Sie Ihren Eigenkapitalanteil und damit Ihr Reinvermögen. Die durch Tilgung ersparten Zinskosten bringen Ihnen eine Rendite, die Sie mit einer Festgeldanlage nicht erreichen können.

Ihr Ziel sollte es sein, die Hypothekenschulden spätestens bei Renten- bzw. Pensionsbeginn auf null zu bringen. Die individuelle

Tilgungsdauer lässt sich dann ganz einfach durch die Formel »geplanter Ruhestandsbeginn (z.B. 65 Jahre) minus Finanzierungsbeginn (z.B. 35 Jahre)« berechnen.

In diesem Beispiel liegt die Tilgungsdauer bei 30 Jahren. Sie verkürzt sich auf 25 Jahre, wenn Sie erst mit 40 Jahren Ihr Eigenheim erwerben und finanzieren. Eine weitere Verkürzung der Tilgungsdauer auf beispielsweise 20 Jahre ist erforderlich, wenn Sie bereits mit 60 Jahren in einem schuldenfreien Eigenheim wohnen wollen.

2.1.4 Die Erntephase

Die Früchte einer mehr oder minder langen Tilgungsphase ernten Eigenheimbesitzer typischerweise mit Eintritt in den Ruhestand. Nun beginnt das mietfreie Wohnen ohne Schulden und damit die Erntephase.

Die **Mietersparnis** gegenüber einer angemieteten und gleich großen Wohnung wird beträchtlich sein. Allerdings bezieht sich diese Ersparnis immer nur auf die monatliche Nettokaltmiete. Bei einer 80 m² großen Wohnung mit einer monatlichen Nettokaltmiete von 8,– €/m² werden also jeden Monat 640,– € eingespart. Bei größeren oder teureren Wohnungen steigt die Mietersparnis weiter.

Allerdings fallen auch beim miet- und schuldenfreien Eigenheim **laufende Betriebs- und Nebenkosten** an in Höhe von geschätzt 2,50 €/m² bis 3,– €/m².

! Drastisch steigende Heiz- und Stromkosten, die durch die Energiekrise bedingt sind, werden die monatlichen Betriebskosten möglicherweise auf 4,– €/m² bis 5,– €/m² oder noch mehr erhöhen. Bei selbst genutzten Einfamilienhäusern mit einer Wohnfläche von beispielsweise 150 m² sollten Sie die laufenden Kosten für Wasser und Abwasser, Strom, Heizung, Müllabfuhr und Gebäudeversicherung künftig beispielsweise mit monatlich 600,– € einkalkulieren. Dies wären dann immerhin 7.200,– € im Jahr.

2.1.5 Modernisierung und energetische Sanierung des Eigenheims

Getrübt wird die Freude über die Mietersparnis bei hohen **zusätzlichen Instandhaltungs- und Modernisierungskosten** für Häuser, die schon 40 oder 50 Jahre auf dem Buckel haben. Auch ein **altersgerechter Umbau** des Eigenheims geht ins Geld.

Hinzu kommen die Kosten für die **energetische Sanierung,** sofern es sich um ein mehr als 30 Jahre altes Eigenheim handelt. Dazu gehören **Dämmungsmaßnahmen** bei der Gebäudehülle (Fassaden-, Wände- oder Deckendämmung), Einbau neuer Fenster und Außentüren sowie der Austausch der **Heizungsanlage** (z.B. Wärmepumpe statt Gas- oder Ölheizung). Zwar gibt es staatliche Zuschüsse für den Heizungsaustauch und direkte Steuerermäßigungen für die energetische Sanierung. Diese decken aber nur zum Teil die Kosten. Der Rest muss aus eigenen Mitteln oder KfW-Krediten aufgebracht werden.

Ältere Menschen sind zu Recht stolz, wenn ihr Eigenheim endlich schuldenfrei ist. Möglicherweise haben sie die bei Bau oder Kauf aufgenommenen und in der dritten Abteilung des Grundbuchs eingetragenen **Grundschulden** noch gar nicht gelöscht.

! Dies ist von Vorteil, wenn sie nun in hohem Alter noch Geld brauchen für die Modernisierung, den altersgerechten Umbau oder die energetische Sanierung ihres Eigenheims. Benötigen sie beispielsweise dafür 50.000,– € und liegt die noch bestehende Grundschuld darüber, wird die Bank auf eine Neueintragung verzichten. Schließlich ist die übliche Grundschuld nicht wie die Hypothek an eine zugrunde liegende Darlehensforderung gebunden. Bauspardarlehen bis zu 50.000,– € müssen im Übrigen seit Juli 2021 nicht mehr grundbuchlich abgesichert werden.

Die Allianz vergibt an Senioren »**Best-Ager-Darlehen**«, für die nur feste Zinsen über eine vorher festgelegte Laufzeit gezahlt werden und die Tilgung auf einen Schlag beispielsweise erst durch die späteren

Erben des Eigenheims nach Ableben des Haus- oder Wohnungseigentümers erfolgt.

Bei **KfW-Krediten** für den altersgerechten Umbau des Eigenheims gibt es keine Altersgrenze. Bis zu 50.000,– € können über Finanzierungspartner (Banken, Sparkassen, Bausparkassen oder Versicherungen) beantragt werden. Die Zinsen sind konkurrenzlos niedrig. Statt einer laufenden Tilgung kann der KfW-Kredit auch nach fünf oder zehn Jahren auf einen Schlag getilgt oder beispielsweise durch ein Bauspardarlehen oder Policendarlehen abgelöst werden.

! Sollten sämtliche Grundschulden bereits gelöscht sein, muss allerdings auch bei KfW-Krediten eine neue Grundschuld zugunsten der KfW eingetragen werden. Dies zieht Kosten für die notarielle Bestellung und die grundbuchliche Eintragung der Grundschuld (sog. Finanzierungsnebenkosten der dinglichen Sicherung) nach sich, die etwa 0,5 % der Darlehenssumme ausmachen.

2.1.6 Eigenheim verkaufen und wohnen bleiben

Als **Alternative zur Neuverschuldung** oder auch zwecks Aufbesserung der Renten bieten Immobilienunternehmen den betagten Eigenheimbesitzern viel Geld an und versprechen ihnen die finanzielle Freiheit im Alter. Der bisherige Eigentümer kann in den eigenen vier Wänden weiterhin wohnen bleiben. Der Haken: Er muss sein Eigenheim insgesamt oder zum Teil an ein Unternehmen verkaufen.

Die dazu angebotenen Modelle heißen **Rückmietverkauf, Verkauf gegen Wohnrecht** und **Zeitrente** oder **Teilverkauf.** Alle Modelle bieten neben der Chance eines hohen Geldzuflusses aber auch nicht zu unterschätzende Risiken. Der Gesamtverkauf des Eigenheims ist eine endgültige Entscheidung, die nicht wieder rückgängig gemacht werden kann. Beim Teilverkauf in Höhe von 20 % bis zu 50 % des Immobilienwertes ist ein zumindest möglicher Rückkauf sehr teuer, da hohe Kaufnebenkosten zu zahlen sind und dem Unternehmen darüber hinaus mindestens 117 % des damaligen Teilkaufpreises zurückgezahlt werden müssen.

Bei den drei Modellen, die im Folgenden hinsichtlich Chancen und Risiken analysiert werden, gilt für verkaufswillige Eigentümer der Rat: »Drum prüfe, wer sich lange bindet.«

! Vor jedem geplanten Gesamt- oder Teilverkauf des Eigenheims an ein Immobilienunternehmen sollte der Haus- oder Wohnungseigentümer dringend rechtlichen Rat von Notaren oder Rechtsanwälten einholen, die das meist recht komplizierte Vertragswerk aus Verbrauchersicht unter die Lupe nehmen. Ebenso ist der Gang zur Verbraucherzentrale zu empfehlen.

2.1.7 Der Rückmietverkauf

Beim sogenannten Rückmietverkauf wird das Eigenheim verkauft und anschließend zurückgemietet (sale-and-lease-back). Als Sicherheit bleibt dem Exeigentümer und Neumieter nur ein Mietvertrag, in dem durch Verzicht auf Eigenbedarfskündigung quasi ein **lebenslanges Mietrecht** gewährt und darauf im notariellen Kaufvertrag hingewiesen wird.

! Die grundbuchliche Absicherung eines solchen Mietverhältnisses und damit ein im Grundbuch einzutragendes lebenslanges Wohnrecht sind damit in aller Regel nicht verbunden. Es handelt sich lediglich um einen Mietvertrag mit lebenslangem Mietrecht. Darin muss eine Klausel zum Ausschluss der Kündigung wegen Eigenbedarfs des Käufers stehen. Der Verkäufer und Neumieter könnte diesen Mietvertrag dann fristgemäß kündigen, sofern er aus dem Exeigenheim ausziehen will. Eine fristgemäße Kündigung durch den Käufer kann zwar ausgeschlossen werden, aber nicht eine fristlose Kündigung wegen Zahlungsverzugs.

Das dem Rückmietverkauf zugrunde liegende Motto »**Miete statt Eigentum**« steht in diametralem Gegensatz zum jahrzehntelang verkündeten Motto »**Eigentum statt Miete**« und stellt somit einen Paradigmenwechsel dar. Der Traum vom miet- und schuldenfreien Eigenheim im Alter wird ausgeträumt. Der ehemalige Eigentümer wird wieder Mieter, was bei steigenden Mieten und darüber hinaus drastisch steigenden Energiekosten eher Albträume verursachen kann.

Beispielsweise bietet die im Herbst 2020 gegründete **GNIW** (Gesellschaft für Nachhaltige Immobilienwirtschaft GmbH) aus Berlin dem Hausbesitzer beim Gesamtverkauf seines Eigenheims den kompletten Veräußerungserlös an. Der Verkäufer könne das Eigenheim lebenslang weiter bewohnen. Allerdings müsse er dann die Miete plus Nebenkosten an die GNIW zahlen.

In einem Beispielsfall könnte ein Rückmietverkauf an die GNIW aus Sicht des privaten Verkäufers wie folgt aussehen: Ein 70-jähriger Exeigentümer erhält einen Veräußerungserlös von 375.000,– € von der GNIW. Da das Eigenheim weiter vom Exeigentümer bewohnt werden soll, liegt dieser Erlös 25 % unter dem eigentlichen Verkehrswert von 500.000,– €.

Um weiter im Exeigenheim wohnen bleiben zu dürfen, muss der Neumieter monatlich 1.500,– € an Kaltmiete plus 600,– € an Betriebs- bzw. Nebenkosten für das 150 m² große Reihenhaus zahlen. Würde er noch 20 Jahre leben und somit 90 Jahre alt werden, läge die Summe aller Nettokaltmieten **ohne Berücksichtigung von künftigen Mietsteigerungen** bereits bei 360.000,– € (= 1.500,– € × 12 Monate × 20 Jahre). Dies sind bereits 96 % des Veräußerungserlöses von 375.000,– €.

! Hinzu treten die Risiken für den neuen Mieter, wenn die GNIW oder bei einem Weiterverkauf der neue Erwerber insolvent werden sollte. Nach einer Zwangsversteigerung kann der Ersteher vom Sonderkündigungsrecht gemäß § 57a ZVG Gebrauch machen und das Mietverhältnis mit einer gesetzlichen Frist von nur drei Monaten kündigen. Den mietvertraglichen Kündigungsausschluss wegen Eigenbedarfs kann der Ersteher ignorieren, sofern er selbst einen wirksamen Eigenbedarf nachweisen kann. Unabhängig davon kann jeder Vermieter auch einen Mietvertrag mit lebenslangem Mietrecht fristlos kündigen, sofern der Mieter mit seinen Mietzahlungen mehr als drei Monate in Verzug gerät.

Außer der GNIW, die sich ausschließlich auf den Rückmietverkauf beschränkt, bieten auch noch **Andhoff Immobilien** aus Berlin, die **DEGIV** (Deutsche Gesellschaft für Immobilienverrentung) aus München, **HausplusRente** aus München und **ImmobilienRente PLUS** aus Köln das Modell des Eigenheimverkaufs mit Rückanmietung an. Andhoff Immobilien und DEGIV haben sogar noch das weitgehend gescheiterte Modell der **Umkehrhypothek** in ihrem Angebot.

! Bei der Umkehrhypothek schaukeln sich die Schulden wegen der fehlenden Zahlung von Zins und Tilgung im Laufe der Jahre immer höher. Zwar bleibt der Eigentümer und Selbstnutzer auch weiterhin rechtlicher Eigentümer. Es besteht jedoch die Gefahr, dass die aufgetürmten Schulden eines Tages den Wert des Eigenheims übersteigen und dann eine Zwangsverwertung durch die Bank erfolgen wird.

Anbieter von **Umkehrhypotheken** wie Hypovereinsbank, DKB oder R+V Immobilienrente haben ihre Angebote wieder eingestellt. Dass die Umkehrhypothek auf dem Markt gescheitert ist, liegt insbesondere an den hohen Effektivzinsen und zusätzlichen Kosten. Ein Comeback wäre nur denkbar, wenn sich die verlangten Zinssätze an die niedrigeren Effektivzinssätze bei klassischen Hypothekendarlehen anpassen und sämtliche Zusatzkosten wegfallen würden. Doch auch in diesem Fall bliebe das Risiko, dass die mit Zins und Zinseszins aufgebaute Darlehenssumme noch zu Lebzeiten des Darlehensnehmers über dem Verkehrs- bzw. Beleihungswert seines Eigenheims liegen könnte.

2.1.8 Verkauf gegen Wohnrecht und Zeitrente

Wer in seinem **Eigenheim** lebenslang wohnen und zugleich eine **Zeitrente** über einen festgelegten Zeitraum von bis zu 15 Jahren beziehen will, muss beim Gesamtverkauf der eigenen vier Wände unbedingt sowohl das **lebenslange Wohnrecht** als auch die Zeitrente im Grundbuch erstrangig absichern, also vor eventuellen Finanzierungsgrundschulden in der dritten Abteilung.

Diese doppelte grundbuchliche Absicherung bieten zwei Unternehmen, die sich auf die Immobilienverrentung für mindestens 68 bzw. 70 Jahre alte Eigenheimbesitzer spezialisiert haben. Es handelt sich dabei um die **Deutsche Leibrenten Grundbesitz AG** und die **Deutsche Immobilien-Renten AG** (Meine Wohnrente), die seit 2016 bzw. 2019 auf dem Markt sind.

Lebenslange Renten (sog. Leibrenten) bieten die Deutsche Leibrenten Grundbesitz AG und die Deutsche Immobilien-Renten AG seit 2022 nicht mehr an, da solche Leibrenten möglicherweise nach dem Versicherungsaufsichtsgesetz erlaubnispflichtig sind. Stattdessen bieten diese beiden Unternehmen **Zeitrenten** mit einer Dauer von fünf bis 15 Jahren (Deutsche Leibrenten Grundbesitz AG) bzw. von fünf oder zehn Jahren (Deutsche Immobilien-Renten AG) an.

Eine **Leibrente** ist über die Deutsche Immobilien-Renten AG nur möglich, wenn die Einmalzahlung für eine Sofortrente der Allianz Versicherung verwandt wird. Ebenso verfährt die **Hausplus-Rente** GmbH aus München, die allerdings überhaupt keine Zeitrenten anbietet. Stattdessen wird die Einmalzahlung ebenfalls in eine Sofortrente der Allianz investiert. HausplusRente legt im Übrigen bei der Berechnung des Kapitalwerts für das Nießbrauchrecht (statt Wohnrecht) nicht die Sterbetafel des Statistischen Bundesamtes, sondern die **Sterbetafel DAV 2004 R der Privatversicherungen** zugrunde. Die DAV 2004 R dient auch der Allianz Versicherung zur Berechnung der Sofortrente.

! Da diese Sterbetafel eine um durchschnittlich fünf Jahre längere Lebenserwartung im Vergleich zur Sterbetafel des Statistischen Bundesamtes zugrunde legt, drückt dies die Leibrente deutlich nach unten.

Die Deutsche Leibrenten Grundbesitz AG und die Deutsche Immobilien-Renten AG übernehmen auch die **laufende Instandhaltung** des Eigenheims, sodass der Eigenheimbesitzer wie ein Mieter nur die monatlichen Betriebskosten inklusive Kosten für Kleinreparaturen zahlen muss.

Im Beispiel eines Ehepaars (beide 75 Jahre alt) mit einem Einfamilienhaus im Wert von 500.000,– € kann der Kapitalwert für das lebenslange Wohnrecht inklusive Instandhaltungskosten mit 280.000,– € kalkuliert werden, sofern mit 20.000,– € im Jahr (18.000,– € für die kalkulatorische Nettokaltmiete im Jahr plus 2.000,– € für die jährlichen Instandhaltungskosten) und einer fernen Lebenserwartung von 14 Jahren laut Kohortensterbetafel des Statistischen Bundesamtes gerechnet wird.

Nach Abzug dieser 280.000,– € vom Immobilienwert von 500.000,– € verbleibt ein Restbetrag von 220.000,– €. Verteilt auf die 14 Jahre bzw. 168 Monate errechnet sich dann eine monatliche Zeitrente von 1.310,– €.

Eine Musterrechnung der Deutschen Leibrenten Grundbesitz AG für ein 75-jähriges Ehepaar mit einem Eigenheim im Wert von 300.000,– € kommt auf eine monatliche Zeitrente von 750,– €. Sofern man diese Zeitrente auf einen Immobilienwert von 500.000,– € hochrechnet, kommen 1.250,– € heraus.

Eine weitere Musterrechnung der Deutschen Leibrenten Grundbesitz AG für eine 78-jährige Frau mit einem Eigenheim im Wert von ebenfalls 500.000,– € gibt den Kapital- bzw. Gesamtwert für die Rente mit 294.000,– € an. Bei einer noch unterstellten Lebenserwartung von nur 10,4 Jahren errechnet sich dann eine monatliche Zeitrente von 2.355,– €.

Die Höhe der monatlichen Zeitrente hängt von den folgenden vier Faktoren ab:

- **Wert des Eigenheims** (ermittelt durch ein Verkehrswertgutachten eines unabhängigen Sachverständigen, z.B. vom TÜV),
- die **Lebenserwartung der Eigenheimbesitzer** nach der aktuellen Sterbetafel des Statistischen Bundesamtes (differenziert nach dem Geschlecht, bei Ehepaaren wird die jeweils längere Lebenserwartung eines Ehepartners zugrunde gelegt),
- **geschätzter Mietwert** (kann anhand der ortsüblichen Vergleichsmiete für Einfamilienhäuser ermittelt werden) und
- **geschätzte Instandhaltungskosten** (abhängig vom Baujahr und baulichen Zustand des Eigenheims).

! Im Vergleich zur Leibrente, der aus Verkäufersicht die Wette auf ein langes Leben zugrunde liegt, hat die Zeitrente einen Nachteil. Lebt der Verkäufer nach Ablauf der Zeitrente weiter, erhält er kein weiteres Geld mehr. Doch es gibt auch einen finanziellen Vorteil: Sofern er vor Ablauf des festgelegten Zeitraums verstirbt, wird die monatliche Zeitrente weiter an die Erben gezahlt oder wird durch eine Restzahlung auf einen Schlag abgelöst. Es geht somit kein Geld verloren.

Die Deutsche Leibrenten Grundbesitz AG und die Deutsche Immobilien-Renten AG bieten als Alternative zur Zeitrente auch eine **Einmalzahlung** oder eine **Kombination aus Einmalzahlung und Rente** an. Bei einer gewünschten Einmalzahlung wird die Summe der Zeitrenten beispielsweise mit 2 % abgezinst, um die Höhe der Einmalzahlung zu errechnen. Im Beispiel des 75-jährigen Ehepaars mit einer Immobilie im Wert von 500.000,– € liegt die Summe der Zeitrenten bei 220.000,– €. Nach Abzinsung mit 2 % käme eine Einmalzahlung von 215.000,– € heraus.

Nach einer Musterrechnung der Deutschen Immobilien-Renten AG kann ein 75-jähriges Ehepaar bei einem Immobilienwert von

400.000,– € eine Einmalzahlung von 174.000,– € erwarten. Hochgerechnet auf einen Immobilienwert von 500.000,– € kämen dann sogar 217.500,– € heraus.

Eine Einmalzahlung bietet sich beispielsweise an, wenn damit noch Restschulden abgelöst werden können. Zwei **Musterbeispiele für Eigenheimbesitzer** mit einer Kombination aus Einmalzahlung und Zeitrente seien im Folgenden genannt:

- Im Beispiel einer alleinstehenden 78-jährigen Frau ist ihr Eigenheim 500.000,– € wert. Sie erhält von der Deutschen Leibrenten Grundbesitz AG außer einer Einmalzahlung von 50.000,– € noch eine monatliche Zeitrente von 1.820,– €.
- Bei der Deutschen Immobilien-Renten AG wählt ein Ehepaar (beide 77 Jahre alt) mit einem Eigenheim im Wert von 550.000,– € eine Kombination aus 150.000,– € Einmalzahlung und monatlicher Leibrente von 1.300,– €.

! Eins sollte jedem klar sein: Wer sein Eigenheim insgesamt gegen Wohnrecht und Rente, Einmalzahlung oder Kombination aus Rente und Einmalzahlung verkaufen will, kann dies nicht mehr rückgängig machen.

2.1.9 Der Teilverkauf einer Immobilie

Alternativ zum Rückmietverkauf und Verkauf gegen Wohnrecht und Rente bieten Unternehmen wie **Heimkapital und Engel & Völkers Liquid Home** den **Teilverkauf** mit einer Sofortauszahlung von 20 % bis zu 50 % des Immobilienwertes an. Der Immobilienwert muss mindestens 200.000,– € ausmachen und die Sofortauszahlung mindestens 100.000,– €.

Der Erfinder des Teilverkauf-Modells und ehemalige Marktführer Wertfaktor GmbH aus Hamburg hat das Neugeschäft jedoch eingestellt. Wertfaktor hatte auch einige Volksbanken wie Volksbank Mittelhessen, Volksbank Bielefeld-Gütersloh und Volksbank Halle in Westfalen als Partner für die Finanzierung der Sofortauszahlungen oder die Gewinnung von neuen Kunden gewonnen.

Die **Volksbank Immobilien GmbH in Heidelberg,** eine Tochtergesellschaft der Vereinigte Volksbank Raiffeisenbank eG, ist hingegen direkt in das Geschäft mit dem Immobilien-Teilverkauf eingestiegen. Damit ist sie der einzige Anbieter, der nicht von externen Kapitalgebern abhängig ist. Das für die Sofortauszahlung benötigte Geld kommt also von der Volksbank selbst.

Ein Teilverkauf des Eigenheims zu 20 % bis 50 % des Immobilienwerts in Kombination mit einem **lebenslangen Nießbrauchrecht** verschafft dem Eigenheimbesitzer als Teilverkäufer zwar eine hohe Geldsumme. Er holt sich aber mit dem Teilkäufer – also beispielsweise der Volksbank Immobilien GmbH in Heidelberg – einen weiteren Miteigentümer mit ins Haus. Der spätere Gesamtverkauf im Fall des Versterbens wird im notariell beurkundeten Teilkaufvertrag bereits ebenso geregelt wie beispielsweise ein möglicher Rückkauf durch den Teilverkäufer oder dessen Erben. Dies bringt einige Risiken mit sich.

Im Musterfall nutzt ein 70-jähriges Ehepaar ihr Reihenhaus im Wert von 500.000,– € selbst und wünscht eine Sofortauszahlung von 250.000,– €, also 50 % des Immobilienwertes. Zu diesem Zweck verkauft das Ehepaar die Hälfte ihres Eigenheims an die Volksbank Immobilien GmbH in Heidelberg. Nach **Bewertung Ihrer Immobilie** durch einen **unabhängigen und zertifizierten Gutachter** sowie notariellem Abschluss des Kaufvertrages über die Hälfte des Eigenheims wird die Auszahlung in der gewünschten Höhe kurzfristig und problemlos erfolgen können.

Das Ehepaar zahlt ein jährliches **Nutzungsentgelt** von beispielsweise 12.000,– € (= 4,8 % des Teilverkaufspreises von 250.000,– €), das für zehn Jahre festgelegt wird. Bei monatlichen Raten von 1.000,– € fallen also insgesamt 120.000,– € an Nutzungsentgelten für die ersten zehn Jahre an.

Im Gegenzug erhält das Ehepaar ein Nießbrauchrecht für den halben Anteil, der an den neuen Miteigentümer Volksbank Immobilien GmbH verkauft wurde. Dieses Nießbrauchrecht erlischt aber bei

Nichtzahlung des Nutzungsentgelts nach sechs Monaten und führt dann zum Auszug aus dem Eigenheim.

Um in diesem Fall die Vollstreckung in den Grundbesitz durchführen zu können, wird für die Vereinigte Volksbank Raiffeisenbank eG eine **Grundschuld** für die gesamte Immobilie vorrangig vor dem Nießbrauchrecht im Grundbuch eingetragen. Diese Grundschuld sichert auch die Finanzierung der Volksbank in Höhe von 117 % des Teilkaufspreises ab.

Grundsätzlich trägt das Ehepaar nach Abschluss des Teilverkaufs weiterhin alle Bewirtschaftungskosten selbst, also außer den laufenden Betriebskosten auch sämtliche Instandhaltungskosten. Die Volksbank Immobilien GmbH als Teilkäufer beteiligt sich zwar entsprechend ihres Miteigentumsanteils an größeren Instandsetzungskosten für Heizung, Elektrik oder Rohrleitungssysteme sowie bei einer energetischen Sanierung. Allerdings übernimmt sie keine Kosten für außerordentliche Ausbesserungen und Erneuerungen.

Kommt es beispielsweise nach zehn Jahren zum Gesamtverkauf des Eigenheims, trägt das Ehepaar als Teilverkäufer das **Risiko eines Wertverlustes** ganz allein. Die Volksbank Immobilien GmbH sichert sich mit mindestens 117 % des von ihr gezahlten Teilkaufpreises zuzüglich eines Servicebeitrags in Höhe von 3,25 % des Gesamtverkaufspreises ab.

Aus einem Gesamterlös von 500.000,– € bei fehlender Wertsteigerung nach zehn Jahren erhält sie demnach 308.750,– €, während der frühere Teilverkäufer oder dessen Erben nur den Rest von 191.250,– € erhalten.

Bei einem Wertverlust von 20 % und einem Gesamtverkaufspreis von nur 400.000,– € sieht die Verteilung des Gesamterlöses wie folgt aus: 305.500,– € für die Volksbank Immobilien GmbH und nur rund 94.500,– € für den ehemaligen Teilverkäufer.

Erst ab einem Gesamtverkaufspreis von 585.000,– € wird der Erlös zunächst zu gleichen Teilen an die Volksbank Immobilie GmbH und den Ex-Teilverkäufer verteilt, also 292.500,– € für beide. Allerdings wird der ehemalige Teilverkäufer noch mit einem Abwicklungsentgelt inklusive Maklercourtage in Höhe von 3,25 % des Gesamtverkaufspreises belastet, also gut 19.000,– € bei einem Gesamtverkaufspreis von 585.000,– €. Tatsächlich erhält er also nur 273.500,– €.

Es ist somit ein sicheres und gutes Geschäft für die Volksbank Immobilien GmbH, jedoch ein eher schlechtes für den ehemaligen Teilverkäufer, auf den das Risiko eines Wertverlustes oder einer fehlenden Wertsteigerung in vollem Umfang abgewälzt wird.

Beim **Rückkauf des verkauften Anteils** von 250.000,– € muss der Teilverkäufer oder dessen Erben 117 % davon zuzüglich eines Serviceentgelts von 2,25 % an die Volksbank Immobilien GmbH zahlen, sofern der Immobilienwert zum Zeitpunkt des Rückkaufs nicht gestiegen ist. Der Rückkaufpreis schaukelt sich somit auf 298.125,– € hoch, dies sind 19,25 % über dem ursprünglichen Teilverkaufspreis.

Darüber hinaus fallen Kaufnebenkosten von rund 8 % des Rückkaufpreises und somit 23.850,– € für Grunderwerbsteuer sowie Notar- und Grundbuchgebühren an, sofern das Eigenheim beispielsweise in Nordrhein-Westfalen mit einem Grunderwerbsteuersatz von 6,5 % liegt. Der Rückkauf würde somit eine Summe von rund 322.000,– € erfordern. Dies sind rund 28 % mehr als der ursprüngliche Teilverkaufspreis von 250.000,– €. Daher lohnt sich ein eventuell geplanter Rückkauf aus finanziellen Gründen nicht.

Außer der Volksbank Immobilien GmbH aus Heidelberg werben noch weitere Immobilienunternehmen mit dem Teilverkauf von Eigenheimen. Dazu zählen beispielsweise die im Juli 2019 gegründete Heimkapital GmbH aus München oder die im Jahr 2020 gegründete Engel & Völkers Liquid Home GmbH aus Hamburg. Die Deutsche Teilkauf GmbH aus Köln hat ihr Neugeschäft eingestellt.

Das Nutzungsentgelt ist inzwischen bei einigen Anbietern auf jährlich 5 % des Teilverkaufspreises gestiegen, da sich die Firmen über Banken refinanzieren und dort Zinsen von beispielsweise 3 % zahlen müssen. Für die Anbieter ist es somit ein lukratives Zinsdifferenzgeschäft. Dadurch wird der Teilverkauf aber für Eigenheimbesitzer deutlich teurer.

Die Chance einer hohen Sofortauszahlung aus einem Teilverkauf ist groß und relativ schnell zu verwirklichen. Dies ist sicherlich ein Anreiz, wenn Banken den Eigenheimbesitzern ein Hypothekendarlehen in gleicher Höhe tatsächlich verweigern oder die Hauseigentümer ganz bewusst auf die Aufnahme neuer Schulden verzichten wollen.

! Dieser Chance stehen jedoch auf lange Sicht eine Reihe von Risiken gegenüber wie die Löschung des Nießbrauchrechts bei Nichtzahlung des Nutzungsentgelts oder das allein vom Teilverkäufer zu tragende Risiko eines Wertverlustes beim späteren Gesamtverkauf. Auch der Rückkauf lohnt sich wegen zu hoher Kosten nicht.

Jeder Hauseigentümer, der mit einem möglichen Teilverkauf liebäugelt, sollte auch den **späteren Gesamtverkauf des Eigenheims** in seine Überlegungen mit einbeziehen. Wer nur auf den kurzfristigen Geldvorteil schaut, übersieht schnell die möglichen langfristigen Risiken. Auf lange Sicht sind die Teilkäufer immer im Vorteil, da sie beim späteren Gesamtverkauf das Risiko eines Wertverlustes vollständig auf den bisherigen Hauseigentümer abwälzen. Das dicke Ende für den ehemaligen Teilverkäufer oder dessen Erben kommt im Falle eines Wertverlustes spätestens mit dem Gesamtverkauf.

! Jeder Verbraucher, der trotz aller möglichen Risiken sein Eigenheim zum Teil an Dritte verkaufen will, sollte vorher unbedingt rechtlichen Rat einholen. Ist schon ein Kaufvertragsentwurf des Notars beim klassischen Immobilienverkauf für einen Laien schwer verständlich, so wird dieser bei der Lektüre des komplexen Vertragswerks nahezu verständnislos dastehen.

2.2 Wohnen als Mieter

Die meisten Mieter wollen auch im Alter in ihrer meist schon vor Jahren oder Jahrzehnten angemieteten Wohnung weiter wohnen bleiben und scheuen den Umzug in eine andere Mietwohnung. Sofern sie weiter ihre Miete einschließlich Nebenkosten bezahlen können und ihr Vermieter keinen **Eigenbedarf** anmeldet, läuft das Mietverhältnis wie gewohnt weiter.

Die Höhe der monatlichen Nettokaltmiete soll sich an der **ortsüblichen Vergleichsmiete** laut offiziellem Mietspiegel orientieren. Seit dem 1.7.2022 gilt die **Mietspiegelreform.** Seitdem müssen alle Städte mit mehr als 50.000 Einwohnern einen Mietspiegel aufstellen. Grundlage für diese einfachen Mietspiegel oder qualifizierten Mietspiegel sind die Mieten der letzten sechs Jahre.

Mieterhöhungen im Bestand

- **Ortsübliche Vergleichsmiete:** Die Miete darf nicht über die ortsübliche Vergleichsmiete hinaus erhöht werden (§ 558 BGB). Die Vergleichsmiete wird durch den Mietspiegel, Sachverständigengutachten oder Vergleichswohnungen bestimmt.
- **Kappungsgrenze:** Innerhalb von drei Jahren darf die Miete um maximal 20 % steigen. In Gebieten mit angespanntem Wohnungsmarkt ist diese Grenze auf 15 % reduziert (§ 558 Abs. 3 BGB).

Mietpreisbremse

Gilt nur bei Neuvermietungen in Gebieten mit angespanntem Wohnungsmarkt (§ 556d BGB). Die neue Miete darf maximal 10 % über der ortsüblichen Vergleichsmiete liegen.

Ausnahmen: Neubauten (erstmals vermietet nach dem 1.10.2014) und umfassend modernisierte Wohnungen sind von der Mietpreisbremse ausgenommen.

Mieterhöhungen nach Modernisierung

- **Deckelung:** Die Erhöhung ist auf maximal 3,– €/m² pro Monat begrenzt, bei einer Ausgangsmiete unter 7,– €/m² auf maximal 2,– €/m².
- **Voraussetzung:** Die Maßnahmen müssen den Wohnwert verbessern oder Energie einsparen. Reparaturen zählen nicht als Modernisierung.

Nebenkosten

Neben der Nettokaltmiete zahlen Mieter Betriebskosten, darunter Heiz- und Warmwasserkosten. Diese können stark variieren, oft zwischen 1,50 €/m² und 2,50 €/m² monatlich. Aufgrund der **Energiekrise** sind insbesondere Gas-, Fernwärme- und Stromkosten zuletzt deutlich gestiegen.

2.3 Betreutes Wohnen mit Service

Immer mehr ältere Menschen entscheiden sich für das **betreute Wohnen mit Service.** Darunter sind nicht Pflegeeinrichtungen, die umgangssprachlich als Pflege- bzw. Altersheime bezeichnet werden, zu verstehen.

Apartments für das **betreute Wohnen** werden meist gemietet und nicht gekauft. Die Mieten sind im Vergleich zu üblichen Wohnungen deutlich höher. So kostet beispielsweise eine 47 m² große Citywohnung beim betreuten Wohnen im Schloss Neuwied, das von der AWO Rheinland betrieben wird, netto kalt 718,– € plus einer Servicepauschale von 153,– €. Einschließlich Nebenkosten von 140,– € sind dann 1.011,– € im Monat zu zahlen.

Bei Garten-, Eck- und Penthousewohnungen im Schloss Neuwied werden Nettokaltmieten von 17,82 €/m², 18,81 €/m² und zwischen 19,47 €/m² und 20,66 €/m² berechnet. Eine 42 m² große Eckwohnung würde dann 72,– € mehr im Vergleich zu der Citywohnung kosten und eine gleich große Penthousewohnung sogar rund 122,– € mehr.

! Seniorenwohnungen mit betreutem Wohnen sind eine Sonderform von Eigentumswohnungen, sofern diese in sich abgeschlossene Wohnungen mit eigener Küche, Bad und WC nach § 3 Abs. 2 Wohnungseigentumsgesetz (WEG) darstellen. Die Regelungen des WEG hinsichtlich Sondereigentum der Wohnung, Gemeinschaftseigentum, Teilungserklärung, Hausverwaltung und Eigentümerversammlung gelten dann auch für diese Seniorenwohnungen. Das Wohnungseigentum (§ 1 Abs. 1 WEG) stellt Sondereigentum dar, das durch Anteile am Gemeinschaftseigentum (§ 1 Abs. 2 WEG) ergänzt wird.

2.3.1 Mietpreise und Servicegebühren bei Wohnapartments für Senioren

Das Wohnen von Mietern in einer solchen Seniorenwohnung unterscheidet sich vom Wohnen eines Mieters in einer Eigentumswohnung auf den ersten Blick nicht allzu sehr. Bei den Wohnapartments handelt es sich jedoch immer um Wohnungen mit barrierefreiem Bad, Einbauküche und Notrufsystem. Die monatliche Nettokaltmiete inklusive Servicepauschale liegt mehr oder minder deutlich über der ortsüblichen Vergleichsmiete. Ein wesentlicher Unterschied zu vermieteten Eigentumswohnungen ist außerdem zu beachten: Der Vermieter oder Betreiber kann dem Mieter **nicht wegen Eigenbedarf kündigen.**

Die oben erwähnten Mieten im Schloss Neuwied sind durchaus typisch. Ähnlich hohe Mieten für das betreute Wohnen sind beispielsweise im Seniorenpark carpe diem bei Düsseldorf zu zahlen. Dort liegt der Mietpreis für eine 54,38 m² große 2-Zimmer-Wohnung bei 897,27,– € (also 16,50 €/m²). Hinzu kommen Nebenkosten von geschätzt 120,– € (maximal 3,10 €/m²) sowie eine Servicepauschale von 120,– € pro Person. Dadurch steigt die monatliche Belastung für das Wohnen mit Service auf 1.137,27 €.

Menüservice sowie Dienstleistungen wie Wasch- und Bügelservice und Änderungsarbeiten bei der Kleidung sind extra zu bezahlen. So kommen im Monat leicht 1.200,– € für Unterkunft und Verpflegung zusammen. Kosten für regelmäßige Besuche einer Pflegekraft sind darin noch nicht enthalten.

! Wohnen mit Service im Alter ist daher vor allem für Senioren interessant, die zwar ihre volle Selbstständigkeit in ihrer Wohnung genießen wollen, aber zusätzlich angebotene Zusatzleistungen auf Wunsch in Anspruch nehmen können. Mietpreise und Servicegebühren sollten bei Angeboten zum betreuten Wohnen bzw. Wohnen mit Service aber verglichen werden, damit dies auch bezahlbar bleibt.

2.3.2 Suche und Auswahl für Wohnen mit Service

Bei der Suche nach **geeigneten Wohnapartments mit Service im Alter** sollten Sie zunächst die **wichtigsten Kriterien,** die beispielsweise auch für die Suche nach selbst genutzten Eigentumswohnungen gelten, beachten. Dazu zählen:

- Makro- und Mikrolage der Seniorenimmobilie,
- Baujahr und äußerer Zustand der Seniorenimmobilie,
- Anzahl der Wohnapartments im Haus,
- Lage und Größe des Apartments innerhalb des Hauses,
- Ausstattung des Apartments und
- Gemeinschaftsräume.

Darüber hinaus kommt es auf **seniorengerechte Besonderheiten** an:

- barrierefreie Apartments ohne Stufen und Schwellen,
- Nähe zu stationärem Pflegeheim (im Haus selbst oder im Nebengebäude) und
- Umfang und Qualität der angebotenen Serviceleistungen.

! Eine eingehende Vor-Ort-Besichtigung des Hauses mit den Gemeinschaftsräumen sowie eines Wohnapartments ist unverzichtbar. Gespräche mit Bewohnern geben Auskunft über deren Zufriedenheit oder auch gelegentlichen Ärger. Einige Häuser bieten auch Tage der offenen Tür und Probewohnen in möblierten Wohnapartments an.

2.3.3 Der Mietvertrag beim Wohnen mit Service

Selbstverständlich muss auch beim Wohnen mit Service das Wichtigste rechtlich geregelt werden.

! Daher ist es unumgänglich, den konkreten Mietvertrag und den zusätzlichen Servicevertrag vor der Unterschrift genau zu prüfen. Wenn etwas unklar ist, sollte man unbedingt Fragen stellen. Die Wohnung sollte im Mietvertrag genau beschrieben werden mit Angabe der Apartmentnummer, der Größe und der Ausstattung der einzelnen Räume. Eine genaue Grundrisszeichnung mit Angabe der Quadratmeter für alle Zimmer plus Balkon oder Loggia ist wichtig.

Die üblichen Formulierungen wie **seniorengerecht oder altersgerecht** sind **nicht geschützt.** Stattdessen sollte die Barrierefreiheit der Wohnung nach DIN 18040 Teil 2 vom Vermieter oder Verkäufer zugesichert werden. Auch die Einhaltung der DIN 77800 für betreutes Wohnen ist nicht verpflichtend vorgeschrieben und sollte vertraglich festgehalten werden.

! Der Mietvertrag sollte eine genaue Aufstellung aller Kosten enthalten, also Nettokaltmiete plus umlagefähige Neben- bzw. Betriebskosten. Die Höhe der Nettokaltmiete wird die ortsübliche Miete für vergleichbare Wohnungen wegen der altersgerechten Ausstattung und der Gemeinschaftsflächen überschreiten. Zuschläge von deutlich über 20 % sind aber nicht angemessen.

Der **Mietvertrag** wird auf **unbestimmte Zeit** geschlossen. Das ansonsten übliche Recht des Vermieters auf Kündigung wegen Eigenbedarfs muss im Mietvertrag ausgeschlossen werden.

2.3.4 Der Servicevertrag beim Wohnen mit Service

Umfang und Qualität der Serviceleistungen müssen ebenfalls eingehend überprüft werden. Zunächst geht es um die **Grundleistungen,** die garantiert sind und nicht abgewählt werden können. Hierfür wird eine **Servicepauschale** erhoben, die umso niedriger bzw. höher ist, je weniger bzw. je mehr Grundleistungen geboten werden. Zum Standard zählen Hausmeisterdienst, Hausnotruf und eine feste Betreuungskraft. Einige Häuser bieten darüber hinaus weitere Hilfen an wie wöchentliche Reinigung der Wohnung oder technische Hilfen. Der Servicevertrag für die Grundleistungen ist üblicherweise an den Mietvertrag gekoppelt und kann daher nicht unabhängig vom Mietvertrag abgeschlossen oder gekündigt werden.

Wahl- bzw. Zusatzleistungen, die über die Grundleistungen hinausgehen und dazugebucht und auch wieder abgewählt werden können, sind zum Beispiel Wäsche- und Bügeldienst, Fahr- und Bringdienste, Fuß- und Haarpflege oder ambulante Pflege durch einen Pflegedienst. Auch Essen auf Rädern oder das gesamte eigene Essensangebot im Haus gehört dazu, wenn es nicht für die Hauptmahlzeit bereits im Mietpreis berücksichtigt wird und somit quasi eine Miete mit Halbpension darstellt.

! Die zu bezahlenden Grundleistungen und die zusätzlich angebotenen Wahlleistungen sollten daraufhin überprüft werden, ob sie den persönlichen Wünschen auch entsprechen.

2.4 Wohnen in einer Seniorenresidenz

Wer im Alter in eine **Seniorenresidenz** ziehen will, steht vor der grundsätzlichen Frage: Soll ich **kaufen oder mieten?** Für den Kauf entscheiden sich wegen der hohen Kaufpreise nur wenige. Daher werden Wohnapartments in Seniorenresidenzen ganz überwiegend von Älteren ab 70 Jahren angemietet. Die Miete liegt meist 20 % bis

30 % über der ortsüblichen Vergleichsmiete, da die Wohnapartments barrierefrei und altersgerecht ausgestaltet sind. Hinzu kommen Serviceleistungen, die zusätzlich bezahlt werden müssen.

! Statt Kauf oder Miete eines Wohnapartments kann auch der Kauf eines lebenslangen Wohnrechts infrage kommen. Dabei wird nicht das Wohnapartment an sich gekauft, sondern nur das Wohnrecht. Der einmal gezahlte Wohnrechtskaufpreis erspart zwar die monatliche Nettokaltmiete, aber nicht die umlagefähigen Nebenkosten und Entgelte für den zusätzlichen Service.

Seniorenresidenzen mit Wohnapartments sind von Pflegeheimen mit Pflegezimmern bzw. -apartments zu unterscheiden. Im Gegensatz zu Pflegeheimen handelt es sich um nicht förderungswürdige Sozialimmobilien auf dem freien Markt. Die Bezeichnungen dafür sind vielfältig: Seniorenheim, Wohnstift oder Seniorenresidenz. Da diese Begriffe nicht geschützt sind, sind auch andere Umschreibungen für diese Wohnformen und Seniorenimmobilien möglich.

! Um Verwechslungen zu vermeiden, sollten Sie Pflegeheime bzw. Pflegeeinrichtungen nicht als Seniorenresidenzen bezeichnen, wie es aber zuweilen geschieht. Zwar ist bei barrierefreien und altersgerechten Wohnapartments in Seniorenresidenzen die örtliche Nähe zu einer Pflegeeinrichtung mit Pflegeapartments erwünscht, sofern das selbstbestimmte Wohnen in der Seniorenresidenz wegen inzwischen eingetretener Pflegebedürftigkeit nicht mehr möglich ist. Es gibt auch Seniorenimmobilien mit Wohn- und Pflegeapartments im gleichen Haus oder in benachbarten Häusern. Dennoch muss Wohnen mit Service unterschieden werden von stationärer Pflege.

Die **Nachfrage nach Wohnapartments in Seniorenresidenzen** wird künftig weiter steigen. Allerdings kommt dieses eher luxuriöse Wohnen nur für **einkommensstarke Senioren** infrage, da die monatliche Miete inklusive Serviceleistungen selbst bei nur 30 m² großen 1-Zimmer-Apartments je nach Lage und Qualität des Hauses zwischen 1.000,– € und 2.000,– € ausmacht. Bei 80 m^2 großen 3-Zimmer-Apartments für zwei Bewohner können es leicht auch 3.000,– € bis 5.000,– € für Miete inklusive Servicepaket sein. Für einkommens- und kapitalstarke Senioren kann auch der Kauf eines lebenslangen Wohnrechts in einer Seniorenresidenz eine lohnende Alternative sein.

! Hochpreisige Seniorenresidenzen mit hotelähnlichem Charakter bieten exklusives Wohnen für gut betuchte Bewohner, die sich die komfortablen Apartments und umfangreichen Serviceleistungen finanziell leisten können. Im Gegensatz zum betreuten Wohnen fallen Seniorenresidenzen unter das Wohn- und Betreuungsvertragsgesetz.

Im Folgenden werden einige Beispiele für Seniorenresidenzen und Wohnstifte aufgeführt. Dabei liegt der Schwerpunkt auf dem **Preis-Leistungs-Verhältnis.**

2.4.1 Wohnstifte Augustinum

Der Marktführer unter den Seniorenresidenzen ist das **Augustinum** mit der Diakonie als kirchlichem Träger mit insgesamt 23 Wohnstiften und rund 7.400 Bewohnern in Deutschland. Da das Augustinum besonders viel Service bietet und die Häuser in besten Lagen zu finden sind, ist auch von »Premium Wohnen« bzw. »betreutem Wohnen Plus aus einer Hand« die Rede. Die monatlichen Pensionspreise mit mehrgängiger Hauptmahlzeit, wöchentlicher Reinigung der Wohnungen, Haustelefon und Notrufsystem liegen entsprechend hoch und sind wohl nur von betuchten Senioren aufzubringen.

Am Beispiel des Augustinum in Freiburg mit rund 290 Bewohnern seien die monatlichen Pensionspreise einmal aufgeführt:

Monatlicher Pensionspreis	Zimmeranzahl	Wohnfläche
2.506,49 €	1 Zimmer	30 m^2
3.305,69 €[1)]	2 Zimmer	46 m^2
5.149,96 €[1)]	3 Zimmer	79 m^2

1) **+ 813,59 €** für die 2. Person

Ein Ehepaar, das die 79 m^2 große 3-Zimmer-Wohnung inklusive umfangreichen Servicepakets nutzt, muss also monatlich 5.963,55 € und somit fast 6.000,– € zahlen. Wer diesen stolzen Preis für zu hoch hält, sollte sich zunächst alle angebotenen Leistungen sowie die exzellente Lage des Hauses ansehen.

Es handelt sich schließlich um einen **Komplettpreis mit Full Service,** der außer der monatlichen Nettokaltmiete auch die Betriebs- bzw. Nebenkosten sowie die umfangreichen Grundleistungen laut Servicevertrag sowie eine Hauptmahlzeit enthält, also quasi Wohnen mit Halbpension.

2.4.2 Seniorenresidenzen Rosenhof

Mit elf Seniorenresidenzen wartet der **Rosenhof** in privater Trägerschaft auf. Gleich zwei Häuser stehen in Erkrath bei Düsseldorf. Wie beim Augustinum handelt es sich bei den monatlichen Preisen um Komplettpreise mit Full Service.

Bei der Seniorenresidenz Rosenhof im Erkrather Stadtteil Hochdahl weist die aktuelle Preisliste für insgesamt 244 Wohnapartments folgende monatliche Leistungs- bzw. Pensionspreise inklusive Servicepaket auf:

Monatlicher Pensionspreis	Zimmeranzahl	Wohnfläche
1.794,– € bis 2.421,– €	1-Zimmer-Apartment	31,3 m^2 bis 40,5 m^2
2.791,– € bis 3.062,– €	1,5-Zimmer-Apartment	49,2 m^2 bis 61,4 m^2
3.255,– € bis 3.837,– €	2-Zimmer-Apartment	61,5 m^2 bis 81,8 m^2
3.833,– € bis 4.086,– €	3-Zimmer-Apartment	76,1 m^2 bis 91,0 m^2
4.374,– €	4-Zimmer-Apartment	119,7 m^2

Bewohnt eine zweite Person das Apartment (fast immer ist dies der Ehepartner), kommt ein Zuschlag von monatlich 908,– € hinzu. Ein Ehepaar, das ein 79 m^2 großes Apartment im Rosenhof von Erkrath-Hochdahl bewohnt, müsste einen monatlichen Komplettpreis von 4.887,– € zahlen. Dies sind zwar 1.076,– € weniger im Vergleich zum Augustinum in Freiburg. Die Lage des Rosenhofs in Erkrath nahe dem Neandertal ist im Vergleich zur Lage des Augustinum in Freiburg aber auch nicht so attraktiv.

2.4.3 Seniorenresidenzen Kursana

Acht Seniorenresidenzen mit rund 1.500 Wohnapartments bietet die **Kursana-Gruppe** in Deutschland an. Wie im Augustinum oder Rosenhof sind Miete, Nebenkosten, Servicepauschale für Grundleistungen und Kosten für ein tägliches Mittagsmenü im Pensionspreis enthalten.

Bei der Seniorenresidenz Kursana in Krefeld sind es 100 Apartments, und zwar 1-, 2- und 3-Zimmer-Apartments mit 37 m^2 bis 90 m^2. Die Pensionspreise gehen aus der folgenden Preisübersicht hervor:

Monatlicher Pensionspreis	Zimmeranzahl	Wohnfläche
ab 1.650,– €	1-Zimmer-Apartment	ab 37 m^2
ab 1.850,– €	1,5-Zimmer-Apartment	45 m^2
ab 2.200,– €	2-Zimmer-Apartment	58 m^2
ab 2.800,– €	3-Zimmer-Apartment	90 m^2

Der Zuschlag für eine zweite Person beträgt 521,60 €. Somit liegt der Pensionspreis für ein 3-Zimmer-Apartment mit 90 m^2 bei 3.321,60 €. Dies sind immerhin rund 1,565,– € weniger im Vergleich zu einer 79 m^2 großen Wohnung bei der Seniorenresidenz Rosenhof in Erkrath-Hochdahl.

2.4.4 Seniorenresidenz Ulm-Friedrichsau

Auch die monatlichen Leistungspreise für 300 Apartments mit Wohnflächen zwischen 27 m^2 und 95 m^2 in der **Seniorenresidenz Ulm-Friedrichsau** verstehen sich ohne Einnahme von Mahlzeiten.

Das von einem Ehepaar bewohnte 3-Zimmer-Apartment würde monatlich 4.648,– € kosten. Darin ist die Miete einschließlich Nebenkosten und Servicepaket sowie das Mittagessen als 3-Gänge-Menü von 511,– € für zwei Personen enthalten. 1-Zimmer-Apartments kosten 1.363,– € inklusive Mittagessen im Monat.

! Beim Vergleich von unterschiedlichen Seniorenresidenzen sollten Sie außer der Lage auch genau ermitteln, wie sich der monatliche Pensionspreis zusammensetzt, und die angesetzten Kosten für Nettokaltmiete, Neben- bzw. Betriebskosten, Servicepauschale für Grundleistungen und eventuell Mittagsmenü miteinander vergleichen.

2.5 Wohnrechtsmodelle für Seniorenresidenzen

Beim kaum bekannten **Wohnrechtsmodell** kaufen Senioren das Recht, lebenslang in der Wohnung bleiben zu dürfen. Für dieses **lebenslange Wohnrecht** zahlen sie einen festen Kaufpreis, der insbesondere von der Lage und Größe der Wohnung sowie vom Alter und Geschlecht der Senioren abhängt. Eine Miete zahlen sie nicht. Allerdings fallen zusätzlich zum Kaufpreis laufende Kosten (Nebenkosten und Serviceentgelt) wie bei Mietern von Wohnapartments in Seniorenresidenzen an.

Dieser **Wohnrechtskaufpreis** stellt eine Vorauszahlung der ersparten Mieten für die kommenden Jahre dar. Die Anzahl dieser Jahre wird üblicherweise nach der **ferneren Lebenserwartung des Statistischen Bundesamtes** ermittelt. Diese fernere Lebenserwartung wird von Senioren scherzhaft auch schon mal als »Restlaufzeit« bezeichnet.

Sofern man die fernere Lebenserwartung nach der von privaten Versicherern verwendeten DAV 2004 R ermittelt, steigt sie um rund fünf Jahre. Dies wäre für Wohnrechtskäufer von Nachteil, da sie einen deutlich höheren Kaufpreis für das lebenslange Wohnrecht zahlen müssten.

Ein heute 70-jähriger Mann hat laut Statistischem Bundesamt beispielsweise noch eine statistische Lebenserwartung von rund 15 Jahren. Bei einer gleichaltrigen Frau sind es 18 Jahre. Bei 75-jährigen Senioren sinkt die fernere Lebenserwartung auf zwölf Jahre beim Mann und 14 Jahre bei der Frau.

Bewohnt ein **Ehepaar** das Apartment in der Seniorenresidenz, richtet sich die zugrunde gelegte statistische Wohndauer bei gleichaltrigen Eheleuten nach der **ferneren Lebenserwartung der Frau.** Ist die Frau deutlich jünger als ihr Mann, steigt diese statistische Lebenserwartung weiter an.

! Das lebenslange Wohnrecht wird in der zweiten Abteilung des Grundbuchs eingetragen, und zwar erstrangig vor anderen Rechten wie beispielsweise Grundschulden zugunsten von Banken, die in der dritten Abteilung stehen. Eigentümer wird der Wohnrechtskäufer im Vergleich zum Immobilienkäufer allerdings nicht. Er wohnt den gezahlten Kaufpreis für das Wohnrecht Jahr für Jahr ab und sichert sich gleichzeitig gegen steigende Mieten ab. Stirbt der Wohnrechtsinhaber früh und vor Erreichen des statistischen Endalters, wird der nicht abgewohnte Wohnrechtskaufpreis an die Erben ausgezahlt. Zieht er vorher aus, weil er beispielsweise pflegebedürftig wird und in ein Pflegeheim umziehen muss, gilt das Gleiche. Das Geld ist somit nicht verloren. Lebt er hingegen noch lange und über das statistische Endalter hinaus, zahlt er nichts hinzu. Wie bei einer lebenslangen Rente profitiert er dann vom längeren Leben.

Laut § 1093 BGB wird ein lebenslanges Wohnrecht gegen einen Kaufpreis eingeräumt, das in der Folge abgewohnt wird. Nach Tod oder Auszug wird der noch nicht abgewohnte Wert an die Erben oder den Bewohner ausgezahlt und das Wohnrecht aus dem Grundbuch gelöscht. Anschließend kann das Wohnrecht an den nächsten Interessenten vergeben werden.

! Im Privatbereich kommt das lebenslange Wohnrecht häufig im Zusammenhang mit der vorweggenommenen Erbfolge vor. Eltern verschenken beispielsweise ihr Eigenheim an ihre Kinder, lassen sich aber ein lebenslanges Wohnrecht im Grundbuch einräumen.

Der **Wohnrechtskäufer beim Wohnrechtsmodell** ist **weder Eigentümer noch Mieter,** also in gewisser Weise ein »Zwitter«. Im Gegensatz zum Eigentümer gehört ihm nicht die Wohnung, er muss aber auch keine Instandhaltungskosten tragen. Und im Gegensatz zum Mieter zahlt er zwar einen hohen einmaligen Kaufpreis für das lebenslange Wohnrecht, erspart sich aber die laufenden Mieten. Zudem muss er keine Eigenbedarfskündigung befürchten.

! Das Wohnrechtsmodell eignet sich nur für Senioren ab einem Alter von etwa 70 Jahren und auch nur für seniorengerechte barrierefreie Immobilien. Die Wohnrechtskaufpreise liegen unter den Kaufpreisen für Eigentumswohnungen. Je älter der Bewohner, desto geringer der Kaufpreis für das Wohnrecht und desto höher die Preisersparnis gegenüber dem Käufer einer Eigentumswohnung.

Der Wohnrechtskäufer bzw. Bewohner kann jederzeit kündigen und nach Ablauf der vereinbarten, meist dreimonatigen Kündigungsfrist ausziehen.

! Bei Kündigung muss der Wohnrechtsgeber den noch nicht abgewohnten Wert in der Regel innerhalb von drei bis sechs Monaten zurückzahlen. Der Wohnrechtsgeber kann das Wohnrecht lediglich außerordentlich kündigen. Dies ist der Fall bei Selbst- oder Fremdgefährdung, der nachhaltigen Störung des Hausfriedens oder dem dauerhaften Ausbleiben der laufenden Zahlungen für Nebenkosten und Serviceleistungen.

Nur wenige Seniorenresidenzen bieten zurzeit auch das Wohnrechtsmodell an.

3 Das Geld- und Sachvermögen von Senioren

Viele ältere Menschen haben es im Laufe der Jahre geschafft, durch Einmalanlagen oder Sparpläne ein beträchtliches Geld- und Sachvermögen anzusammeln. In der nun beginnenden Phase des Ruhestands steht jedoch nicht mehr das Sparen, sondern das gezielte **Entsparen** im Fokus. Um die Einnahmen im Alter zu steigern, kann es sinnvoll sein, einen Teil dieses Vermögens schrittweise abzubauen. Der **Vermögensaufbau** während der aktiven Berufszeit und der teilweise **Vermögensabbau** im Ruhestand stehen dabei nicht im Widerspruch zueinander.

! Eine Möglichkeit, die finanzielle Situation im Ruhestand zu verbessern, besteht darin, einen größeren Einmalbetrag in eine Sofortrente aus einer privaten Rentenversicherung zu investieren. Allerdings erscheint dies bei einem Garantiezins von lediglich 1 % im Jahr 2025 und den langen Lebenserwartungen, die in den Sterbetafeln der Versicherer berücksichtigt werden, wenig attraktiv. Eine sinnvollere Alternative stellen Auszahlpläne dar. Diese können über Bausparkassen oder Banken mit vollständigem Kapitalverzehr abgeschlossen oder als Fonds- und ETF-basierte Auszahlpläne mit Kapitalverzehr oder Kapitalerhalt gestaltet werden. Diese Optionen bieten höhere Flexibilität und oft bessere Renditechancen.

Einige Senioren verzichten bewusst auf **Sofortrenten** oder **Auszahlpläne** und setzen stattdessen darauf, ihr Vermögen selbst weiter aufzubauen, um es später beispielsweise an **Kinder** oder **Enkel** zu verschenken oder zu vererben. Reine **Zinsanlagen** sind oft wenig attraktiv, da sie meist nicht einmal die Inflation ausgleichen können. **Sachwertanlagen** wie Aktien, Gold oder Immobilien bieten dagegen deutlich höhere Renditechancen, gehen jedoch auch mit Risiken einher. Um diese Risiken zu streuen, eignen sich **Exchange Traded Funds** (ETFs), die eine breite **Diversifikation** ermöglichen. So können Anleger in ETFs investieren, die Aktienmärkte, Gold oder Immobilien abbilden, und dadurch von den Vorteilen dieser Sachwertanlagen profitieren, während das Risiko durch die Streuung reduziert wird.

3.1 Zahlung eines Einmalbeitrags für Sofortrenten

Mit Beginn ihres Ruhestands stehen manche Senioren vor der Entscheidung, wie sie eine **größere Geldsumme** – etwa 100.000,– € aus einer **Kapitallebensversicherung** oder einer **privaten Rentenversicherung mit Kapitalwahlrecht** – am besten in ein regelmäßiges Einkommen umwandeln können. Diese Frage ist besonders relevant, wenn das Ziel eine attraktive Zusatzrente ist. Dabei stellt sich häufig die Wahl: **Kapitalauszahlung** oder **lebenslange Rente?**

Ähnliche Überlegungen betreffen auch Personen, die durch eine **Abfindung** beim Ausscheiden aus dem Berufsleben, eine **Erbschaft** oder den **Verkauf einer Immobilie** zu einem größeren Vermögensbetrag kommen. Die zentrale Frage lautet dabei stets: Soll das Kapital auf einmal ausgezahlt und flexibel genutzt werden, oder ist eine planbare, lebenslange Rentenzahlung sinnvoller?

Privat Rentenversicherte mit Kapitalwahlrecht stehen vor der Entscheidung, ob sie sich die angesparte Ablaufleistung in einer Summe auszahlen lassen oder in eine garantierte lebenslange Rente umwandeln möchten.

! Wer finanzielle Sicherheit und ein garantiertes Einkommen bis ans Lebensende bevorzugt, tendiert zur Rente. Wer hingegen Flexibilität wünscht – etwa für Investitionen, Schuldenabbau oder größere Anschaffungen –, könnte die Kapitalauszahlung bevorzugen. Wichtig ist, bei dieser Entscheidung auch steuerliche Aspekte sowie die persönliche Lebenssituation (z.B. Gesundheit und Lebenserwartung) zu berücksichtigen.

3.2 Sofortrente aus der privaten Rentenversicherung

Die Sofortrente ist eine private Rentenversicherung, bei der man einmalig einen größeren Geldbetrag einzahlt und dafür lebenslang eine monatliche Rente erhält. Sie eignet sich besonders für Menschen, die im Alter finanzielle Sicherheit suchen und sich nicht selbst um die Verwaltung ihres Vermögens kümmern wollen. Folgend finden Sie die wichtigsten Vor- und Nachteile:

3.2.1 Vorteile der Sofortrente

- **Lebenslange Sicherheit:** Die lebenslange Sicherheit ist ein zentraler Vorteil der Sofortrente. Unabhängig von der Lebensdauer des Rentners wird die Rente gezahlt, was eine Absicherung gegen das sogenannte **Langlebigkeitsrisiko** bietet.
- **Steuervorteile:** Bei der Versteuerung von Rentenzahlungen wird lediglich der sogenannte **Ertragsanteil** berücksichtigt, dessen prozentualer Anteil vom Lebensalter bei Rentenbeginn abhängt. Bei einem Renteneintritt mit 65 Jahren etwa unterliegen 18 % der Rentenbezüge der Einkommensteuer. Dieser Prozentsatz sinkt bei späterem Rentenbeginn und steigt bei früherem Eintritt in den Ruhestand.
- **Flexibilität:** Einige Versicherer erlauben es, Kapital zu entnehmen oder zwischen verschiedenen Auszahlungsrhythmen (z.B. monatlich oder jährlich) zu wählen.

3.2.2 Nachteile der Sofortrente

- **Niedrige Rentenhöhe:** In Niedrigzinsphasen sind die garantierten Rentenbeträge aus einer Einmalzahlung oft gering.
- **Hinterbliebenenschutz:** Ohne eine vereinbarte Rentengarantiezeit oder andere Schutzmechanismen gehen Hinterbliebene leer aus, wenn der Rentner früh verstirbt.

- **Verlustrisiko bei frühem Tod:** Wenn der Rentner vor Erreichen der sogenannten Break-even-Zeit verstirbt, kann es zu finanziellen Verlusten kommen. Selbst bei einem langen Leben bleibt die Rendite oft begrenzt, da die Verzinsung im Vergleich zu anderen Anlageformen niedrig ist.

! Die Sofortrente bietet eine sichere und planbare Möglichkeit für die Altersvorsorge, insbesondere für Personen mit hohem Sicherheitsbedürfnis und/oder einer langen Lebenserwartung. Allerdings sind die Renditen aufgrund niedriger Zinsen wenig attraktiv, und ohne zusätzliche Vereinbarungen besteht das Risiko, dass Hinterbliebene nicht abgesichert sind.

3.3 Sofortrente aus der gesetzlichen Rentenversicherung

Personen, die bisher nicht die Regelaltersgrenze erreicht haben und nicht pflichtversichert sind, können freiwillige Beiträge in die gesetzliche Rentenversicherung einzahlen. Dazu zählen auch Frührentner, die eine vorgezogene Altersrente beziehen. Diese Beiträge erhöhen jedoch nur die spätere Regelaltersrente und nicht die laufende Frührente.

Auch nach Überschreiten der Regelaltersgrenze können freiwillige Beiträge gezahlt werden, wenn der Rentner keine volle Altersrente bezieht. Voraussetzung hierfür ist, dass eine Teilrente (z.B. 99 % der Vollrente) beantragt wird. Dies ermöglicht weiterhin freiwillige Einzahlungen zur Steigerung der zukünftigen Rentenbezüge.

! Freiwillige Beitragszahlungen sind nur für Personen möglich, die nicht mehr sozialversicherungspflichtig beschäftigt sind. Pflichtversicherte können keine zusätzlichen freiwilligen Beiträge leisten, es sei denn, sie erfüllen besondere Bedingungen (z.B. Ausgleich von Rentenabschlägen). Die Beitragshöhe kann flexibel zwischen einem Mindest- und Höchstbetrag gewählt werden (z.B. 2025: 103,42 € bis 1.497,30 € monatlich).

3.4 Zahlung eines Einmalbeitrags für Auszahlpläne

Auszahlpläne von Bausparkassen, Banken oder Investmentfonds bieten eine Möglichkeit, regelmäßig Kapital zu entnehmen, jedoch unterscheiden sie sich wesentlich von lebenslangen Rentenzahlungen, wie sie durch private oder gesetzliche Rentenversicherungen gewährleistet werden. Die monatlichen Auszahlungen eines Auszahlplans sind **zeitlich begrenzt** und abhängig vom vorhandenen Kapital sowie der gewählten Laufzeit. Eine lebenslange Absicherung ist nicht garantiert.

3.4.1 Auszahlplan von Bausparkassen und Banken

Bei einem Auszahlplan mit festen Zinsen und fester Laufzeit stehen auch die monatlichen Auszahlungen von vornherein fest. Statt einer Leibrente bis zum Lebensende wird eine **Zeitrente** bis zum Ende der vereinbarten Laufzeit gezahlt. Verstirbt der Zeitrentner vor Ablauf der Laufzeit, wird das Restvermögen an die Erben ausgezahlt oder die monatlichen Auszahlungen laufen bis zum Ende der Laufzeit weiter. Es geht also kein Geld verloren.

Zwei Bausparkassen – **Bausparkasse Mainz** und **Debeka Bausparkasse** – bieten solche Auszahlpläne an. Bei der Bausparkasse Mainz (BKM) sind die Festzinssätze je nach Laufzeit zurzeit wie folgt gestaffelt: 1,50 % bei fünf Jahren, 1,75 % bei zehn Jahren, 2 % bei zehn bzw. 15 Jahren, 2,10 % bei 20 Jahren sowie 1,50 % bei 25 bzw. 30 Jahren Laufzeit. Die Debeka Bausparkasse bietet ihre Auszahlpläne (dort Entnahmedepot genannt) zu einem Festzins von 2,30 % für alle Laufzeiten ab zwölf Jahren an. Bei kürzeren Laufzeiten sinkt der Zinssatz.

Statt 100.000,– € lebenslang zu verrenten, könnten 65-Jährige auch einen **Auszahlplan mit vollständigem Kapitalverzehr** über eine Laufzeit von 25 Jahren mit einem festen Zinssatz von 2,30 % beispielsweise über die Debeka Bausparkasse abschließen. Monatlich werden dann 25 Jahre lang 437,41 € ausgezahlt. Die Summe aller

Auszahlungen liegt bei 131.223,– € und der gesamte Zinsertrag vor Steuern daher bei 31.223,– €. Die centgenauen jährlichen Auszahlungsraten und Zinserträge sowie der jeweilige Stand des Vermögens am Jahresende können der folgenden Aufstellung entnommen werden.

Anlagekapital	100.000,– €
Zinssatz	2,30 %
Kapitalverzehr in	25 Jahren
Monatliche Rate	437,41 €

Auszahlungs-phase	**Rate pro Jahr**	**Zinsen**	**Stand des Vermögens**
1. Jahr	5.248,92 €	2.244,67 €	96.995,75 €
2. Jahr	5.248,92 €	2.175,57 €	93.922,40 €
3. Jahr	5.248,92 €	2.104,88 €	90.778,36 €
4. Jahr	5.248,92 €	2.032,57 €	87.562,01 €
5. Jahr	5.248,92 €	1.958,59 €	84.271,68 €
6. Jahr	5.248,92 €	1.882,92 €	80.905,68 €
7. Jahr	5.248,92 €	1.805,50 €	77.462,26 €
8. Jahr	5.248,92 €	1.726,30 €	73.939,64 €
9. Jahr	5.248,92 €	1.645,28 €	70.336,00 €
10. Jahr	5.248,92 €	1.562,40 €	66.649,48 €
11. Jahr	5.248,92 €	1.477,60 €	62.878,17 €
12. Jahr	5.248,92 €	1.390,87 €	59.420,12 €
13. Jahr	5.248,92 €	1.302,13 €	55.020,12 €
14. Jahr	5.248,92 €	1.211,35 €	51.035,76 €
15. Jahr	5.248,92 €	1.118,49 €	46.905,33 €
16. Jahr	5.248,92 €	1.023,49 €	42.679,90 €
17. Jahr	5.248,92 €	926,31 €	38.357,29 €
18. Jahr	5.248,92 €	862,89 €	33.935,20 €
19. Jahr	5.248,92 €	725,18 €	29.411,25 €

Auszahlungs-phase	Rate pro Jahr	Zinsen	Stand des Vermögens
20. Jahr	5.248,92 €	621,13 €	24.783,73 €
21. Jahr	5.248,92 €	514,69 €	20.049,50 €
22. Jahr	5.248,92 €	405,81 €	15.206,39 €
23. Jahr	5.248,92 €	294,41 €	10.251,88 €
24. Jahr	5.248,92 €	180,46 €	5.183,40 €
25. Jahr	5.248,92 €	63,89 €	0,– €

Vorteil des Entnahmedepots der Debeka Bausparkasse gegenüber der Sofortrente für 65-Jährige bei der Württembergischen Versicherung: Die über 25 Jahre garantierte Auszahlung von 437,41 € im Monat übertrifft die lebenslang garantierte Sofortrente der Württembergischen von monatlich 280,33 € um 56 % und auch die nur mögliche Sofortrente von 432,66,– €. Nach 25 Jahren sind beim Entnahmedepot der Debeka Bausparkasse insgesamt 131.223,– € zurückgeflossen, während die Summe der garantierten Sofortrenten bis dahin nur bei 84.099,– € liegt. Der privat Rentenversicherte müsste schon 104 Jahre alt werden, um garantiert die gleiche Summe zu erreichen. Bei der möglichen und sehr optimistisch angesetzten Sofortrente hätte er diese Rentensumme im Alter von 90 Jahren wie beim Entnahmedepot der Debeka Bausparkasse erreicht.

Nachteil des Auszahlungsplans über 25 Jahre: Wird der Debeka-Kunde älter als 90 Jahre, erhält er kein Geld mehr. Dem steht der Nachteil der Sofortrente gegenüber: Sofern deren Kunde vor Erreichen des 90. Lebensjahres stirbt, wird die monatliche Rente nicht mehr gezahlt.

Auch **nach Steuern** schneidet der Auszahlplan wahrscheinlich besser ab. Zwar sind bei einer Abgeltungsteuer von 25 % plus Solidaritätszuschlag noch insgesamt 8.235,– € an Steuern zu zahlen, sofern die Zinserträge aus dem Auszahlplan den jährlichen Sparerfreibetrag von 1.000,– € bei Alleinstehenden bzw. 2.000,– € bei Verheirateten in vollem Umfang überschreiten.

Sofern Ruheständler aber außer den Zinseinnahmen aus dem Auszahlplan keine weiteren Kapitalerträge haben, fällt die Abgeltungsteuer für Verheiratete ab dem 17. Jahr komplett weg und bei den Alleinstehenden bereits ab dem 5. Jahr. Üblicherweise erteilt der Zinsempfänger über die unter dem Sparerfreibetrag liegenden Zinserträge einen Freistellungsauftrag, sodass ihm die Zinsen dann steuerfrei und somit brutto für netto zufließen.

Sofortrenten werden jedoch mit einem **Ertragsanteil** von beispielsweise 18 % bei 65-jährigen Neurentnern besteuert. Über 25 Jahre sind dann insgesamt 15.138,– € (= 18 % der Summe der garantierten Sofortrenten) zu versteuern. Bei einem persönlichen Steuersatz von beispielsweise 25 % wären dann noch 3.784,50 € an Steuern zu zahlen.

Ein **Nachteil des Auszahlplans** über 25 Jahre bleibt aber nach wie vor bestehen:

> **!** Sofern der heute 65-Jährige über 90 Jahre alt wird und die monatlichen Entnahmen komplett verbraucht hat, ist das Geld weg. Es kann also sein, dass am Ende des Geldes noch Leben übrig bleibt. Um dieses finanzielle Problem zumindest teilweise zu lösen, könnte ein Auszahlplan mit einer noch längeren Laufzeit von 30 Jahren und einem festen Zins von ebenfalls 2,30 % bei der Debeka Bausparkasse gewählt werden. Allerdings sinkt dann die monatliche Auszahlung.

Alternative zur Verlängerung der Laufzeit auf 30 Jahre: Sofern die monatliche Auszahlung von 437,41 € bei einer 25-jährigen Laufzeit nicht vollständig für den Konsum verbraucht wird, kann der nicht entnommene Teil (z.B. 100,– €) auf ein Tagesgeldkonto eingezahlt werden, um so einen finanziellen Puffer für später aufzubauen. Immerhin bliebe nach 25 Jahren selbst bei einem dauernden Nullzins noch ein Tagesgeldguthaben von 30.000,– € übrig.

Da dann nur insgesamt 101.233,– € (= 337,41 € × 12 Monate × 25 Jahre) verzehrt würden und 30.000,– € (= 100,– € × 12 Monate × 25 Jahre) als jederzeit verfügbare finanzielle Reserve verblieben, wäre auch für die Zeit nach Vollendung des 90. Lebensjahres noch finanzielle Vorsorge getroffen. Diese Reserve von 30.000,– € würde selbst bei einem zinslosen Tagesgeldkonto für sieben Jahre und fünf Monate reichen, wenn weiterhin nur 337,41 € pro Monat entnommen werden.

3.4.2 Grundsätzliches zu Auszahlplänen im Ruhestand

Ein **Auszahlplan** (auch »**Entnahmeplan**« genannt) für Ruheständler funktioniert genau umgekehrt zum Ansparplan. Vermögen wird nicht durch Sparen aufgebaut, sondern im Gegensatz dazu durch regelmäßige Auszahlungen abgebaut. Sofern der Auszahlplan zum Ende der Laufzeit den vollständigen Kapitalverzehr vorsieht, ist das in einen Auszahlplan investierte Vermögen vollständig verschwunden.

Letztlich geht es um die Schaffung einer zusätzlichen Einkommensquelle im Alter, also um eine **Zusatzrente.** Vermögen wird durch den Auszahlplan in Einkommen verwandelt. Während das Vermögen in der persönlichen Bilanz abnimmt, steigen die laufenden Einnahmen im Haushaltsbudget.

Im Gegensatz zur lebenslangen Rente bzw. **Leibrente,** zu denen etwa die gesetzliche und private Rente zählen, handelt es sich beim Auszahlplan mit begrenzter Laufzeit immer um eine **Zeitrente.** Der Auszahlplan mit vollständigem Kapitalverzehr bis zu einem bestimmten Zeitpunkt bietet also **keine lebenslange finanzielle Absicherung** bis zum Ableben. Nur wenn es sich um einen Auszahlplan mit vollständigem Kapitalerhalt handeln würde, läge eine »ewige« Rente vor, die sich allein aus Kapitaleinkünften speisen müsste.

Auszahlpläne mit Kapitalverzehr beziehen sich – anders als Leibrenten – nur auf einen bestimmten Zeitraum (maximal 30 Jahre). Die Auszahlungen bzw. Zeitrenten erfolgen unabhängig vom Alter und der fernen Lebenserwartung des Anlegers. Auch rentenferne Personen könnten einen Auszahlplan verwirklichen, wenn sie einen Einmalbeitrag innerhalb von beispielsweise fünf oder zehn Jahren durch regelmäßige Entnahmen verzehren. Auszahlpläne mit einer kurzen Laufzeit von nur fünf Jahren eignen sich etwa für die Finanzierung eines Studiums von Kindern oder Enkeln durch die Eltern oder Großeltern, die dazu einen Teil ihres Vermögens verwenden.

Transparenz wird bei Auszahlplänen der Banken und Bausparkassen großgeschrieben. Man kann auf direktem Wege einen Auszahlplan von diesen Instituten erhalten oder ganz einfach den **Auszahlplanrechner** von FMH (fmh.de) nach Eingabe von Anlagekapital, Laufzeit und Zinssatz nutzen.

Da bei diesem Auszahlplan keine zusätzlichen Kosten entstehen, wird auch das Ziel der **Kosteneffizienz** erreicht. Immerhin gibt es also vier Pluspunkte (Sicherheit, Transparenz, Kosteneffizienz und Steuerersparnis).

! Hinzu kommt im Vergleich zur Leibrente noch der Vorteil der Vererbbarkeit. Sofern der Anleger vor Ablauf der Laufzeit verstirbt, werden die monatlichen Auszahlungen an seine Erben geleistet oder sie erhalten das Restvermögen in einer Summe.

Leider gibt es aber auch drei Minuspunkte in puncto **Rendite, Inflationsschutz** und **Liquidierbarkeit.** Angesichts eines Festzinssatzes von 2,3 % kann man nur von einer **mageren Rendite** vor Steuern und Inflation sprechen. Auch wenn diese Rendite wegen des voll ausgenutzten Sparerfreibetrags steuerfrei sein sollte, lässt sich damit eine Inflationsrate von 2,3 % und mehr nicht schlagen. Dies gilt umso mehr bei hohen Inflationsraten. Somit besteht kein Inflationsschutz. Unter Berücksichtigung von Steuern und Inflation wird der Nettorealzins dann deutlich negativ.

Ein Minuspunkt ist auch die **fehlende Liquidierbarkeit.** Auszahlpläne sind wegen der festgelegten Laufzeit unflexibel. Kündigungsmöglichkeiten während der Laufzeit gibt es nicht. Der Auszahlplan ist also bis zum Ende der Laufzeit durchzuhalten, was bei einem in Zukunft wieder ansteigenden Zinsniveau ungünstig ist.

Trotz der erwähnten Minuspunkte bzw. Nachteile überwiegen für sicherheitsorientierte Ruheständler aber die Vorteile eines Auszahlplans. Der Festzins sorgt dafür, dass die Auszahlungssumme immer höher als die Einmalanlage ausfällt. Beim Ableben vor Ende der Laufzeit erhalten die Erben Geld. Auch die Pluspunkte Sicherheit, Transparenz und Kosteneffizienz sind nicht zu vernachlässigen.

Das einzige finanzielle Risiko entsteht dann, wenn der Anleger sehr alt wird. Diesem »**Langlebigkeitsrisiko**« kann man zumindest in Grenzen mit der Wahl einer sehr langen Laufzeit oder einer Tagesgeldreserve in Höhe der nicht verbrauchten Auszahlungsraten begegnen.

! Sofern mehr als 100.000,– € in Auszahlpläne investiert werden, sollten Sie diese Summe aus Sicherheitsgründen auf zwei Auszahlpläne bei Bausparkassen bzw. Banken verteilen, sofern dort nur jeweils 100.000,– € pro Anleger abgesichert sind.

3.4.3 Laufzeit von Auszahlplänen richtig wählen

Damit das Geld aus dem Auszahlplan zusammen mit den übrigen Alterseinkünften im Ruhestand auch tatsächlich zur Deckung des Versorgungsbedarfs im Alter reicht, sollten Sie eine lange Laufzeit für den Auszahlplan wählen. Ein guter Anhaltspunkt dafür ist die durchschnittliche fernere Lebenserwartung nach der **Kohortensterbetafel des Statistischen Bundesamtes.**

Danach haben 65-jährige **Frauen** noch eine **durchschnittliche Lebenserwartung** von 23 Jahren. Die Lebenserwartung sinkt mit steigendem Alter auf 18,4 Jahre bei 70-Jährigen, 14 Jahre bei 75-Jährigen und zehn Jahre bei 80-jährigen Frauen.

Männer haben eine um rund drei Jahre kürzere Lebenserwartung, also nur 19,5 Jahre bei 65-Jährigen, 15,5 Jahre bei 70-Jährigen, 11,8 Jahre bei 75-Jährigen und 8,4 Jahre bei 80-jährigen Männern.

Bei gleichaltrigen Ehepaaren und im Vergleich zu den Ehemännern jüngerer Frauen legt man die durchschnittliche Lebenserwartung der Frau zugrunde. Sofern die Frau ausnahmsweise deutlich älter ist als ihr Ehemann, kann die Lebenserwartung des Mannes höher sein.

! Die Laufzeit für den Auszahlplan sollte aus Sicherheitsgründen mindestens so hoch sein wie die statistische Lebenserwartung oder noch darüber hinausgehen. Eine Laufzeit von 23 Jahren für eine heute 65-jährige Frau unterstellt, dass diese Frau 88 Jahre alt wird. Also käme ein Auszahlplan für sie über 25 Jahre infrage. Ist sie bereits 80, könnte sie nach der Statistik sogar 90 Jahre alt werden und die Laufzeit des Auszahlplans bei zehn Jahren liegen. Geringere Laufzeiten gelten dann für Männer. Sofern Eheleute einen gemeinsamen Auszahlplan abschließen wollen, sollte sich das Ehepaar an der jeweils höheren Lebenserwartung des Ehepartners orientieren.

3.5 Auszahlplan mit Investmentfonds und Exchange Traded Funds

So sicher Auszahlpläne von Bausparkassen und Banken auch sein mögen: Die Festzinsen sind oft recht gering. Die Hoffnung auf höhere Zinssätze besteht erst, wenn das allgemeine Zinsniveau künftig wieder steigen sollte.

Umgekehrt gilt: Wer mit Auszahlplänen Renditen von mindestens 4 % vor Steuern erzielen will, muss seine Einmalanlage nach dem Grundsatz »Je höher die Rendite, desto höher das Risiko« in Investmentfonds oder börsennotierte Indexfonds (ETFs) investieren. Nur Auszahlpläne mit Investmentfonds (Aktien-, Renten-, Misch- und offene Immobilienfonds) und ETFs (Aktien- oder Renten-ETFs) versprechen höhere Renditen. Mit einem Auszahlplan, der auf internationale Aktienfonds oder Aktien-ETFs wie den **MSCI World** setzt, sind auf Dauer Renditen von 4 % und mehr zu erzielen. Sichere Fondsrenditen von über 2 % pro Jahr kann es aber dort nicht geben. Im schlechtesten Fall sind sie sogar negativ, was vorwiegend bei kurzen Laufzeiten passieren kann.

! Je länger die Laufzeit, desto wahrscheinlicher sind Fondsrenditen von durchschnittlich 4 % bis 5 % pro Jahr vor Steuern. Wegen möglicher Kurseinbrüche an der Aktienbörse macht eine Laufzeit von nur fünf Jahren wenig Sinn. Zehn Jahre sollten es mindestens schon sein. 20, 25 oder 30 Jahre Laufzeit für einen Auszahlplan über Investmentfonds und ETFs, die über Aktien bzw. Aktienindizes laufen, sind besser. Dann besteht kaum noch Gefahr, dass die Renditen unter 2 % liegen oder sogar negativ werden.

In der folgenden Tabelle werden monatliche Auszahlungen für eine Einmalanlage in Höhe von 100.000,– € und eine prognostizierte Rendite von 3 % bis 5 % genannt. Dabei wird ein **vollständiger Kapitalverzehr** angenommen. Bei teilweisem oder vollständigem Kapitalerhalt errechnen sich selbstverständlich deutlich geringere monatliche Auszahlungen.

Monatliche Auszahlung bei Einmalanlage von 100.000,– €

Kapitalverzehr	monatliche Auszahlung bei Renditen vor Steuern von		
	3 %	4 %	5 %
5 Jahre	1.795,– €	1.838,– €	1.882,– €
10 Jahre	964,– €	1.009,– €	1.055,– €
15 Jahre	689,– €	736,– €	785,– €
20 Jahre	553,– €	602,– €	654,– €
25 Jahre	472,– €	524,– €	578,– €
30 Jahre	410,– €	473,– €	530,– €

Das Problem: Es gibt bei Investmentfonds und ETFs naturgemäß keine feststehenden Renditen. Wenn dennoch eine feste Auszahlung von beispielsweise 524,– € bei 4 % Rendite für eine Einmalanlage von 100.000,– € gewünscht ist, wird die vorgesehene Laufzeit (hier 25 Jahre) bei geringerer Rendite gekürzt oder bei höherer Rendite verlängert. Mit einer flexiblen bzw. variablen Auszahlung kann zwar eine laufende Anpassung an die tatsächliche Rendite erzielt werden. Dies macht den Verlauf des Auszahlplans aber unübersichtlich.

3.5.1 Feste oder flexible Auszahlungen

Für eine **feste Auszahlung** spricht die bessere Kalkulierbarkeit. Wer etwa eine feste Auszahlung von 472,– € bei einer angenommenen Rendite von 3 % und einer Laufzeit von 25 Jahren einkalkuliert, wird bei einer tatsächlich höheren Rendite nach 25 Jahren noch Geld übrig haben. Der Auszahlplan könnte dann mit gleicher Auszahlung mehr oder minder deutlich über die 25 Jahre hinausgehen.

Doch es kann auch anders verlaufen. Wer unter anderem eine Rendite von 5 % zugrunde legt und für eine geplante Laufzeit von 25 Jahren mit einer festen Auszahlung von monatlich 578,– € rechnet, muss bei einer schlechten Wertentwicklung (Performance) über mehrere Jahre mit Einbußen rechnen und eine geringere durchschnittliche Rendite in Kauf nehmen. Würde diese beispielsweise nur bei 2 % im langjährigen Durchschnitt liegen, wären die 100.000,– € bei festen monatlichen Auszahlungen von 578,– € bereits nach rund 18 Jahren verbraucht. Bei einer Rendite von 0 % würde das Geld nur für 14 Jahre und fünf Monate reichen.

! Feste Auszahlungen führen daher zu Laufzeiten, die wegen der ungewissen Wertentwicklung nicht von vornherein berechenbar sind. Um Enttäuschungen zu vermeiden, sollten Sie für den festen Auszahlplan bei gemanagten Aktienfonds und Aktien-ETFs eine relativ niedrige Rendite von beispielsweise nur 3 % zugrunde legen. Entwickelt sich die Aktienbörse dann besser, schlägt sich dies in einer längeren Laufzeit nieder.

Die **variable Auszahlung** beginnt aus Vorsichtsgründen nur mit 333,– €. Dies ist der Betrag, der sich bei 0 % Rendite und somit bei der Division der Einmalanlage von 100.000,– € durch 300 Monate (= Laufzeit von 25 Jahren × 12 Monate) ergibt. Alle paar Jahre kann die Auszahlung dann beispielsweise angepasst werden, indem das verbleibende Vermögen durch die Restlaufzeit dividiert wird.

Ein Fondsvermögen von 80.000,– € nach zehn Jahren geteilt durch die Restlaufzeit von 180 Monaten ergibt beispielsweise eine auf 444,– € erhöhte monatliche Auszahlung.

! Wenn Sie sogar nach jedem Jahr Bilanz ziehen und die neue monatliche Auszahlung für das Folgejahr auf diese Weise errechnen, wird die gewünschte Laufzeit von 25 Jahren damit erreicht. Diese Kombination aus variabler Auszahlung und fester Laufzeit kann besser sein als eine feste Auszahlung mit variabler Laufzeit. Allerdings erfordert sie eine häufige Anpassung der Auszahlraten entsprechend der Wertentwicklung des Depots und macht daher deutlich mehr Arbeit.

3.5.2 Auszahlplan mit Anleihen-, Aktien- oder Mischfonds

Anleihen- bzw. **Rentenfonds** eignen sich in **Niedrigzinsphasen** nicht für Auszahlpläne, da ein steigendes Zinsniveau zu sinkenden Anleihekursen führen wird. Aktienfonds können zwar auch an Wert verlieren, wenn die Aktienkurse auf breiter Front fallen. In aller Regel wird am Aktienmarkt ein Kurssturz (Baisse bzw. Crash) nach einiger Zeit aber wieder von einem deutlichen Kurssprung nach oben (Hausse bzw. Boom) abgelöst.

! Um die Aktien breit zu streuen, empfehlen sich internationale Aktienfonds. Ob gemanagte Aktienfonds oder wegen der geringeren Kosten ETFs auf Aktienindizes für den Auszahlplan gewählt werden, muss jeder für sich selbst entscheiden.

Die Fülle von **Investmentfonds** ist selbst für Banker kaum noch zu überblicken. Fast immer bietet die Bank nur ihre hauseigenen Fonds an. Beispiel: Deka-Fonds bei den Sparkassen, Uni-Fonds bei den Volks- und Raiffeisenbanken oder DWS-Fonds bei der Deutschen Bank. Die Hausbank ist aber meist nicht der richtige Ansprechpartner.

! Sie können Auszahlpläne mit Anleihen- bzw. Rentenfonds oder Aktienfonds jederzeit auch über andere Banken oder am besten online über Direktbanken bzw. Fondsvermittler abwickeln. Ganz entscheidend ist dabei der Fondstyp (z.B. reiner Rentenfonds, reiner Aktienfonds oder gemischter Fonds aus Renten und Aktien), für den Sie sich entscheiden. Richten Sie sich bei Ihrer Entscheidung in erster Linie nach Ihrem Lebensalter und Ihrer persönlichen Risikoneigung und fallen Sie nicht auf pauschale Empfehlungen Ihrer Bankberater herein.

3.5.3 Auszahlplan mit Aktien-ETFs

Wer sich im Ruhestand für einen Auszahlplan mit Aktien-ETFs entscheidet, kann immer zwischen **Kapitalerhalt** (kein Vermögensabbau) und **stetigem Kapitalverzehr** (mit stetigem Vermögensabbau) wählen.

! Da der ETF-Auszahlplan keine private Rentenversicherung darstellt, kann der vollständige Kapitalverzehr bzw. der komplette Vermögensabbau auch noch zu Lebzeiten erfolgen. Daher ist die Leibrente aus der gesetzlichen oder privaten Rentenversicherung auch kein Konkurrenzprodukt. Vielmehr stellt der ETF-Auszahlplan eine sinnvolle Ergänzung bzw. Beimischung zu laufenden Renten dar, die bis ans Lebensende ausgezahlt werden.

Typischerweise erfolgen Berechnungen ohne Berücksichtigung von Steuern und Inflation. Die **WirtschaftsWoche** hatte in einer ihrer Ausgaben allerdings Berechnungen für einen kombinierten

Spar- und Auszahlplan nach Steuern und Inflation vorgelegt. Wer beispielsweise als heute 40-Jähriger eine monatlich gleichbleibende Sparrate von 471,– € bis zum Erreichen der Regelaltersgrenze von 67 Jahren in einen ETF-Aktiensparplan einzahlt, kann bei einer laut WirtschaftsWoche noch vorsichtig kalkulierten Rendite von jährlich 5 % vor Steuern (rund 3,68 % nach Abzug der Abgeltungsteuer inklusive Solidaritätszuschlag) mit einer monatlichen Zusatzrente nach heutiger Kaufkraft von 500,– € rechnen, und zwar 33 Jahre lang bis zum 100. Geburtstag.

Der heute 30-Jährige müsste bei sonst gleichen Annahmen monatlich nur 338,– € einzahlen, um die gleich hohe Rente zu erhalten. Allerdings muss sein ETF-Sparplan dann zehn Jahre länger laufen. Beim heute 20-Jährigen wären es nur monatlich 259,– €. Im Gegensatz dazu müsste ein heute 50-Jähriger schon monatlich 753,– € einzahlen, um vom 67. bis 100. Lebensjahr bei einer angenommenen Rendite von jährlich 5 % vor Steuern bzw. 3,68 % nach Steuern eine monatliche Rente von 500,– € nach Steuern und nach heutiger Kaufkraft erwarten zu können.

3.5.4 Kosten sparen über bestimmte Direktbanken und Fondsvermittler

Auszahlpläne mit Investmentfonds und ETFs kosten Geld. Über **Direktbanken und Fondsvermittler** wird es billiger. Die Direktbank **Finvesto** berechnet je Auszahlung rund 0,45 % plus eine jährliche Depotgebühr von 15,– € bzw. 30,– € je nach Depotmodell. Bei der **Augsburger Aktienbank** als Fondsvermittler sind es nur 0,2 % pro Auszahlung plus Depotgebühren von 19,95 € im Jahr. Auch bei den Fondsbanken wie **Ebase, Fondsdepot Bank** und **FIL-Fondsbank** gibt es Auszahlpläne. Als Filialbank bietet die **Targobank** einen Auszahlplan mit hohen Kosten an. Dort werden 2,5 % je Auszahlung fällig sowie eine jährliche Depotgebühr von 30,– €.

! Anlagen in ETFs gelten zwar grundsätzlich als kostengünstig. Bei Auszahlplänen kann es aber durch Fixkosten pro Monatsrate (statt Kosten in Prozent der jeweiligen Auszahlung) dennoch teuer werden. Dies lässt sich dadurch umgehen, dass man sich die Raten nicht monatlich, sondern viertel-, halbjährlich oder jährlich auszahlen lässt. Sofern ETF-Anteile bei Geldbedarf über die Börse verkauft werden, fallen Transaktionskosten an, die überwiegend in Prozent des Auszahlungsbetrags berechnet und je nach ETF variieren können.

3.6 Kombi-Auszahlpläne

Ein einziger Auszahlplan – entweder mit Festzins über eine Bausparkasse oder mit höheren Erträgen bei Aktien-ETFs – ist nicht unbedingt das Gelbe vom Ei. Wer als sicherheitsorientierter Anleger kein Kurs- oder Zinsrisiko eingehen will, muss sich bei Auszahlplänen von Bausparkassen oder Banken mit meist mageren Zinsen für eine Laufzeit von beispielsweise 25 oder 30 Jahren begnügen. Höhere Renditen sind bei Auszahlplänen mit Investmentfonds und ETFs unter Inkaufnahme von Risiken drin.

Was liegt da näher, als eine Einmalanlage von 100.000,– € zu splitten und jeweils zur Hälfte in einen Auszahlplan einer Bausparkasse und einen Auszahlplan mit ETFs zu investieren? Ein solcher **Kombi-Auszahlplan** bietet mehr Chancen als ein Auszahlplan mit Festzins und federt andererseits die Risiken eines Auszahlplans mit Aktien-ETFs zumindest ab. Dazu ein **Beispiel** für eine Laufzeit von 25 Jahren:

50.000,– € werden im Auszahlplan der Debeka Bausparkasse mit einem Festzins von 2,30 % angelegt. Die feste monatliche Auszahlung macht dann 213,70 € aus. Die anderen 50.000,– € wandern in einen Auszahlplan mit Aktien-ETFs. Bei einer prognostizierten Rendite von 4 % ist eine monatliche Auszahlung von 262,– € drin. Beide Auszahlungen zusammen ergeben eine monatliche Rate von rund 475,– €. Dies sind mehr als die 437,41 € bei der Einmalanlage von

100.000,– € in den Auszahlplan der Bausparkasse und weniger als die 524,– € beim Auszahlplan mit Aktien-ETFs. Sollte die Rendite beim ETF-Auszahlplan höher als 4 % ausfallen, wird die feste Auszahlung von 262,– € über das 25. Jahr hinaus fortgesetzt. Bei Renditen unter 4 % endet dieser Auszahlplan vor dem 25. Jahr.

3.6.1 Kombi-Auszahlplan von Finanztest

Einen ähnlichen **Kombi-Auszahlplan aus Tagesgeld und Aktien-ETF** im Verhältnis 50:50 hat Finanztest vorgestellt (sog. ausgewogenes 50-50-**Pantoffel-Portfolio**). Im mittleren Szenario wird mit einem Tagesgeld-Zins von 1 % und einer ETF-Aktienrendite von 4 % gerechnet. Bei einer Einmalanlage von 100.000,– € und einer Laufzeit von 20 Jahren würde sich danach eine monatliche Auszahlung von 497,– € ergeben.

Tagesgeld-Zinsen von 1 % sind zurzeit problemlos erzielbar. Beim guten Szenario geht Finanztest sogar von 2 % Zins beim Tagesgeld und 7 % Rendite bei den Aktien aus. In diesem recht optimistischen Fall steigt die monatliche Auszahlung auf 627,– €. Im schlechten Szenario mit jeweils 0 % Zins und Rendite wären es nur 378,– €.

3.6.2 Kombi-Auszahlpläne für vorsichtige und mutige Anleger

Die **Mischung beim Kombi-Auszahlplan** muss nicht 50:50 sein, also unter anderem die eine Hälfte in den Auszahlplan von Bausparkassen oder Banken und die andere Hälfte in den Auszahlplan mit Investmentfonds oder ETFs. Diese ausgewogene Mischung empfiehlt sich für aufgeschlossene Anleger.

! Für Anleger, die Sicherheit priorisieren und Risiken minimieren möchten, bietet sich eine defensive Portfoliostruktur an: Dabei kann der Großteil des Kapitals (75 % bzw. 65 %) in einen konservativen Auszahlplan mit garantierten Zinsen und definierter Laufzeit fließen, während der verbleibende Anteil (25 % bzw.

35 %) gezielt in chancenorientierte Instrumente wie Investmentfonds oder ETFs investiert wird. Mutige und risikobereite Anleger könnten sich für eine offensive Mischung von Auszahlplan bei Bausparkassen und Auszahlplan mit Aktien-ETFs im Verhältnis 1:3 oder gar 1:4 entscheiden. Dabei wandern dann nur rund 35 % bzw. 25 % in den Auszahlplan mit Festzins und fester Laufzeit, während die anderen 65 % bzw. 75 % für den Auszahlplan mit Aktien-ETFs verwandt werden. Jede Mischung bzw. Kombination von Auszahlplänen hat ihre Vor- und Nachteile. Es kommt immer auf die jeweilige Anlegermentalität und die Wahl des richtigen Anbieters an.

3.7 Festverzinsliche Anlagen

Während **Sofortrenten und Auszahlpläne** zum Abbau von Geldvermögen führen, können Neuanlagen zum Aufbau von weiterem Vermögen beitragen. Dabei sind **Geldwert- bzw. Zinsanlagen** wie Tages- und Festgelder von **Sachwertanlagen** wie Aktien, Gold und Immobilien zu unterscheiden.

Obwohl die Deutschen im internationalen Vergleich zu den fleißigsten Sparern gehören und durchschnittlich über 11 % ihres Einkommens zurücklegen, verlieren sie dennoch Jahr für Jahr Milliarden Euro. Der Grund dafür liegt in ihrer starken Fokussierung auf Geldwert- bzw. Zinsanlagen wie **Sparbücher, Tagesgeld** oder **Festgeld.** Diese Anlageformen galten früher als sicher und rentabel, sind jedoch in Zeiten von Niedrig- und Nullzinsphasen oft nicht mehr geeignet, um Vermögen zu erhalten oder gar zu vermehren.

! In einem solchen Umfeld eignen sich reine Zinsanlagen bestenfalls als Liquiditätsreserve für kurzfristige finanzielle Bedürfnisse.

3.7.1 Die Anlage in Tagesgeld und Festgeld

Neben den klassischen Banken bieten Tagesgelder und Festgelder auch Zinsplattformen wie **Weltsparen** im Internet an. Vollkommen risikolos sind diese Tages- oder Festgeldanlagen über Zinsplattformen, auf die Zinsjäger gern ausweichen, allerdings nicht. Zwar sind die Einlagen inklusive bereits angefallener Zinsen bis zu 100.000,– € durch die Einlagensicherung des jeweiligen Staates geschützt.

! Sofern aber die Kreditwürdigkeit (Bonität) eines Landes sinkt, ist auf die gesetzliche Einlagensicherung kein hundertprozentiger Verlass. Alle EU-Mitgliedsstaaten sind im Zuge der EU-Richtlinie über Einlagensicherungssysteme verpflichtet, zum Schutz der privaten Tages- und Festgeldanleger ein nationales Sicherungssystem bis zu 100.000,– € je Sparer und je Bank einzuführen. Sofern ein finanzschwacher EU-Staat jedoch in finanzielle Not gerät, ist eine Entschädigung der privaten Anleger durch die Staatskasse zumindest infrage gestellt.

3.7.2 Der Kauf von Bundesanleihen

Zinsanlagen gibt es nicht nur bei Banken, sondern auch über die Börse. Dort werden auf dem Rentenmarkt **festverzinsliche Wertpapiere** gehandelt, die auch als **Anleihen** bezeichnet werden bzw. als **Bonds** im angelsächsischen Raum. Man spricht vom **Rentenmarkt,** weil die halbjährlich oder jährlich wiederkehrenden Zinszahlungen wie laufende Rentenzahlungen wirken.

Anleihen haben wie Tages-, Fest- oder Spargelder bei Banken einen festen Zinssatz, den sogenannten **Nominalzins.** Im Unterschied zu Bankeinlagen notieren sie an der Börse zu täglich schwankenden Anleihekursen. Nur wenn der Kurs bei 100 % liegt, sind Nominalzins und nominale Rendite identisch.

Vor allem unter Berücksichtigung von Inflationsraten war der Kauf von **Bundesanleihen** in den vergangenen Jahren ein schlechtes Geschäft. Umso mehr, wenn in der Rechnung noch Inflationsraten berücksichtigt wurden. Minimal höhere Renditen bieten zuweilen öffentliche Anleihen der Bundesländer Nordrhein-Westfalen und Hessen sowie der staatseigenen Bank KfW (Kreditanstalt für Wiederaufbau). Mit **Pfandbriefen** von Hypothekenbanken lassen sich im Vergleich zu öffentlichen Anleihen von Bund, Ländern oder der staatseigenen KfW-Bank ebenfalls etwas höhere Renditen erzielen.

3.7.3 Rentenfonds und Renten-Exchange-Traded-Funds

Wer die Direktanlage in Anleihen scheut, kann **Anteile an Anleihefonds** erwerben. Diese Anleihefonds werden meist als **Rentenfonds** bezeichnet, weil die im Fonds enthaltenen Festzinsanleihen mit Rentenzahlungen bzw. -papieren vergleichbar sind. Je nach Anlageschwerpunkt gibt es Rentenfonds in europäischen oder internationalen Währungen, also **Euro-Rentenfonds** bzw. **internationale Rentenfonds.** Diese Rentenfonds können **Staatsanleihen, Unternehmensanleihen** oder eine Kombination von Staats- und Unternehmensanleihen enthalten.

Rentenfonds zählen wie Aktienfonds und **offene Immobilienfonds** zu den Investmentfonds. Die Fondsanteile der Anleger stellen **Sondervermögen** dar und sind somit bei Insolvenz des Fondsanbieters geschützt. Einen Schutz vor Wertverlusten gibt es aber auch bei Rentenfonds nicht.

Renten-ETFs sind börsennotierte Rentenindexfonds und bilden das Gegenstück zu Aktien-ETFs. Um **Währungsrisiken** auszuschließen, kann man sich auf Renten-ETFs in Euroländern beschränken. Die laufenden Kosten liegen mit durchschnittlich 0,2 % pro Jahr deutlich unter den mindestens 1,5 % bei aktiv gemanagten Rentenfonds.

! Sowohl gemanagte Rentenfonds als auch Renten-ETFs eignen sich in einer Niedrigzinsphase nur als Beimischung zu gemanagten Aktienfonds und Aktien-ETFs. Sie bilden bei einem Fondsportfolio bzw. Portfolio mit ETFs lediglich einen Sicherheitsbaustein. Die deutlich höhere Rendite ist mit gemanagten Aktienfonds und Aktien-ETFs zu erwarten, sofern die Anlagedauer mindestens zehn Jahre ausmacht. In einem solch längerfristigen Zeitraum können Sie vorübergehende Schwächeperioden an der Aktienbörse besser aussitzen.

Wer auch in **Niedrigzinsphasen** sein ganzes Geld in Geldwertanlagen steckt und Sachwertanlagen vollständig vermeidet, verzichtet auf Renditechancen und geht ein sogenanntes **Klumpenrisiko** ein, weil er sein Geld ausschließlich in eine einzige Anlageklasse investiert. Nach Steuern und Inflation wird der **Nettorealzins** negativ. Das mit Zins- bzw. Geldwertanlagen aufgebaute Altersvermögen wird nicht erhalten, sondern verliert sogar real an Wert.

3.8 Kapitallebensversicherung und private Rentenversicherung

Die Kapitallebensversicherung lag jahrzehntelang bei der Vermögensbildung an erster Stelle und dies nicht zu Unrecht. Im Kern ist diese **Erlebensfallversicherung** eine Kapitalanlage, da nach Ablauf der Versicherung lediglich ein einmaliger Kapitalbetrag ausgezahlt wird und keine laufende Rente. Zusätzlich wird noch eine **Todesfallleistung** garantiert für den Fall, dass die versicherte Person vor Ende der Versicherungsdauer verstirbt.

Bis in die jüngste Vergangenheit waren mit der Kapitallebensversicherung noch steuerfreie Ablaufrenditen von rund 3 % zu erzielen, wenn der Vertragsabschluss vor 2005 erfolgte und die Mindestversicherungsdauer von zwölf Jahren eingehalten wurde. In diesem Fall floss die Ablaufleistung **steuerfrei** zu.

Bei einer ab 2005 abgeschlossenen Kapitallebensversicherung oder privaten Rentenversicherung mit Kapitalwahlrecht ist jedoch der Überschuss aus Ablaufleistung minus Beitragssumme zur Hälfte mit dem persönlichen Steuersatz zu versteuern, sofern die Ablaufleistung nach Ablauf von mindestens zwölf Versicherungsjahren und nach Vollendung des 60. Lebensjahres (bzw. des 62. Lebensjahres bei Vertragsabschluss ab 1.1.2012) ausgezahlt wird. Dies drückt die Rendite nach Steuern nach unten.

Neuabschlüsse seit 2022 sind für die Altersgruppe 65plus schon wegen der Versicherungslaufzeit von mindestens zwölf Jahren abzulehnen. Ein niedriger Garantiezins von 0,25 % (bei Neuabschluss in den Jahren 2020 bis 2024) lässt zudem bei Berücksichtigung von Abschlusskosten und laufenden Kosten erwarten, dass die Ablaufleistung nur so hoch sein wird wie die Summe aller eingezahlten Beiträge. Also läge die Rendite bei null.

Erfolgt ein **Neuabschluss im Jahr 2025,** steigt der Garantiezins (auch Höchstrechnungszins genannt) zumindest auf 1 %. Die laufende Verzinsung bzw. Überschussbeteiligung haben Versicherer wie Allianz, AXA Leben und PVV Leben für 2025 auf 2,7 % bis 3 % angehoben. Die Ratingagentur Assekurata kalkuliert eine durchschnittliche laufende Verzinsung mit 2,65 % für 2025 ein. Im Jahr 2021 waren es nur 2,31 %. Da davon aber die einmaligen Abschlusskosten und laufenden Verwaltungskosten noch abgezogen werden müssen, wird die Rendite für eine neu abgeschlossene Kapitallebensversicherung oder private Rentenversicherung auch weiterhin unter 2 % liegen.

3.9 Die Geldanlage in Aktien

Wer auch im fortgeschrittenen Alter auf höhere Renditen setzt, kommt an **Aktien** nicht vorbei. Diese Anlageform bietet langfristig attraktive Ertragschancen, geht jedoch mit Risiken einher: Aktienkurse können – wie während der **Finanzkrise 2008,** der **Corona-Pandemie** und des **Ukraine-Kriegs** – stark schwanken. Kursstürze sind nie vollständig auszuschließen. Allerdings steigt mit einem längeren Anlagehorizont die Wahrscheinlichkeit, von einer Erholung der Märkte und steigenden Kursen zu profitieren.

Deutschland bleibt trotz einer leichten Zunahme in den vergangenen Jahren kein **»Volk von Aktionären«.** Im Jahr 2024 besaßen etwa 12,1 Millionen Deutsche Aktien, Aktienfonds oder ETFs, was rund 17,2 % der Bevölkerung ab 14 Jahren entspricht. Dies stellt einen Rückgang gegenüber den 12,3 Millionen im Jahr 2023 dar und liegt deutlich unter dem Rekordwert von 12,9 Millionen im Jahr 2022. Der Rückgang wird unter anderem auf gestiegene Lebenshaltungskosten und die Attraktivität alternativer Anlageformen wie Festgeld durch höhere Zinsen zurückgeführt.

Wer in Aktien investieren will, steht vor der Gretchenfrage: »Soll ich mich **aktiv oder passiv** am Aktienmarkt beteiligen?« Direktkäufer von Aktien beteiligen sich aktiv am Börsengeschehen, da sie ihr Geld in selbst ausgewählten Aktiengesellschaften anlegen. Käufer von Anteilen an Aktienfonds überlassen die Auswahl der Aktien dagegen den Fondsmanagern und investieren deshalb passiv.

Anleger haben die Wahl zwischen einer Direktanlage in Aktien, der Anlage in **gemanagte Investmentfonds** oder in börsennotierte **Aktien-Indexfonds** (Exchange Traded Funds).

3.9.1 Die Direktanlage in Aktien

Bei der **Direktanlage** sollten Aktien nach Gesichtspunkten wie Sicherheit, Rendite und Liquidität ausgewählt werden. Da diese Ziele aber mit einem einzigen Aktienwert nicht zu erreichen sind, ist es ratsam, das Risiko durch ein Investment in verschiedene Aktien aus verschiedenen Branchen zu streuen.

Bei der **Auswahl von Aktien** sollten Sie sich zunächst auf die Suche nach erfolgreichen Einzeltiteln begeben (Einzelwertanalyse) und danach erst die Branche und das Land analysieren. Dieser **»Bottom-up-Ansatz«** (»von unten nach oben« bzw. vom Besonderen zum Allgemeinen) kann sinnvoll sein.

Die entgegengesetzte Analyse geht vom Land (z.B. Deutschland oder USA), danach von der Branche (z.B. Telekommunikation oder Versicherung) und erst zum Schluss vom einzelnen Unternehmen innerhalb einer Branche aus (z.B. Deutsche Telekom oder Münchener Rückversicherung). Diese Reihenfolge – Land, Branche, Unternehmen – entspricht dem **»Top-down-Ansatz«** (»von oben nach unten« bzw. vom Allgemeinen zum Besonderen).

! Es ist zweifelhaft, ob sich der große zeitliche Aufwand für die Analyse und das Research einzelner Aktien wirklich für Sie auszahlt. Sie konkurrieren hier mit professionellen Marktteilnehmern, denen ganz andere Mittel für die Aktienanalyse zur Verfügung stehen. Wenn Ihnen die Aktienanalyse keine besondere Freude macht, ist es sinnvoller, mit einem Exchange Traded Fund passiv und kostengünstig auf einen marktbreiten Börsenindex zu setzen.

3.9.2 Die Anlage in aktiv gemanagte Investmentfonds

Aktiv gemanagte Aktienfonds können für Anleger mit einem langfristigen Anlagehorizont eine äußerst attraktive Option darstellen – insbesondere für diejenigen, die sich von teilweise erheblichen Kursschwankungen nicht abschrecken lassen. Langfristig erzielt diese Fondskategorie in der Regel die höchsten Renditen, was angesichts der niedrigen Zinsen im Anleihenbereich besonders reizvoll ist. Allerdings geht dies mit dem Nachteil einher, dass Aktienfonds auch den stärksten Wertschwankungen ausgesetzt sind.

Wegen der hohen Kursschwankungen bei Aktienfonds sollten Sie die **zwei folgenden Grundvoraussetzungen** mitbringen, um die Chancen dieser Anlagekategorie sinnvoll nutzen zu können:

- **Anlage mit Eigenkapital:** Grundsätzlich gehört in einen Aktienfonds – genau wie in ein Aktiendepot – ausschließlich Eigenkapital, auf das über längere Zeit nicht zurückgegriffen werden muss. Aktienkäufe auf Kredit sind nur etwas für spekulativ veranlagte

Investoren, die anderweitige finanzielle Reserven haben und genau wissen, was sie tun. Hintergrund: Auch wenn der langfristige Trend der Aktienmärkte in den vergangenen 100 Jahren deutlich anstieg, gab es zwischendurch immer wieder 5-, 10- und sogar 20-Jahres-Zeiträume, in denen sich die Aktienmärkte seitwärts bewegten. Wer mit Fremdkapital investiert und ausgerechnet einen solchen Zeitraum erwischt, den wird im Regelfall die Geduld verlassen. Beim Ausstieg drohen dann Verluste. Fremdkapital-Anlagen sind immer nervenaufreibender als Eigenkapital-Anlagen. Denn beim Fremdkapital fallen Jahr für Jahr Sollzinsen an. Das zehrt bei schlechter Börsenentwicklung an den Nerven.

- **Risikobereitschaft:** Wer Aktienfonds kauft, sollte das Auf und Ab der Aktienmärkte kennen und sowohl finanziell als auch psychisch vertragen. Der Wert der Anteilpreise von Aktienfonds ist Schwankungen unterworfen, deren Höhe niemand treffsicher voraussagen kann. Anleger, die Kursrückgänge weniger gut vertragen, sollten rentenbetonte Mischfonds, festverzinsliche Wertpapiere oder offene Immobilienfonds vorziehen.

Durch den enormen Aufschwung der Fondsbranche und den zunehmenden Bedarf an unabhängiger Fondsinformation gibt es inzwischen **ein breit gefächertes Informationsangebot.**

Von Fachbüchern über Finanzmagazine bis zu interaktiven Informationen im Internet ist alles verfügbar. Das Internet bietet den Vorteil, sehr aktuelle Informationen bereitzuhalten und mit Suchfunktionen zu arbeiten. Hier lässt sich zum Beispiel nach der Wertpapierkennnummer (WKN) des Fonds oder dem Fondsnamen suchen. Sie finden dann viele Treffer zu dem jeweiligen Fonds und können sich weiter informieren. Viele Finanzseiten bieten häufig gestellte Fragen mit Antworten, Glossare, in denen Fachbegriffe erklärt werden, Porträts der Fondsmanager, Fondsvergleiche und Fondsrechner. Diese können Sie kostenlos nutzen.

! Da sich die Aktienmärkte in den einzelnen Regionen der Welt auch künftig unterschiedlich entwickeln werden, bietet sich für Einmalanlagen oder Sparpläne eine **Streuung** über die Regionen Europa, USA, Asien und Schwellenländer geradezu an. Wer beispielsweise 400,– € monatlich in Aktienfonds-Sparpläne stecken will, könnte diese gleichmäßig in jeweils 100,– € auf jeweils einen Aktienfonds aus jeder dieser vier Regionen verteilen.

Speziellere Aktienfonds setzen ihren Schwerpunkt auf einzelne **Länder** wie die Schweiz, Japan oder China. Einige Aktienfonds haben sich auf bestimmte **Branchen** spezialisiert, wie Rohstoffe, Biotechnologie oder Informationstechnologie.

! Gegenüber Aktienfonds mit markbreiteren Indizes winken hier größere Kurschancen, die aber auch mit größeren Kursrisiken erkauft werden.

Keiner kann die künftige Wertentwicklung der Aktienmärkte voraussagen. Prognosen sind nach einem geflügelten und ironisch gemeinten Wort von **Mark Twain** unsicher, da sie bekanntlich in die Zukunft gerichtet sind. Auf lange Sicht sind jedoch jährliche Aktienrenditen zwischen 4 % und 6 % möglich.

3.9.3 Aktiv gemanagte Aktienfonds schlagen Aktienindex nur selten

Was gegen aktiv gemanagte Investmentfonds spricht: Zahlreiche Untersuchungen zeigen, dass die meisten Manager von **aktiven Investmentfonds** den Markt und damit den zu ihrem Fonds passenden Aktienindex (sog. **Benchmark**) auf längere Sicht nicht schlagen. Die Fondsmanager stehen grundsätzlich vor der Herausforderung, die Kosten für das teure Fondsmanagement und die Transaktionsgebühren erst einmal erwirtschaften zu müssen, um mit dem Benchmark gleichzuziehen. Erst mit darüber hinausgehenden Erträgen heben sich die Fonds dann vom Markt ab.

! Die passenden Zahlen hierzu liefert das »Active/Passive Barometer«, welches halbjährlich die Performance der Fondsmanager gegen passive Benchmarks laufen lässt. Das mehr als deutliche Ergebnis: Nur die allerwenigsten Fondsmanager schaffen es, langfristig den Markt zu schlagen. Nach 20 Jahren sind es in Europa lediglich 11,6 %. Noch dramatischer fällt das Ergebnis bei US-Aktien und Weltportfolios aus: Hier liegt die Gewinnerquote der aktiven Fonds langfristig bei nur knapp über 5 %.

Diese mehr als ernüchternden Ergebnisse sind mitentscheidend für die zunehmende Beliebtheit der **passiv investierenden Exchange Traded Funds** (ETFs) in den vergangenen Jahren.

3.10 Die Anlage in Exchange Traded Funds (ETFs) auf Aktien

Ein komplett passives Investment ist der Kauf von **börsennotierten Exchange Traded Funds** (ETFs) auf Börsenindizes. In diesem Fall verlässt sich der Aktienanleger nicht auf das Geschick eines Fondsmanagers, sondern setzt auf die Wertentwicklung eines Aktienindex oder mehrerer Aktienindizes. Er profitiert dabei von dem erheblichen Kostenvorteil, da die laufenden Kosten bei Aktien-ETFs mit durchschnittlich 0,2 % des angelegten Geldes im Jahr erheblich unter den laufenden Kosten von 1 % bis 2 % bei aktiv gemanagten Aktienfonds liegen. Außerdem zahlt er keine Ausgabeaufschläge.

Exchange Traded Funds bilden einen bestimmten **Aktienindex** (z.B. **DAX** mit 40 deutschen Aktien, Euro Stoxx mit 50 europäischen Aktien, S&P mit 500 amerikanischen Aktien oder MSCI World mit 1.600 Aktien aus 23 Industrieländern) originalgetreu ab.

Aktien-ETFs stellen wie aktiv gemanagte Investmentfonds Sondervermögen dar. Sie müssen vom Vermögen des ETF-Anbieters (z.B. iShares der US-amerikanischen BlackRock oder Xtrackers der Deutschen Bank) getrennt aufbewahrt werden. Auch wenn die Kapitalverwaltungsgesellschaft insolvent werden sollte, geht der ETF-Anleger kein Risiko ein. Er verliert nur Geld, wenn die Aktien-ETFs beim Verkauf weniger einbringen als der Kaufwert.

3.10.1 Benchmark und Referenzindizes

Aktien-ETFs werden sich immer in etwa wie die zugrunde liegenden Börsenindizes entwickeln. Daher kommt es auf diese Messlatte **(Benchmark)** bzw. den zugrunde liegenden Referenzindex an. Die Höhe der in der Vergangenheit erzielten Gesamtrenditen bei Aktien-ETFs sollte daher immer mit der Entwicklung von Benchmarks und Referenzindex verglichen werden.

Als **Referenzindizes** eignen sich vor allem:

- DAX für deutsche Aktien,
- Euro Stoxx 50 oder Stoxx Europe 600 für europäische Aktien,
- S&P 500 für amerikanische Aktien und
- der MSCI World, MSCI All Country World oder FTSE All World für Aktien weltweit.

Das bankenunabhängige Unternehmen MSCI (Morgan Stanley Capital International) führt außer dem **MSCI World** auch Referenzindizes für den europäischen und deutschen Markt wie **MSCI Europe** und **MSCI Germany.**

Einmalanlagen oder Sparpläne bei Aktien-ETFs müssen nicht ausschließlich über die erwähnten Aktienindizes DAX, Euro Stoxx 50 bzw. 500, S&P 500 oder MSCI World laufen. Spezielle Aktien-ETFs bilden etwa Aktien in **Schwellenländern** wie China, Taiwan, Südkorea, Indien oder Brasilien ab. Als dafür geeigneter Index empfiehlt sich unter anderem der **MSCI Emerging Markets.**

! Sie können mit dem Kauf von Exchange Traded Funds selbstverständlich auch auf die Wertentwicklung in nur einem Land setzen, erreichen aber mit der Anlage auf einen marktbreiten Index (Region oder Weltindex) eine bessere Risikostreuung.

Immer wieder werden gerne Exchange Traded Funds auf den **MSCI World Index empfohlen.** Hier gilt es aber auch, die Schattenseiten zu berücksichtigen. Die USA sind mit einem Anteil von rund 70 % deutlich übergewichtet, obwohl sie nur rund 16 % Anteil am kaufkraftbereinigten globalen Bruttoinlandsprodukt besitzen. Bei einer Anlage von 1.000,– € fließen so 700,– € allein in amerikanische Aktien.

! Eine Alternative zum MSCI World sind Anlagen auf den MSCI All Country World Index (kurz: MSCI ACWI). Dieser ist ein internationaler Aktienindex, der die Wertentwicklung von Unternehmen aus 23 Industrieländern und 24 Schwellenländern abbildet. Der Welt-Index setzt sich aus dem MSCI World (Welt-Index für Industrieländer) und dem MSCI Emerging Markets (Welt-Index für Schwellenländer) zusammen. Der Anteil an Schwellenländern im Index beträgt jedoch nur rund 12 %, während Werte aus Industrieländern rund 88 % ausmachen. Mit rund 2.900 Unternehmen weltweit spiegelt der MSCI ACWI ungefähr 85 % der weltweiten Marktkapitalisierung wider.

Allerdings sind auch hier Unternehmen aus den USA mit rund 60 % am stärksten im MSCI ACWI vertreten. Danach folgen Japan und Großbritannien. Zu den am stärksten vertretenen **Branchen** im MSCI ACWI zählen Informationstechnologie, Finanzdienstleistungen und Gesundheitswesen.

3.10.2 Exchange Traded Funds auf dividendenstarke Aktien

Regelmäßig über eine längere Zeit Ausschüttungen zu erhalten, wünscht sich eine wachsende Zahl von Anlegern. Dies zeigt eine Studie der **Fondsgesellschaft Legg Mason:** 38 % der Befragten gaben in der Umfrage an, dass ihnen Produkte mit regelmäßigen Erträgen wichtiger seien als noch vor fünf Jahren. Wichtigstes Ziel ist es dabei, das Vermögen vor der Geldentwertung real zu schützen oder zu vermehren. Ein Teil der Befragten nutzt die Einnahmen auch zum Bestreiten der laufenden Lebenshaltungskosten.

Wer **laufende Erträge** erzielen möchte, die die **aktuelle Inflationsrate übertreffen,** muss bereit sein, gewisse Risiken einzugehen. In Zeiten niedriger Zinsen bieten **Staatsanleihen** mit hoher Bonität oft nicht genügend Rendite, um den **Wertverlust durch Inflation** auszugleichen. Daher führt für Anleger kaum ein Weg an Aktien vorbei. Viele Unternehmen schütten regelmäßig Dividenden aus, die eine verlässliche Ertragsquelle darstellen. Besonders attraktiv sind dabei Unternehmen, die über einen längeren Zeitraum hinweg stabile oder sogar steigende Dividenden zahlen.

Die **Auswahl passender ETFs** erleichtert es Anlegern, auf Aktien mit regelmäßigen Dividendenausschüttungen zu setzen. Die Fondsbranche bietet mittlerweile eine Vielzahl von ETFs, die Dividendenindizes abbilden. Ein Beispiel ist der **DivDAX,** der die 15 DAX-Unternehmen mit der höchsten Dividendenrendite umfasst. Jährlich wird die Zusammensetzung überprüft, sodass weniger dividendenstarke Titel durch attraktivere ersetzt werden. Beim iShares DivDAX UCITS ETF (WKN: 263527) erhalten Anleger die Dividenden der im Index enthaltenen Unternehmen bis zu viermal jährlich ausgezahlt, was ihn zu einer interessanten Wahl für einkommensorientierte Investoren macht.

In Bezug auf die Höhe der Dividendenzahlungen sind viele deutsche Aktien wenig attraktiv. Ein Blick ins Ausland kann sich lohnen, da internationale Unternehmen häufig großzügiger ihren Aktionären gegenüber sind. Wer auf europäische Dividendenwerte setzen möchte, findet im iShares EURO STOXX Select Dividend 30 UCITS ETF (WKN: 263528) eine attraktive Option. Dieser ETF bildet die Wertentwicklung der 30 Aktien mit der höchsten Dividendenrendite aus dem EURO- STOXX-Index ab. Der zugrunde liegende Index berücksichtigt dabei nur Unternehmen, deren Dividenden in den vergangenen fünf Jahren stabil geblieben oder gestiegen sind und deren Ausschüttungsquote maximal 60 % beträgt.

Anleger, die ihr Vermögen noch breiter auf dividendenstarke Aktien aus aller Welt streuen möchten, können in den **STOXX Global Select Dividend 100-ETF** von iShares (WKN: A0F5UH) investieren. Dieser Index umfasst 100 der dividendenstärksten Unternehmen aus den wichtigsten Wirtschaftsräumen, die nach bestimmten Kriterien ausgewählt wurden. Wer hingegen gezielt in Schwellenländern (Emerging Markets) aktiv werden möchte, findet im **Emerging Markets Dividend ETF** von iShares (WKN: A1JNZ9) eine passende Option. Dieser ETF enthält die 100 dividendenstärksten Aktien aus den Schwellenländern.

Der **iShares Dow Jones U.S. Select Dividend ETF** (WKN: A0D8Q4) basiert auf dem Dow Jones U.S. Select Dividend Index, der die 100 dividendenstärksten Unternehmen aus dem US-amerikanischen Anlageuniversum umfasst. Für die Aufnahme in den Index gelten strenge Kriterien: Die Unternehmen müssen in den vergangenen fünf Jahren ihre Dividendenzahlungen konstant gehalten oder erhöht haben, ein durchschnittliches Verhältnis von Dividende zu Gewinn je Aktie von maximal 60 % aufweisen und ein ausreichendes Handelsvolumen sicherstellen. Kleinstunternehmen mit zu geringem Handelsvolumen werden ausgeschlossen. Die Gewichtung der Indexwerte erfolgt basierend auf der Dividendenrendite.

3.10.3 Der ARERO-Weltfonds: Aktien, Renten, Rohstoffe, alles in einem Papier vereint

Viele Privatanleger möchten mit ihrem Depot eine solide Mischung aus langfristig hoher Rendite bei möglichst geringen Schwankungen und Risiken erzielen. Doch es ist nicht jedermanns Sache, ein nach Anlageklassen und Ländern breit aufgestelltes Portfolio aufzubauen und zu überwachen. Die Idee, dies Privatanlegern mit einem einzigen Produkt möglichst gebührengünstig zu ermöglichen, hat Martin Weber, Professor für Finanzwirtschaft an der Uni Mannheim, in seinem **ARERO – Der Weltfonds** (WKN: DWS0R4) umgesetzt. Dazu baut der Fonds bedeutende Indizes aus den Anlageklassen Aktien, Renten und Rohstoffe nach.

Die Bezeichnung **ARERO** steht für **A**ktien, **Re**nten und **Ro**hstoffe, also für die drei Anlageklassen, die der Fonds abdeckt. Die Anlagegelder werden zu 60 % in weltweite Aktien, zu 25 % in europäische Rentenpapiere und zu 15 % in Rohstoffe investiert. Der ARERO verfolgt einen **passiven Investmentansatz.** Das bedeutet, der Fonds partizipiert an der Wertentwicklung von Aktien, Renten und Rohstoffen über die Nachbildung breit gestreuter Indizes. Ferner findet kein weiteres aktives Fondsmanagement statt. Einer der Vorteile dieser Philosophie sind die geringen jährlichen Verwaltungskosten von 0,45 %.

Die Gewichtungen innerhalb des fixen Aktienanteils von 60 % werden halbjährlich angepasst. Die **Anlage in festverzinsliche Wertpapiere** wird durch die Investition in den **Solactive Eurozone Government Bond Index** repräsentiert. Dieser Index bietet Zugang zu Staatsanleihen von Ländern der Eurozone.

Das **Anlagethema Rohstoffe** wird durch den **Bloomberg Commodity Index Total Return 3 Month Forward** abgedeckt. Dieser Index umfasst 20 verschiedene Rohstoffe, deren Gewichtung je Rohstoff mindestens 2 % und maximal 15 % beträgt. Der Anteil eines Rohstoffsektors darf die Grenze von 33 % nicht überschreiten. Die Neugewichtung im Index erfolgt jährlich.

Während bei internationalen Mischfonds **Ausgabeaufschläge** von 5 % und **jährliche Verwaltungsgebühren** zwischen 1 % und 2 % üblich sind, wird beim ARERO auf den Ausgabeaufschlag ganz verzichtet. Die jährliche Verwaltungsgebühr beträgt lediglich 0,45 %. Die anfallenden Erträge werden nicht ausgeschüttet, sondern verbleiben im Fondsvermögen und werden somit thesauriert. Der an zahlreichen deutschen Börsenplätzen gehandelte Fonds kann jederzeit ge- und verkauft werden.

! Den ARERO-Weltfonds gibt es jetzt auch in einer nachhaltigen Variante (WKN: DWS26Y). Die größten Unterschiede zwischen der klassischen und der nachhaltigen ARERO-Variante gibt es im Aktienteil: Auf Basis eines softwarebasierten Filterprozesses werden alle Firmen, die aus ökologischen, sozialen oder ethischen Aspekten bestimmte Nachhaltigkeitskriterien nicht erfüllen, aus dem Auswahlprozess entfernt. Die jährlichen Verwaltungsgebühren sind mit 0,51 % gegenüber der klassischen Variante mit 0,45 % geringfügig höher.

3.10.4 Sparpläne mit Aktien-Exchange-Traded-Funds

Ein **Sparplan mit Aktien-ETFs** ist nicht nur einfach und bequem, sondern auch im Vergleich zu Sparplänen mit aktiv gemanagten Aktienfonds besonders kostengünstig. Bei monatlichen Sparraten von beispielsweise 200,– € liegen die jährlichen Kosten bei den meisten Direktbanken zwischen 18,– € (bei der DKB Bank) und 36,– € (bei Comdirect und Consorsbank).

Die DKB Bank berechnet fixe Kosten von 1,50 € pro Sparplanausführung, bei einer monatlichen Sparrate von 400,– € also ebenfalls nur 18,– € im Jahr wie bei einer Sparrate von nur 50,– € im Monat. Comdirect und Consorsbank nehmen hingegen 1,50 % pro Sparplanausführung. Insofern liegen die jährlichen Kosten bei einem Sparplan mit monatlich 50,– € nur bei 9,– €, bei monatlichen Sparraten von 400,– € allerdings bei 72,– €.

Zeitlich begrenzt bieten auch DKB Bank, Comdirect, Consorsbank und Flatex gebührenfreie ETF-Sparpläne auf Aktien weltweit (Aktienindex MSCI All Country World, der rund 2.500 Unternehmen abbildet) an.

Für den Abschluss eines Sparplans über eine Direktbank benötigen Sie dort ein **Wertpapierdepot.** Ihre **monatlichen Sparraten** können Sie per Dauerauftrag von Ihrem laufenden Girokonto bei Ihrer Hausbank auf ein Tagesgeldkonto bei der Direktbank überweisen, von dem sie dann in den Sparplan für Aktien-ETFs wandern.

! Wie bei der Einmalanlage ist es sinnvoll, eine monatliche Sparrate von beispielsweise 400,– € gleichmäßig auf vier Aktien-ETFs für vier unterschiedliche Aktienindizes (z.B. DAX, Euro Stoxx 500, S&P 500 und MSCI World) zu verteilen.

3.10.5 Aktien-ETFs mit Ausschüttung oder Thesaurierung von Dividenden?

Aktien-ETFs können die Dividenden an die Anleger ausschütten und dann für regelmäßige Einnahmen sorgen. Um den Zinseszinseffekt bestmöglich auszunutzen, empfiehlt sich aber die sofortige Wiederanlage dieser Erträge **(Thesaurierung).**

Anleger haben somit die Wahl zwischen **ausschüttenden** und **thesaurierenden** Aktien-ETFs. Da thesaurierende Aktien-ETFs das Fondsvermögen stärker und schneller erhöhen, ähnlich wie dies bei der Wertentwicklung des **Performanceindex** DAX geschieht, sollten Anleger der Wiederanlage der Erträge und damit der Thesaurierung der laufenden Ausschüttungen aus Dividenden den Vorzug geben. Es sei denn, sie wünschen im Ruhestand einen stetigen Geldzufluss aus den Dividenden.

3.10.6 Aktien-ETFs mit vollständiger oder künstlicher Abbildung des Aktienindex?

Die meisten Aktien-ETFs bilden den zugrunde liegenden Aktienindex vollständig und damit 1:1 ab (sog. **full replication**). Die beispielsweise im **DAX** enthaltenen 40 Aktien werden dann gemäß ihrer Gewichtung auch tatsächlich gekauft. Der ETF-Anleger kann also sicher sein, dass er indirekt tatsächlich auf alle im gewählten Aktienindex enthaltenen Aktien setzt.

Im Unterschied dazu bilden einige Aktien-ETFs den Aktienindex künstlich bzw. synthetisch ab (sog. **synthetic replication**). Die Performance des Index wird dadurch erreicht, dass der ETF-Anbieter sogenannte Swaps einsetzt und mit seinem Swap-Partner vertraglich vereinbart, dass dieser die Performance garantiert. Letztlich läuft es für Anleger in Aktien-ETFs auf dasselbe hinaus wie bei der vollständigen Abbildung. Allerdings sollten sich Anleger nur für solche Aktien-ETFs mit künstlicher Abbildung entscheiden, die eine große Marktbreite aufweisen.

3.10.7 Die wichtigsten Anbieter von Exchange Traded Funds

Anleger in ETFs müssen auch entscheiden, welchen ETF-Anbieter sie wählen. Die **wichtigsten ETF-Anbieter in Deutschland** sind:

- **iShares** (gehört zum weltweit größten US-Vermögensverwalter BlackRock)
- **Xtrackers** (gehört zu Deutsche Bank Asset Management, einer Tochter der Deutschen Bank)
- **Amundi ETF** (gehört zum französischen Vermögensverwalter Amundi-Gruppe)
- **SPDR** (gehört zum US-Vermögensverwalter State Street Global Advisers)

- **UBS-ETF** (gehört zum schweizerischen Vermögensverwalter UBS Asset Management)
- **Powershares & Source ETF** (gehört zum britischen ETF-Haus Source)
- **Deka ETF** (gehört zur DekaBank Deutsche Girozentrale, dem Wertpapierhaus der Sparkassen)
- **BNP Paribas Easy** (gehört zur französischen Großbank BNP Paribas).

3.10.8 Depotanbieter für Exchange Traded Funds im Überblick

Als Depotanbieter für Aktien-ETFs sind insbesondere die folgenden **Direktbanken** mit unter anderem relativ niedrigen laufenden Depotkosten für ETF-Sparpläne zu empfehlen:

- DKB Bank (feste Gebühr von 1,50 € für jede Sparplanausführung bei ETF-Sparplänen, also nur 18,– € im Jahr unabhängig von der Höhe der Sparraten)
- Comdirect (feste Gebühr von 1,5 % der Sparrate für jede Sparplanausführung)
- Consorsbank (ebenfalls feste Gebühr von 1,5 % der Sparrate für jede Sparplanausführung)
- ING-Bank (feste Gebühr von 1,5 % der Sparrate für jede Sparplanausführung)
- Flatex (feste Gebühr von 1,50 € plus 0,25 % der Sparrate für jede Sparplanausführung).

Auch bundesweit tätige **Filialbanken** wie Postbank, GLS Bank, Degussa Bank und BBBank bieten Depots für Aktien-ETFs an. Filialbankdepots für ETF-Sparpläne gibt es auch bei der Commerzbank, HypoVereinsbank und Targobank.

! Neobroker sind eine kostengünstige Alternative zu klassischen Banken und Direktbanken. Sie zeichnen sich durch niedrige oder keine Gebühren sowie eine intuitive digitale Plattform aus. Zu den besten Neobrokern zählen Trade Republic, Scalable Capital, JustTrade, Finanzen.net Zero und Smartbroker+.

3.11 Geldanlage in die Krisenwährung Gold

Gold gilt seit jeher als Symbol für Sicherheit und Werterhalt und wird in Diskussionen über die langfristige Entwicklung an den Finanzmärkten oft als bevorzugtes Investment genannt. Wie Aktien gehört Gold, ebenso wie andere **Edelmetalle** wie **Silber, Platin** und Palladium, zu den **Sachwertanlagen.** Zusammen mit **Basismetallen, Öl und Agrarprodukten** bilden diese **Rohstoffe** eine eigenständige **Anlageklasse.**

Als einziges **staatlich unabhängiges Zahlungsmittel** hat Gold bislang jede Krise und jeden Staatsbankrott überstanden. Szenarien wie diese wurden lange Zeit primär in **Schwellenländern** erwartet, doch mittlerweile ist das Risiko auch in den **westlichen Industriestaaten** angekommen.

Viele Deutsche sorgen sich zudem vor einer möglichen **Währungsreform** – unabhängig davon, ob dies in Form eines neuen Euros oder der Rückkehr zur Deutschen Mark geschieht. Die zentrale Sorge bleibt der Erhalt des Ersparten. Daher überrascht es nicht, dass der **Schutz vor Inflation** und die Suche nach wertstabilen Anlagen häufig als Hauptgründe für Investitionen in Gold genannt werden.

! Inflation führt nicht nur dazu, dass das Vertrauen in Papiergeld schwindet. In Kombination mit niedrigen nominalen Zinsen erleiden Anleger reale Verluste: Nach Abzug von Inflationsrate und Steuern auf Kapitalerträge verliert das Ersparte an Wert. Zwar wird oft kritisiert, dass Gold keine laufenden Erträge wie

Zinsen oder Dividenden bietet. Doch wenn das Vermögen durch Inflation und Steuern schmilzt, erscheint Gold vielen Anlegern als geeignete Möglichkeit, um der schleichenden Entwertung entgegenzuwirken.

Trotz der teils starken Kursschwankungen zeigt sich Gold im Vergleich zu anderen Anlageklassen langfristig stabiler. Zudem weist es nur eine geringe **Korrelation** mit Aktien, Währungen oder Anleihen auf und entwickelt sich somit weitgehend unabhängig von den Schwankungen an den Kapitalmärkten.

! So ergab eine Studie des World Gold Council, dass ein Depot mit einem Goldanteil zwischen 3,3 % und 7,5 % langfristig mehr Rendite abwirft als ein Depot ohne Gold – gerade in schlechten Börsenzeiten.

Über die Frage, wie hoch der **Goldanteil in den Portfolios der Privatanleger** ausfallen soll, gehen die Meinungen unter den Experten teilweise weit auseinander. Zwischen 5 % und 25 % Goldanteil fällt meist die Antwort aus. Wobei die 5 % in den heutigen unsicheren Zeiten sicherlich zu gering sind und 25 % wahrscheinlich zu hoch. Denn schmerzhafte Kursrückschläge beim Goldpreis sind jederzeit möglich.

Klar ist auch: Gold sollte **kein Spekulationsobjekt** mit dem Ziel sein, eine möglichst hohe Rendite zu vereinnahmen. Eine Investition zum jetzigen Zeitpunkt in das gelbe Edelmetall dient als **Versicherung gegen die Risiken von Geldentwertung (Inflation), Euro-Crash und geopolitischen Krisen.**

! Wer die Langfristigkeit der Versicherung verwechselt mit der Kurzfristigkeit einer Spekulation, wird mit Gold nicht glücklich werden. Wer es zudem versäumt, die Währungsrisiken in den Griff zu bekommen – denn Gold wird auch für den Europäer in US-Dollar gehandelt –, der kann trotz steigendem Goldpreis sogar Verluste mit seinem Investment erzielen.

3.11.1 Der Besitz von physischem Gold (Goldmünzen und -barren)

Im Gegensatz zu **Goldbarren** in großen Stückelungen sind **Goldmünzen** klein, handlich und können leicht transportiert werden. Wer mit kleinen Beträgen an den Aufbau einer **goldenen Reserve für den Notfall** denkt, ist deshalb mit dem Kauf von Goldmünzen gut beraten. Im Notfall lassen sich diese schnell zu Bargeld machen bzw. sind gut im Tauschhandel einsetzbar.

! Um auf Nummer sicher zu gehen, sollten die Goldmünzen aber wenigstens im heimischen Wandtresor verwahrt werden. Bei größeren Summen sollten Sie im Fall eines Diebstahls auf einen ausreichenden Versicherungsschutz über Ihre Hausratversicherung achten.

Wer **Goldmünzen oder Goldbarren** im **Bankschließfach** verwahren lässt, zahlt eine jährliche Miete.

! Ganz sicher ist die Verwahrung bei der Bank aber nur, wenn auch ein adäquater Versicherungsschutz für das im Schließfach hinterlegte Gold besteht. Dieser muss außer bei Diebstahl und Feuer auch bei Naturkatastrophen wie Hochwasser und Starkregen gelten. Allerdings gibt es bei der Verwahrung im Schließfach wiederum Einschränkungen beim Zugriff, die zahlreiche Inhaber von Goldbarren oder Münzen nicht akzeptieren möchten.

Zu den beliebtesten **Goldmünzen** zählen der südafrikanische **Krügerrand,** die kanadische **Maple Leaf** und der **Wiener Philharmoniker.**

Eine **Feinunze Gold** wiegt exakt **31,1034768 Gramm.** Diese Unze entspricht der sogenannten **Apotheker-Unze,** einem Maß für Medikamente und Chemikalien. Die Gewichtsangabe bezieht sich aber nur auf den Edelmetallanteil. Das Gewicht eventueller Verunreinigungen wird vom Gesamtgewicht abgezogen. Die Angaben der Gold- (und auch der Silber-)Preise erfolgen regelmäßig in US-Dollar pro Feinunze.

! Für Einsteiger in die physische Goldanlage ist der Goldbarren gegenüber den Goldmünzen das einfachere Produkt. Denn Sie benötigen kein Spezialwissen über Münzen, deren Eigenschaften, Herkunft und Verbreitung. Beim Kauf eines Barrens müssen Sie lediglich auf den richtigen Feingoldgehalt, den Hersteller, das Gewicht und den Preis achten.

Goldbarren sind in Relation zum Goldwert preiswerter als Münzen (das liegt primär an den Prägekosten), jedoch schwerer verwertbar. Auch bei Goldbarren wächst mit zunehmend kleinerer Stückelung das **Aufgeld.** Bei der kleinsten Stückelung erhalten Sie am wenigsten Gold für Ihr Geld. Bei den Goldbarren variieren die Größen vom 12,5-Kilo-Goldbarren bis hinunter zum 1-Gramm-Goldbarren. Der Kauf und Verkauf von Goldbarren sind in Deutschland **mehrwertsteuerfrei.**

! Wegen des hohen Aufgeldes macht der Kauf von Gold unter 100 Gramm wenig Sinn. Wenn Ihre finanziellen Verhältnisse es zulassen, dann sollten Sie beim Kauf von Goldbarren unter Anlagegesichtspunkten den 500-Gramm- oder sogar den 1-Kilo-Goldbarren bevorzugen.

Auf den größeren Goldbarren müssen der **Feingehalt,** die **Marke des Herstellers** und die **Barrennummer** eingestanzt sein. Bei Goldbarren muss der Feingehalt mindestens die Zahl 995 erreichen. Diese Kennzahl informiert über die Goldqualität und gibt den Anteil reinen Goldes am Gesamtgewicht an. Die höchste Feinheitsstufe ist die Zahl 999,9. Das bedeutet, dass auf 1.000 Gewichtsanteile 999,9 Anteile reines Gold entfallen.

! Sie sollten nur Barren mit einem Feingehalt von 999,9 kaufen. Sonst haben Sie Schwierigkeiten, das Gold wieder zu verkaufen. Zwar nehmen einige Banken und Händler auch Barren mit einem anderen Reinheitsgrad zurück. Zurückgekauft werden diese jedoch nur mit einem Abschlag. Denn sie können nicht direkt weiterverkauft werden, sondern müssen vorher eingeschmolzen werden.

Die **Barrennummer** dient zur eindeutigen Identifikation der Barren und wird vom Hersteller in ein Verzeichnis eingetragen. Dieser Hersteller muss auf der **Londoner Liste der »Accepted Melter and Assayer«** (übersetzt: akzeptierte Schmelzer und Münzprüfer) stehen. Nur dann ist die weltweite Handelbarkeit garantiert.

3.11.2 Die Anlage in Gold über börsennotierte Wertpapiere

Wer kein physisches Gold in Form von Münzen oder Barren bei sich zu Hause oder im Bankschließfach sicher verwahren will, kann auf Gold in Form von Wertpapieren ausweichen.

Ähnlich wie bei Aktien-ETFs gibt es auch **Gold-ETFs** als börsengehandelte Fonds. Diese spiegeln exakt die Entwicklung des Goldpreises wider und gelten wie Aktien-ETFs und andere Investmentfonds als Sondervermögen. Die weltweit größten Gold-ETFs sind der **SPDR Gold Shares** oder **iShares Gold Trust.**

Leider gibt es in Deutschland aufgrund der rechtlichen Rahmenbedingungen durch die UCITS-Richtlinien keine richtigen Gold-ETFs. Die Richtlinien erlauben es nicht, Indexfonds mit nur einem Bestandteil aufzulegen. In der Schweiz sind Gold-ETFs hingegen zugelassen und handelbar. Bei ausländischen Gold-ETFs kann es im Insolvenzfall aber Probleme mit der Lieferung des physischen Goldes geben, mit dem der ETF besichert ist. Der Goldbestand darf nämlich nur im jeweiligen Inland ausgeliefert werden.

Eine Alternative zu Gold-ETFs ist aber auch in Deutschland möglich. Es handelt sich dabei um **Gold-ETCs.** ETC steht für »Exchange Traded Commodities«, auf Deutsch: börsengehandelte Rohstoffe. ETCs sind im Unterschied zu ETFs **keine Sondervermögen,** sondern nur Schuldverschreibungen und vergleichbar mit Goldzertifikaten. Die Anleger in Gold-ETCs sind nur Gläubiger, was sie etwas riskanter als Gold-ETFs erscheinen lassen.

Allerdings liegt das Vermögen der Anleger fast immer in Goldbarren, die in bekannten Tresoren von Großbanken liegen. Bei bestimmten Gold-ETCs wie **Xetra-Gold** (Emittent Deutsche Börse Commodities) oder **Euwax Gold II** (Emittent Börse Stuttgart Securities) besteht ein Anspruch auf Auslieferung des physisch hinterlegten Goldes an eine Bankfiliale oder an die Anschrift des Anlegers.

Für **Xetra-Gold** fallen jährliche Verwahrkosten an, die von der Clearstream Banking AG erhoben werden. Diese betragen 0,025 % des Bestandswerts pro Monat, was auf das Jahr gerechnet 0,3 % ergibt, zuzüglich der gesetzlichen Mehrwertsteuer (19 %), sodass die Gesamtkosten 0,357 % pro Jahr betragen.

Bei **Euwax Gold II** gibt es keine laufenden Kosten wie Verwaltungs- oder Lagergebühren. Stattdessen sind alle Kosten (z.B. für Verwahrung und Versicherung) bereits im Preis des Wertpapiers enthalten. Dies wird durch einen etwas höheren **Spread** (Unterschied zwischen An- und Verkaufspreis) kompensiert.

! Wer lieber jeden Monat einen bestimmten Betrag in Gold-ETCs anlegen will, kann sich für Gold-ETC-Sparpläne über Online-Banken wie Comdirect, Consorsbank oder DKB mit monatlichen Mindestraten ab 25,– € entscheiden. Bei monatlich 100,– € bzw. jährlich 1.200,– € liegen die Kosten bei 36,– € und somit 3 % des angelegten Geldes.

Mit **Gold-ETCs** können Sie deutlich einfacher und komfortabler an der Entwicklung des Goldmarkts teilhaben, weil Sie kein physisches Gold wie Goldmünzen und Goldbarren kaufen müssen.

3.11.3 Steuerfreie Veräußerungsgewinne nach einem Jahr

Wer **Goldmünzen** oder **Goldbarren** nach einer Haltedauer von mindestens einem Jahr mit Gewinn verkauft, muss diesen **Veräußerungsgewinn** nicht versteuern. Es fällt keine **Abgeltungsteuer** an, wie sie bei Zinsen oder anderen Kapitaleinkünften üblich ist.

Diese Regelung gilt auch für bestimmte **Gold-ETCs** (Exchange Traded Commodities), wie **Xetra-Gold.** Der Bundesfinanzhof (BFH) hat in den Urteilen vom 12.5.2015 (Az. VIII R 4/15 und VIII R 35/14) entschieden, dass Gewinne aus der Veräußerung von Xetra-Gold steuerfrei sind, sofern die Haltefrist von einem Jahr eingehalten wurde. Dies liegt daran, dass Xetra-Gold als Inhaberschuldverschreibung einen Anspruch auf physische Lieferung von Gold verbrieft und damit steuerlich wie physisches Gold behandelt wird.

Diese Steuerfreiheit gilt höchstwahrscheinlich auch für andere Gold-ETCs wie **Euwax Gold,** sofern diese ebenfalls durch physisches Gold gedeckt sind und einen Anspruch auf Auslieferung des Goldes bieten. Entscheidend ist dabei, dass das Kapital der Anleger nahezu vollständig in physisches Gold investiert wird und die Wertpapiere somit nicht als Kapitalforderungen im Sinne des Einkommensteuergesetzes (§ 20 EStG) gelten.

3.12 Die Kapitalanlage in Immobilien

Viele Wege führen zur Kapitalanlage in **vermietete Immobilien.** Welche Anlageform Sie wählen, hängt primär von der Höhe Ihres geplanten Kapitaleinsatzes und Ihrem persönlichen Anlegerprofil ab. Grundsätzlich können Sie zwischen der **Direktanlage in Mietobjekte** und einer **indirekten Beteiligung an Immobilien** wählen.

Bei der Direktanlage erwerben Sie **Einzeleigentum an Haus oder Wohnung.** Sie können in allen Phasen von der Investition bis zum Verkauf alles allein bestimmen, sofern Ihnen die Immobilie allein gehört. Dies erfordert allerdings eine mindestens sechsstellige Investitionssumme und ein hohes Maß an persönlichem Engagement.

Viele potenzielle Kapitalanleger trauen sich die oft mühevolle Arbeit als Vermieter nicht zu oder wollen sie aus Zeitgründen nicht auf sich nehmen. Wer dennoch in vermietete Immobilien investieren will, kann jedoch Anteile an **offenen oder geschlossenen Immobilienfonds** erwerben oder in **Crowdinvesting, REITs** oder **Immobilien-ETFs** investieren. Dieses passive Investment in Immobilien bietet mehr Bequemlichkeit als eine Direktanlage und erfordert oft nur niedrige Investitionssummen. In geschlossene Immobilienfonds können Sie schon mit einer fünfstelligen Beteiligungssumme ab 10.000,– € einsteigen. Und bei offenen Immobilienfonds, Crowdinvesting, REITs oder Immobilien-ETFs reichen bereits zweistellige Beträge.

3.12.1 Direktanlage in vermietete Immobilien

Bei der Direktanlage in vermietete Immobilien kommt es primär auf den **Mietreinertrag** an, also die Nettokaltmiete abzüglich aller nicht auf den Mieter umlagefähigen Instandhaltungs- und Verwaltungskosten. Dieser Mietreinertrag wirkt dann wie eine laufende Rente, sofern das Mietobjekt im Alter schuldenfrei ist.

! Bei Kaufentscheidungen sollte die erzielbare Mietrendite im Vordergrund stehen. Sie gibt an, wie hoch die Jahresnettokaltmiete in Prozent des Kaufpreises (Bruttomietrendite) bzw. der Jahresreinertrag in Prozent der Anschaffungskosten (Nettomietrendite) ausfällt.

Während der **Vermietungs- und Finanzierungsphase** liegt der Schwerpunkt auf dem laufenden »Cashflow«, also dem Überschuss des Mietreinertrages über Zins und Tilgung des Hypothekendarlehens, und zwar sowohl vor Steuern als auch nach Steuern. Entsprechend lassen sich laufende Eigenkapitalrenditen vor und nach Steuern errechnen.

! Die vermietete Immobilie sollte im Alter möglichst komplett schuldenfrei sein. Erst dann fließt Ihnen der Mietreinertrag als willkommene Zusatzrente zu. Ein Mietmanagement ist für private Vermieter von Wohnimmobilien unverzichtbar.

3.12.2 Fünf Phasen bei der Direktanlage in vermietete Immobilien

Der wirtschaftliche Erfolg mit vermieteten Immobilien beruht nicht nur auf einem preisgünstigen Kauf nach dem Motto »Im Einkauf liegt der Gewinn«, sondern auch auf der **erfolgreichen Finanzierung und Vermietung.** Hinzu kommen Steuerersparnisse und die Hoffnung auf einen Veräußerungsgewinn.

Insgesamt sind **fünf Phasen** zu unterscheiden, um die Erfolgskriterien bei vermieteten Immobilien lückenlos zu erfassen:

1. **Investitionsphase** (Einstieg mit richtiger Objekt- und Standortwahl, günstigem Kaufpreis plus Kaufnebenkosten).
2. **Finanzierungsphase** (Höhe des Fremdkapitals, niedrige Hypothekenzinsen bei mindestens zehnjähriger Zinsbindung, laufende Tilgung mit Möglichkeit von Sondertilgungen).
3. **Vermietungs- und Verwaltungsphase** (richtige Mieterauswahl, monatliche Nettokaltmiete, künftige Mietpreiskalkulation, nicht umlagefähige Instandhaltungs- und Verwaltungskosten, Kosten für Modernisierung und energetische Sanierung, Haus- und Mietverwaltung).
4. **Steuersparphase** (steuerlich abzugsfähige Abschreibungen, steuerlich optimale Verteilung der Instandhaltungskosten, steuerfreier Veräußerungsgewinn nach Haltedauer von mehr als zehn Jahren).
5. **Verwertungsphase** (Ausstieg mit Veräußerungserlös, der über den Anschaffungskosten liegt und somit einen Veräußerungsgewinn ermöglicht).

Wer diese fünf Phasen nicht allein bewältigen kann oder will, ist auf die Mithilfe von Immobilienmaklern (in Phase 1 und 5), Bankern oder Finanzierungsberatern (Phase 2), Haus- und Mietverwaltern (Phase 3) und Steuerberatern (Phase 4) angewiesen. Der Kapitalanleger steht bei vermieteten Eigentumswohnungen oder Mietwohnhäusern also vor einer Vielzahl komplexer Aufgaben.

! Wer den hohen Zeitaufwand in der Vermietungs- und Verwaltungsphase reduzieren will, kann die Mietverwaltung bei vermieteten Eigentumswohnungen an darauf spezialisierte Sondereigentumsverwalter und die komplette Haus- und Mietverwaltung bei Mietwohnhäusern an Dritte delegieren.

Die **Kapitalanlage in Pflegeapartments** kostet wenig Zeit, da die Vermietung und Verwaltung vom Betreiber des Pflegeheims übernommen werden. Allerdings sind vermietete Pflegeapartments nach beispielsweise zehn Jahren deutlich schwerer zu verkaufen als vermietete Eigentumswohnungen oder Mietwohnhäuser.

Unabhängig von der Art des Anlageobjekts steht der Grundsatz »Von der Miete zur Rendite« an oberster Stelle. Vermietete Immobilien müssen sich rechnen. Miete und Mietrendite sind nicht alles, aber ohne Miete und Mietrendite ist alles nichts. Leider rechnen viele Vermieter und Kapitalanleger falsch. Sie gehen beispielsweise nur von den Nettokaltmieten und Kaufpreisen aus, **vernachlässigen** also **laufende und einmalige Kosten.** Das grobe **Preis-Miet-Verhältnis** bzw. die daraus abgeleitete **Mietrendite** sagt allein noch nichts darüber aus, ob sich die Mietimmobilie lohnt oder nicht.

Da die **Immobilienpreise** in den vergangenen Jahren prozentual viel stärker gestiegen sind als die Wohnungsmieten, sinken die Mietrenditen stetig. Während vor zehn Jahren noch Mietrenditen von 5 % bis 6 % marktüblich waren, sind heute Brutto-Mietrenditen von eher 3 % bis 4 % oder sogar noch geringer üblich.

Die durchschnittlichen Nettomietrenditen nach Berücksichtigung sämtlicher einmaliger und laufender Nebenkosten dürften im Bundesdurchschnitt rund einen Prozentpunkt unter den Bruttomietrenditen liegen und damit nur bei rund 2 % bis 3 %.

3.12.3 Perspektiven für private Kleinvermieter

Laut dem TV-Gutachten »Perspektiven für private Kleinvermieter«, das vom **Institut der deutschen Wirtschaft** in Köln (IW Köln) im Auftrag der Haus- und Grundbesitzervereine Köln und Düsseldorf erstellt wurde, gibt es in Deutschland rund 15 Millionen vermietete Wohnungen von 3,9 Millionen privaten Kleinvermietern, die sich nicht hauptberuflich mit der Vermietung von Immobilien beschäftigen. Im Schnitt hat der private Vermieter also vier Mietobjekte.

Die gesamten Nettomieterträge nach Abzug aller Betriebs- und Instandhaltungskosten lagen bei rund 35 Milliarden Euro. Im Durchschnitt betrug der jährliche Mietreinertrag demnach rund 8.900,– € pro Vermieter. 47 % der privaten Kleinvermieter erzielten einen Jahresreinertrag von über 5.000,– € und 20 % sogar von mehr als 10.000,– €. 45 % mussten sich mit geringen bis mittleren Vermietungseinkünften von unter 5.000,– € begnügen und nur 8 % hatten negative Einkünfte, da die Ausgaben über den Mieteinnahmen lagen.

3.12.4 Mietreinertrag bei schuldenfreiem Mietobjekt als Quasirente im Alter

Der **Verkauf eines Mietobjekts** bringt auch nach Abzug von eventuell verbleibenden Restschulden auf einen Schlag noch viel Geld ein. Gleichzeitig stellt sich primär in Niedrigzinsphasen das Problem der Wiederanlage des Veräußerungserlöses.

Eine **erneute Direktanlage in vermietete Immobilien** scheidet bei 65- bis 75-Jährigen in aller Regel schon aus Altersgründen aus. Mit sicheren Zinsanlagen fährt man nach Steuern und Inflation Verluste ein. Und die Anlage in Aktien, Aktienfonds oder ETFs (börsennotierte Aktienindexfonds) mit deutlich höheren Renditechancen, aber auch höheren Kursrisiken ist nicht jedermanns Geschmack. Für Verkäufer von Mietobjekten entsteht so schnell ein »Luxusproblem«.

Es gibt aber gerade für rentennahe Kapitalanleger und vor allem für jüngere Rentner eine andere sinnvolle Alternative. Sofern die vermietete Immobilie mit Rentenbeginn bereits schuldenfrei ist, fällt die Belastung aus Zins und Tilgung weg. Der jährliche bzw. monatliche Überschuss (Cashflow) ist dann identisch mit dem erzielten Mietreinertrag, also der Nettokaltmiete minus der nicht umlagefähigen Instandhaltungs- und Verwaltungskosten.

Warum also nicht weiter vermieten? Der **monatliche Mietreinertrag** von beispielsweise 500,– € für eine vermietete Eigentumswohnung oder 2.000,– € für ein Mietwohnhaus mit vier Wohnungen bzw. für vier vermietete Eigentumswohnungen fließt Ihnen dann als **Quasi-Zusatzrente** zu. So können Sie Ihre vielleicht zu niedrigen Alterseinkünfte aus gesetzlicher Rente, Betriebsrente oder eventuell privater Rente (Riester-Rente, Rürup-Rente oder Rente aus privater Rentenversicherung) aufpäppeln.

Im Vergleich zur gesetzlichen Rentenversicherung stellt diese selbst erwirtschaftete »**Immobilienrente**« aus vermieteten Wohnimmobilien zwar keine Leibrente dar. Der monatliche Mietreinertrag hat aber zumindest Rentencharakter, da es sich bei den Mietreinerträgen um wiederkehrende Bezüge handelt. Ein vollständiger Kapitalverzehr wie bei der gesetzlichen Rente erfolgt nicht. Ganz im Gegenteil: Das im Mietobjekt angelegte Kapital bleibt erhalten und erhöht sich bei Wertsteigerungen sogar. Sofern Wertverluste eintreten, verringert es sich zwar, fällt aber nicht auf null.

Mietreinerträge bei schuldenfreien Mietobjekten dürften jährlich zwischen 4 % und 6 % des geschätzten Verkehrswertes abwerfen. Wenn der ortsübliche Marktpreis für ein Mietwohnhaus mit vier Wohnungen oder für vier vermietete Eigentumswohnungen zusammen 500.000,– € ausmachen würde, könnten Sie über Jahresreinerträge zwischen 20.000,– € bis 30.000,– € und monatliche Mietreinerträge zwischen 1.667,– € und 2.500,– € verfügen. Bei zwei

Wohnungen wäre es noch zwischen 833,– € und 1.250,– € monatlich und selbst bei nur einer vermieteten Eigentumswohnung blieb Ihnen noch ein monatlicher Überschuss von 417,– € bis 625,– € vor Steuern.

3.13 Die Anlage in offene Immobilienfonds

Offene Immobilienfonds galten lange Zeit als sichere Anlageform, da sie Anlegern ermöglichten, mit relativ geringem Risiko in Immobilien zu investieren. Doch in den vergangenen Jahren hat sich das Bild deutlich gewandelt. Folgend die Hauptgründe, warum derzeit offene Immobilienfonds **kein empfehlenswerter Bestandteil eines Vermögensmix** ist.

Marktveränderungen und Abwertung von Immobilien

- **Gewerbeimmobilien unter Druck:** Die Nachfrage nach Büro- und Einzelhandelsflächen ist durch den Boom des Online-Handels und die verstärkte Nutzung von Homeoffice-Modellen gesunken. Dies führt zu höheren Leerstandsquoten und geringeren Mieteinnahmen.
- **Abwertung von Immobilien:** Viele Fonds mussten in den vergangenen Jahren erhebliche Wertberichtigungen vornehmen, was die Renditen drückt und das Vertrauen der Anleger schwächt.

Zinswende und Konkurrenz durch andere Anlageformen

- **Gestiegene Zinsen:** Seit dem Ende der Nullzinsen 2022 haben gestiegene Zinsen die Attraktivität alternativer Kapitalanlagen wie Anleihen oder Tages- und Festgelder erhöht. Dadurch sind offene Immobilienfonds weniger wettbewerbsfähig geworden.
- **Rückläufige Zuflüsse:** Die Mittelabflüsse aus offenen Immobilienfonds haben zugenommen, da Anleger zunehmend andere Anlageformen bevorzugen.

Liquiditätsprobleme und gesetzliche Einschränkungen

- **Langsame Liquiditätsbeschaffung:** Immobilien sind illiquide Vermögenswerte. Wenn viele Anleger gleichzeitig ihre Anteile zurückgeben wollen, können Fonds in Schwierigkeiten geraten, da der Verkauf von Immobilien zeitaufwendig ist.
- **Kündigungsfristen:** Seit der Reform des Kapitalanlagegesetzbuchs (KAGB) 2013 gelten Mindesthaltefristen von zwei Jahren und Kündigungsfristen von bis zu zwölf Monaten. Diese Regelungen sollen zwar Stabilität schaffen, schränken aber die Flexibilität der Anleger ein.

Hohe Kosten und fragwürdige Risikobewertungen

- **Hohe Gebühren:** Ausgabeaufschläge und laufende Verwaltungskosten mindern die Rendite erheblich, was besonders in Zeiten niedriger Erträge ins Gewicht fällt.
- **Kritik an Risikobewertungen:** Verbraucherschützer bemängeln, dass offene Immobilienfonds oft als risikoarm beworben werden, obwohl ihre tatsächlichen Risiken höher sind. Dies betrifft insbesondere die Bewertung von Immobilien, die auf Schätzungen basiert und nicht immer marktgerecht ist.

3.14 Die Anlage in geschlossene Immobilienfonds

Seit der Einführung des **Kapitalanlagegesetzbuches** (KAGB) im Jahr 2014 werden geschlossene Immobilienfonds offiziell als »**geschlossene alternative Investmentfonds (AIF) Immobilien**« bezeichnet. Dennoch bleibt die grundlegende Charakteristik unverändert: Eine Beteiligung an einem solchen Fonds ist mit den Chancen und Risiken einer unternehmerischen Investition verbunden. Während das Risiko im Vergleich zu sicheren Zinsanlagen erheblich höher ist und im Extremfall sogar zum Totalverlust des investierten Kapitals führen kann (sogenanntes Totalverlustrisiko), besteht zugleich die Aussicht auf eine deutlich höhere Rendite.

Im Gegensatz zu **offenen Immobilienfonds** nehmen **geschlossene Fonds** nach vollständiger Platzierung des Beteiligungskapitals **(Vollplatzierung)** keine neuen Anleger mehr auf. Wer sich an einem geschlossenen Fonds beteiligt, wird somit Teil einer **»geschlossenen Gesellschaft«**. Eine vorzeitige Kündigung, während der meist über zehn Jahre oder länger andauernden Laufzeit, ist nicht möglich. Zudem existiert lediglich ein eingeschränkt funktionierender Zweitmarkt, auf dem Anteile nur schwer und oft nicht zu marktgerechten Preisen veräußert werden können.

! Geschlossene Immobilienfonds sind nicht für Anleger geeignet, die keinerlei Risiko eingehen möchten oder jederzeit flexibel über ihr investiertes Kapital verfügen wollen. Ebenso wenig sind sie ratsam für Personen, die ihre zukünftige Altersvorsorge überwiegend auf solche unternehmerischen Beteiligungen stützen möchten. Diese Fonds sollten keinesfalls den alleinigen Bestandteil eines Vermögens bilden, sondern vielmehr als Ergänzung in einem breit diversifizierten Portfolio dienen, das etwa Zinsanlagen, Aktien und Immobilien umfasst.

3.15 Crowdinvesting in Immobilien

Mit Crowdinvesting in Immobilien können Anleger bereits mit kleinen Beträgen in Immobilienprojekte investieren. Diese Anlageform ermöglicht es auch Personen mit begrenztem Kapital, am Immobilienmarkt teilzuhaben und potenziell attraktive Renditen von 7 % bis 15 % zu erzielen. Doch wie funktioniert diese Schwarmfinanzierung, und welche Vor- und Nachteile bringt sie mit sich?

3.15.1 Was ist Crowdinvesting in Immobilien?

Crowdinvesting in Immobilien ist eine Form der Schwarmfinanzierung, bei der viele private Anleger gemeinsam in Immobilienprojekte investieren. Diese Investitionen erfolgen typischerweise über spezialisierte **Online-Plattformen** und ermöglichen es auch Privatanlegern, mit vergleichsweise geringen Beträgen an Immobilienprojekten teilzunehmen.

Der **Mindestanlagebetrag** beim Crowdinvesting in Immobilien variiert je nach Plattform und Projekt. Einige Anbieter ermöglichen sogar Investments ab nur 10,– €, wie **Bergfürst,** während andere Plattformen wie **Exporo** oder **Zinsbaustein** mindestens 500,– € verlangen.

In der Regel mischen bei solchen Schwarmfinanzierungen immer **drei Beteiligte** mit:

- **Die Anleger,** die Kapital für Immobilienprojekte zur Verfügung stellen.
- **Das Unternehmen,** das ein Projekt an den Markt bringen will.
- **Die Vermittlungsplattform** im Internet, die die Anleger als Kreditgeber und die Unternehmen als Kreditnehmer zusammenbringen.

Crowdfunding und **Crowdinvesting** werden oft synonym verwendet. Tatsächlich sollten Sie die Unterschiede kennen, auch wenn als Gemeinsamkeit immer der Schwarm mit dabei ist.

Beim **Crowdfunding** beteiligen sich viele Geldgeber mit geringen Summen daran, um ein innovatives, kreatives oder kulturelles Projekt zu verwirklichen. Die vielen kleinen Geldbeträge bilden das Startkapital. Die finanzielle Unterstützung ist grundsätzlich aber eher als eine Spende zu verstehen, auch wenn es als Gegenleistung unter anderem eine namentliche Erwähnung als Spender oder etwa einen Anteil an einer Ernte bei einem landwirtschaftlichen Projekt geben kann. Deshalb gibt es auch kein wirtschaftliches Risiko.

Anders beim **Crowdinvesting in Immobilien:** Alle drei Beteiligten, die Betreiber der Plattform, die Anlegenden als Geldgeber und die Immobilienfirmen, haben eine Gewinnabsicht, wollen Geld verdienen. Und das kann gut gehen – oder auch nicht. Schlimmstenfalls verlieren Anleger ihren gesamten Einsatz.

3.15.2 Wie funktionieren solche Investitionen in Immobilien?

Geht alles glatt, wie in der Theorie geplant, läuft das Geschäftsmodell so: Ein Unternehmen, nicht selten ein Bauträger, hat nicht genug **Eigenkapital** und/oder bekommt nicht ausreichend Bankenkredite, um ein bestimmtes Immobilienprojekt zu entwickeln und umzusetzen.

Das Unternehmen arbeitet deshalb mit Crowdinvesting-Plattformen im Internet wie **Exporo, Genocrowd, Zinsbaustein, Bergfürst, DagobertInvest** oder **Engel & Völkers** zusammen. Diese sammeln das Geld bei den privaten Anlegern ein, die das als Darlehen an das Unternehmen weiterreichen. Oft wird das so erworbene zusätzliche eigenkapitalähnliche Geld genutzt, um Kredite von der Bank zu bekommen. Ist genug Geld vom Schwarm eingesammelt, wird das Projekt umgesetzt.

Die Anleger erhalten Zinsen, meist für kurze Laufzeiten von bis zu drei Jahren. Nach Bauende wird die Immobilie weiterverkauft. Funktioniert alles wie vorgesehen, erhält die mitfinanzierende Bank ihren Kredit zurück und die Anleger ihr eingezahltes Geld inklusive der gezahlten Zinsen und der letzten Zinszahlung bei der Rückzahlung des Kapitals. Die Plattformen wiederum kassieren vom Projektentwickler fürs Vermitteln saftige **Provisionen,** für die Anleger ist ihr Investment hingegen »gebührenfrei«.

! Vor der Zinswende und dem Ukraine-Krieg hat dieses Geschäftsmodell meistens noch recht zuverlässig funktioniert. Inzwischen aber sind etliche Immobilienfirmen in eine Schieflage geraten, hauptsächlich dann, wenn sie schon vor dem Immobilienboom schlecht, zu riskant und/oder zu optimistisch kalkuliert und gewirtschaftet haben.

3.15.3 Wie können Anleger konkret in Immobilien per Crowdinvest investieren?

Wenn Sie ein Investment als Teil der Crowd trotz der hohen Risiken in Erwägung ziehen, müssen Sie sich zunächst bei einer oder mehreren Plattformen wie Exporo und Co. **anmelden.** Dann werden Sie automatisch über mögliche neue Immobilienprojekte per Mail informiert. Egal, ob es um eine Wohnanlage, ein Bürohaus, ein Pflegeheim oder Einzelhandelszentrum geht. Sie können sich als potenzieller Anleger für ein bestimmtes Projekt vormerken lassen und erhalten dann von den Plattformen eine Nachricht, an welchem Tag und zu welcher Stunde die Zeichnung online erfolgen kann.

3.15.4 Wie hoch sind die Zinsen bei Crowdinvesting in Immobilien?

Vor drei, vier Jahren gab es für Crowdinvesting-Immobilienprojekte noch Zinsen von meist 4 % bis 5 %, in der damaligen Niedrigzinsphase ein attraktives Angebot. Jetzt liegen die Zinsen bei oft 7 % bis 9 %. In der Spitze gibt es sogar 15 %.

3.15.5 Wie sicher sind solche Immobilieninvestments, wie groß ist das Risiko?

Die **goldene Regel** »Je höher die in Aussicht gestellte Rendite, desto höher das Risiko« gilt natürlich auch bei der Schwarmfinanzierung: Es besteht immer das Risiko eines **Totalausfalls,** das heißt, die Anleger sehen ihre Einlage nicht wieder. Dieses Risiko hängt mit der Finanzierungsform zusammen. Anleger werden bislang überwiegend über sogenannte **Nachrangdarlehen** an der Finanzierung der Immobilie beteiligt. Geht der Projektanbieter bankrott, wird vorrangig die Gläubigerbank aus dem Erlös einer Zwangsversteigerung bedient.

Andere Gläubiger wie Privatanleger gehen schlimmstenfalls leer aus. Im Insolvenzverfahren ist dann für die Forderungen der Crowd oft nichts mehr oder nur noch wenig da. Und das dürfen die Anbieter auch nicht verschweigen. Bei **Exporo** zum Beispiel steht auf der Homepage unter »Risikohinweis«: Anlagen in Schwarmfinanzierungsprojekten sind »mit Risiken verbunden, einschließlich des Risikos eines teilweisen oder vollständigen Verlusts des angelegten Geldes«. Solche Anlagen sind nicht durch die EU-Einlagensicherungssysteme geschützt.

! Sie sollten aber auch darauf achten, ob sie sogenannte »qualifiziert nachrangig ausgestaltete Darlehen« zur Verfügung stellen, auch dies findet sich in den Risikohinweisen. Dabei tragen die Darlehensgeber, also die Anleger, ein höheres Risiko als reguläre Fremdkapitalgeber. Der Grund: Wegen der eigenkapitalähnlichen Haftungsfunktion des Nachrangkapitals trifft den Darlehensgebern ein unternehmerisches Verlustrisiko.

3.15.6 Die Plattformen richtig einschätzen

Eigentlich sollten **Crowdinvesting-Plattformen** eine Art Torwächter sein, die Projekte filtern und damit das Schlimmste verhindern. Schließlich hängt davon auch ihr Ruf ab.

Die **Stiftung Warentest** warnt aber: »Die Plattformen gelten nur als Finanzanlagenvermittler, nicht Berater. Sie bieten Unternehmen auch Dienstleistungen zu den Angeboten an – ein potenzieller Interessenkonflikt und möglicher Anreiz, auch weniger aussichtsreiche Projekte zu bewerben. Hinzu kommt: Der enorme Wettbewerb unter den Plattformen und die Aussicht auf hohe Provisionen von den Projektentwicklern haben offenbar dazu beigetragen, dass die Plattformen auch Geschäfte mit weniger seriös kalkulierenden Projektentwicklern eingegangen sind und eingehen«.

Bei **Exporo** heißt es dazu auf der Homepage: Ein Experten-Team prüft die Projekte in einem mehrstufigen Prozess genau.« Das führe dazu, dass nur Projekte den Anlegern angeboten werden, »die diesen mehrstufigen Prüfprozess erfolgreich durchlaufen«. Und weiter: »Derzeit liegt die Quote der angenommenen Projekte bei unter 10 %«. Das klingt gut, doch die Erfahrung zeigt: Im Fall des Scheiterns wollen die Verantwortlichen der Plattformen nicht selten nichts von ihrer Verantwortung bei der Produktauswahl wissen. In zahlreichen Fällen haben sie schon die Verantwortung auf die Projektentwickler geschoben – mit einem Griff in die Trickkiste der Juristen. Ihr Argument: Man hätte nur deren Informationen ungeprüft übernommen, um bei Verlusten keine Haftung übernehmen zu müssen.

3.15.7 Worauf sollten Anleger bei solchen Immobilieninvestments achten?

Für Anleger, die Laien auf dem Immobilienmarkt sind, ist es äußerst schwierig zu beurteilen, ob ein Projekt wie geplant laufen wird oder nicht. Sie können aber auf **die folgenden Punkte** achten:

- Wer per Crowdinvesting Geld anlegen will, sollte sich bewusst machen, dass das **keine solide Altersvorsorge** ist. Es ist eher eine Spielerei. Sie sollten dafür auch nur »Spielgeld« benutzen, also Geld, dessen Verlust Sie ohne schlaflose Nächte verschmerzen können.
- Haben Sie an einem Projekt Interesse, sollten Sie dies penibel prüfen. Im Blick sollten Sie vor allem haben, ob **Kosten und Risiken** transparent dargestellt werden, wie hoch die Kosten sind und wie realistisch der Zeitplan und die Prognosen zu Gewinnen und Renditen sein könnten.
- Lesen Sie deshalb lieber das **Vermögensanlagen-Informationsblatt** (VIB) wirklich durch, bevor Sie investieren. Es ist maximal drei Seiten lang. Darin wird das zu finanzierende Projekt beschrieben, Kosten und Provisionen offengelegt, Laufzeiten und

Kündigungsfristen beschrieben. Achten Sie auf klare Formulierungen. Im Zweifelsfall gilt immer: Besser die Finger von dem Projekt lassen, als es zu finanzieren.

- Selbst Exporo rät, **»nicht mehr als 10 % Ihres Reinvermögens in Schwarmfinanzierungsprojekten anzulegen«.** Schon diese Quote ist aber reichlich hoch bemessen. Je nach Vermögen und Risikostruktur des Wertpapierportfolios sollte dies eher deutlich weniger, aber auf keinen Fall mehr sein.
- Sie sollten das **Geld verteilen,** um das Risiko zu streuen. Lieber in fünf Projekte jeweils 1.000,– € stecken als in ein Projekt 5.000,– €.
- Um Angebote mit ungeklärter Baugenehmigung, langen Laufzeiten sowie mit unerfahrenen Projektentwicklern sollten Sie einen Bogen machen.
- Prüfen Sie, ob der Projektentwickler bereits **andere Projekte** über den Schwarm mitfinanziert hat und ob dies ohne Probleme gelungen ist. Bei Angeboten mit der Nummer II oder III sollten Sie besonders genau hinschauen, weil mit solchen Anschlussfinanzierungen häufig nur Vorgängerinvestments zurückbezahlt wurden, die nicht plangemäß aus dem Verkauf der Objekte bedient werden können.
- Rechnen Sie immer damit, dass ein **Totalverlust möglich** ist, und bedenken Sie: Die Rendite wird in der Regel selbst dann negativ, wenn das Risiko verteilt ist. Um bei dem 5.000-Euro-Beispiel zu bleiben: Wenn ein Projekt mit einer 1.000-Euro-Investition pleitegeht und alle anderen Projekte mit einem Investitionsvolumen von 4.000,– € im Durchschnitt 7 % über eine Laufzeit von zwei Jahren abwerfen, bringt das 560,– € Zinsen, davon gehen eventuell noch Kapitalertragsteuern ab. Bei einer Rückzahlung von 4.000,– € sind das bestenfalls 4.560,– € – ein Verlust von 440,– €, der ehrlich gerechnet noch höher ist: Denn eine Festgeldanlage

hätte in den zwei Jahren 300,– € Zinsen bringen können. Am Ende wären also 5.300,– € auf dem Konto (jeweils ohne Zinseszins gerechnet).

- Seit dem 15.7.2019 gilt für alle Crowdinvesting-Projekte eine **maximale Zeichnungsgrenze pro Anleger** von 25.000,– €. Wenn Sie mehr als 1.000,– € investieren möchten, müssen Sie mindestens über 100.000,– € Vermögen verfügen oder Sie dürfen nicht mehr investieren, als Sie in zwei Monaten durchschnittlich netto verdienen.

3.16 Die Geldanlage in REITs

Weitgehend unbekannt sind Geldanlagen in **REITs.** Sie haben nichts mit dem Reitsport zu tun. REIT ist die Abkürzung für **»Real Estate Investment Trust«,** was wörtlich übersetzt so viel wie »Immobilien Kapitalanlagegesellschaft« bedeutet.

Diese REITs sind für die meisten Anleger ein Buch mit sieben Siegeln und für Eingeweihte schon eher ein Geheimtipp. Sie ähneln noch am meisten den an deutschen Börsen gehandelten **Wohnimmobilienaktien**, wie die im DAX notierte **Vonovia.**

Viele REITs konzentrieren sich auf **Nichtwohnimmobilien** wie Bürogebäude, Einzelhandelsflächen, Krankenhäuser und Pflegeheime. Allerdings können REITs je nach Typ auch Wohnimmobilien umfassen, insbesondere in den USA, wo **Residential-REITs** weit verbreitet sind. In Deutschland hingegen sind Wohnimmobilien (Bestandsmietwohnungen) aus dem Geltungsbereich der deutschen REIT-Gesetzgebung ausgeschlossen, um den Mieterschutz zu gewährleisten.

Während es in den USA über 200 Immobilien-REITs gibt, sind es in Deutschland gerade einmal fünf. Erst im Jahr 2007 wurden sie nach Verabschiedung des entsprechenden Gesetzes über REITs (REIT-G) überhaupt zugelassen.

Wer Geld in REITs anlegen und über viele Unternehmen streuen will, kommt somit an US-REITs nicht vorbei. Den Chancen auf **hohe Dividenden** von 4 % bis 8 % des angelegten Betrags stehen Risiken wie bei jeder Aktienanlage gegenüber. Allerdings sind die Risiken wegen der recht **stabilen Mieterträge** geringer.

! Bei US-REITs kommt ein **Währungs- bzw. Wechselkursrisiko** hinzu. Sofern der US-Dollar gegenüber dem Euro stark sinken sollte, würden auch die in Euro umgerechneten Dividenden und der Kurswert des REITs fallen. Diesem Risiko steht aber auch die Chance gegenüber, bei einem steigenden US-Dollar Währungsgewinne zu erzielen.

Die wichtigste Besonderheit von REITs liegt in ihrer **steuerlichen Bevorzugung** gegenüber den bekannten Wohnimmobilienkonzernen wie Vonovia.Von REITs erzielte Gewinne bzw. Dividenden werden auf der Ebene der Unternehmen nicht besteuert. Weder fällt Körperschaftsteuer noch Gewerbesteuer in Deutschland an.

Im Gegensatz dazu werden bei den üblichen Aktiengesellschaften von der Bruttodividende bzw. vom Gewinn der AG zunächst rund 30 % für Körperschaftsteuer, Solidaritätszuschlag und Gewerbesteuer abgeführt. Der an die Aktionäre ausgeschüttete Gewinn nach Abzug dieser Unternehmenssteuern macht somit nur rund 70 % aus. Von dieser verbleibenden Dividende muss der Aktionär noch Kapitalertragsteuer (Abgeltungsteuer) zuzüglich Solidaritätszuschlag und eventuell Kirchensteuer zahlen. Letztlich fließt dem »normalen« Aktionär nur eine Netto-Dividende von rund 50 % des Unternehmensgewinns zu.

Bei REITs ist dies anders, da das Unternehmen selbst keine Steuern auf den Unternehmensgewinn abführt. Im Bestfall wird der **gesamte Unternehmensgewinn** als Dividende an die Anleger bzw. Aktionäre in Immobilien-REITs ausgeschüttet.

Dieser erhebliche **Steuervorteil** setzt aber voraus, dass der REIT die **folgenden fünf Voraussetzungen** erfüllen muss:

- Mindestens 90 % der Dividende müssen an die Anleger/Aktionäre ausgeschüttet werden (Mindestausschüttungsquote), daher hohe Bruttodividende für Anleger.
- Mindestens 75 % des Anlagevermögens müssen in Immobilien angelegt sein und mindestens 75 % der Erträge aus Immobilien stammen (Mindestimmobilienquote).
- Mindestens 45 % Eigenfinanzierung der Immobilien (Mindesteigenkapitalquote).
- Ausschluss des reinen Immobilienhandels (also Buy-and-Hold-Prinzip).
- In Deutschland keine Wohnimmobilien und keine Hypotheken-REITs.

Nachteilig für Anleger in REITs ist die Erfüllung dieser Voraussetzungen nicht. Ganz im Gegenteil: Die **Mindestausschüttungsquote** von 90 % der Dividende an die Anleger führt grundsätzlich zu höheren Dividenden im Vergleich zu den sonst üblichen AGs. In gar nicht so seltenen Fällen werden sogar 100 % ausgeschüttet.

Mindestimmobilienquote von 75 % des Gesamtvermögens und **Mindesteigenkapitalquote** von 45 % der Gesamtfinanzierung sorgen für mehr Sicherheit. REIT-Anleger können davon ausgehen, dass der weit überwiegende Teil der Erträge aus Immobilien stammt (also Mietreinertrag nach Abzug sämtlicher Bewirtschaftungskosten) und eine zu hohe Fremdfinanzierung vermieden wird.

REITs sind Bestandshalter, deren Kerngeschäft die Vermietung und Bewirtschaftung der Immobilien sind. Sie kaufen Immobilien, um sie langfristig zu bewirtschaften (**»Buy-and-Hold«**) und nicht, um sie so schnell wie möglich zu verkaufen (**»Buy-and-Sell«).** Es geht also darum, langfristig zu investieren und nicht kurzfristig zu spekulieren.

! REITs sind keine Anlagen für die schnelle Spekulation. Nicht der erhoffte Kurs- und Veräußerungsgewinn, sondern die auf Dauer verlässliche Dividende sollten im Vordergrund stehen. Die Ausschüttungen erfolgen meist quartalsweise, zuweilen aber auch monatlich.

Wenn Kapital in zuverlässige Unternehmen mit einer langen Historie stabiler Dividenden investiert wird, können REITs eine kontinuierliche Quelle passiver Einkommen darstellen. Anleger, die in REITs investieren, sollten daher vorwiegend auf regelmäßige Einnahmen – sei es monatlich oder vierteljährlich – abzielen und eine Strategie verfolgen, die auf Einkommen und Ausschüttungen ausgerichtet ist. In diesem Zusammenhang könnten REITs sogar eine potenzielle Lösung in Zeiten niedriger Zinsen bieten. Es ist jedoch wichtig, Dividenden und Ausschüttungen nicht mit festen Zinserträgen, wie sie beispielsweise bei Festgeldanlagen üblich sind, gleichzusetzen.

Ein passender Vergleich für die regelmäßigen Ausschüttungen von REITs ist der mit Rentenzuflüssen aus der gesetzlichen, betrieblichen oder privaten Altersvorsorge. Im Wesentlichen repräsentieren diese Ausschüttungen eine spezielle Form von **zeitlich begrenzten Immobilienrenten.** Ähnlich wie bei einer langfristigen Direktinvestition in Mietobjekte – etwa Wohnhäuser, gemischt genutzte Immobilien oder Gewerbeimmobilien – basieren sie auf den **laufenden Netto-Mieterträgen.** Nach vollständiger Tilgung der Finanzierungsverbindlichkeiten können diese Mieterträge wie eine Art Rente wirken. Dieses Konzept erinnert an die sogenannte **»Rentenhaus-Strategie«**, bei der insbesondere Selbstständige früher oft Immobilien als Altersvorsorge erwarben und deren Erträge als regelmäßiges Einkommen nutzten.

3.17 Die Geldanlage in Exchange Traded Funds mit Immobilien

Mit dem Wort »**Immobilien**« verbinden die meisten Menschen Wertc wie Stabilität, Vertrauen oder Sicherheit. Der **direkte Erwerb einer Immobilie** ist jedoch mit einigen Nachteilen verbunden. So erfordert der Direkterwerb in der Regel einen langen Anlagehorizont und bindet zudem viel Kapital. Ein weiterer Nachteil sind **fehlende Transparenz und Liquidität.** Im Gegensatz zu Anlageklassen, bei denen der Kurs fortlaufend an Börsen festgestellt wird, ist bei Immobilien der Wert oft nur schwer und nur in Verbindung mit Mehrkosten zu ermitteln. Daher stammt auch die weitverbreitete Annahme, dass Immobilien »immer« im Wert steigen.

Richtig ist vielmehr, dass viele Investoren den **aktuellen Wert ihrer Immobilie** nicht kennen und einen Wertverlust erst dann bemerken, wenn sie ihr Haus oder ihre Wohnung eines Tages verkaufen möchten. Und es ist zudem auch nicht gesagt, dass eine Immobilie überhaupt jederzeit zu verkaufen ist. Sollten etwa die **Immobilienpreise** regional fallen, wäre es unvorteilhaft, ein Haus bzw. Grundstück in der entsprechenden Region verkaufen zu wollen.

Um die Anlagen im Immobilienbereich zu streuen, bieten sich als Alternative zu **offenen Immobilienfonds** Anlagen in **Exchange Traded Funds auf Immobilienaktien** an. Diese Anlageprodukte bilden einen bestimmten Immobilienindex ab und werden börsentäglich gehandelt. Viele dieser ETFs besitzen als Basiswert Indizes von FTSE EPRA/NAREIT oder Stoxx.

Der größte Unterschied liegt in der Auswahl der Unternehmen. In den **FTSE EPRA/NAREIT** kommen nur Firmen, die mindestens 75 % ihrer Erträge direkt mit Immobilien erzielen, sei es mit der Vermietung, dem Handel oder der Entwicklung. Die Finanzierung von Gebäuden oder das Projektmanagement fallen nicht darunter. Somit schließt der Index börsennotierte Gesellschaften aus, die sich direkt oder indirekt mit dem Kauf von Hypotheken oder Pfandbriefen befassen. Die **Stoxx-Indizes** erlauben dagegen auch solche Dienstleistungen. Die Indizes selbst beziehen sich auf verschiedene Länder und Regionen. So können die Anleger Risiken auch geografisch streuen.

Breite geografische Streuung problemlos möglich

Immobilien-ETFs sind, im Gegensatz zu vielen anderen Investitionsformen in Immobilien, höchst liquide, da sie börsentäglich gehandelt werden können. Es ist empfehlenswert, das Engagement über verschiedene Regionen zu streuen. Die breiteste Streuung bietet der **MSCI World Real Estate Index.** Dieser bildet die 80 nach Marktkapitalisierung größten Unternehmen der weltweiten Immobilienbranche ab.

Wer dagegen eine bestimmte Anlageregion bevorzugt, kann in regional fokussierte Indizes investieren, wie den **MSCI Europe Real Estate** oder den **MSCI AC ASIA ex JAPAN Index.** Letzterer beinhaltet beispielsweise nur Immobilienunternehmen aus dem asiatischen Raum, mit Ausnahme von Japan.

! Bei der Investition in Immobilien-ETFs geht ein Teil des Diversifikationsvorteils, den Anleger durch Immobilienanlagen anstreben, verloren. Der Grund dafür liegt darin, dass das Aktienmarktrisiko bei der Anlage in Immobilienaktien nicht ausgeschlossen werden kann. Wie andere börsennotierte Unternehmen unterliegen auch Immobiliengesellschaften den täglichen Kursschwankungen an der Börse. Dennoch bieten Immobilien-ETFs Anlegern eine komfortable Möglichkeit, in den Immobilienmarkt zu investieren, ohne direkt ganze Immobilien erwerben zu müssen.

iShares Developed Markets Property Yield UCITS ETF	A0LEW8	0,59 %	HSBC FTSE EPRA NAREIT Developed UCITS ETF	A1JCM0	0,24 %
VanEck Global Real Estate UCITS ETF	A1T6SY	0,25 %	Amundi Index FTSE EPRA NAREIT Global UCITS ETF DR	A2ATZC	0,24 %
SPDR Dow Jones Global Real Estate UCITS ETF	A1J3PB	0,40 %	UBS ETF (IE) FTSE EPRA Nareit Developed Green UCITS ETF	A40EWU	0,25 %
Amundi FTSE EPRA NAREIT Global Developed UCITS ETF Dist	LYX0Y2	0,45 %	iShares Global REIT UCITS ETF	A0LEW8	0,59 %

! Engagements in bestimmte ausländische Immobilienaktien sind immer mit Währungsrisiken/-chancen verbunden. Kursschwankungen des Euros gegenüber anderen Währungen verringern bzw. erhöhen den Wert der Anteile. Beim Kauf sollten Sie daher darauf achten, dass Sie bei den eingegangenen Währungsrisiken auf eine ausgewogene Verteilung in Ihrem Depot achten.

4 Darlehen für Senioren

Darlehen für Senioren – gibt es denn solche überhaupt? Wer das 65. Lebensjahr überschritten hat und als Rentner oder Pensionär im Ruhestand ist, wird sich nach landläufiger Meinung doch kein Geld mehr von einer Bank leihen.

Doch auch Senioren können in einen **finanziellen Engpass** kommen und dringend Geld für bestimmte Vorhaben benötigen. Wer im bereits schuldenfreien Eigenheim wohnt, muss möglicherweise die Heizungsanlage erneuern, das Flachdach sanieren oder seine eigenen vier Wände altersgerecht umbauen. Rückt die Bank noch Geld heraus, wenn man bereits die 70 Jahre oder gar 75 Jahre überschritten hat? Gibt es neben vorhandenen Eigenmitteln vielleicht staatliche Zuschüsse, sodass kein zusätzlicher Bankkredit aufgenommen werden muss?

Andere wollen sich ihren Wunsch nach einer Zweitwohnung oder einem Altersruhesitz erfüllen und schaffen den Kauf nicht allein aus Eigenmitteln. Mieter oder Hauseigentümer planen die Anschaffung einer neuen Kücheneinrichtung, von neuen Möbeln oder einem neuen Auto. Die alte Waschmaschine durch eine neue zu ersetzen, ist finanziell kaum ein Problem. Wenn die Anschaffungskosten für Küche, Möbel oder Auto aber eine fünfstellige Summe überschreiten, kann dies ganz anders aussehen.

Schulden zu machen, ist an sich nichts Ehrenrühriges. Vor allem **produktive Schulden,** denen langfristig nutzbare Immobilien wie ein Eigenheim oder ein Mietshaus als Vermögen gegenüberstehen, sind eher positiv zu sehen. In einer Niedrigzinsphase ist es zudem leichter, die laufende Belastung aus Zins und Tilgung zu tragen.

Kritischer sind **unproduktive Schulden,** die beispielsweise für Urlaubsreisen oder gar eine Weltreise aufgenommen werden. Am Ende der Reise bleiben die schönen Erinnerungen, aber auch die noch abzutragenden Schulden.

Viele Senioren glauben, dass sie wegen ihres Alters von Banken überhaupt keine Kredite oder Darlehen mehr bekommen. Dies ist aber falsch. Es kommt immer auf den Einzelfall an. Sofern die **Kreditwürdigkeit,** sprich **Bonität** stimmt und eventuell erforderliche Kreditsicherheiten wie ein Eigenheim oder eine noch laufende Kapital- oder Rentenversicherung vorhanden sind, stehen die Aussichten gut.

Zwar gilt die Regel: **»Je älter, desto schwerer die Kreditaufnahme«.** Eine absolute oder gar gesetzliche Altersgrenze für Kredite bzw. Darlehen an Senioren gibt es aber nicht. Auch Ruheständler im Alter von 70, 75 oder 80 Jahren können noch Gelder bei Banken aufnehmen, wenn die Voraussetzungen hinsichtlich Bonität, Beleihung und Belastung stimmen. Gäbe es diese Möglichkeit nicht, läge eine **Altersdiskriminierung** vor.

Die im Jahr 2016 in Kraft getretene **Wohnimmobilienkreditrichtlinie** (WIKR) hatte anfangs für viel Unruhe gesorgt, da einige Banken diese Richtlinie zu eng auslegten und vor allem älteren Kreditinteressenten und Familien mit Kindern eine Immobilienfinanzierung verweigerten.

Seit dem 1.5.2018 wurden aber die **Leitlinien für eine Kreditwürdigkeitsprüfung** in einer neuen Verordnung geregelt. Danach muss ein Immobilienkredit nicht mehr zwingend während der statistischen ferneren Lebenserwartung des älteren Kreditnehmers zurückgezahlt werden. Es genügt, wenn die langfristige Bedienbarkeit des Darlehens gesichert ist. Bei den konkreten Prüfkriterien eröffnet die Verordnung den Banken die Möglichkeit, von eigenen standardisierten Vorgaben im Einzelfall auch zugunsten der Kunden abzuweichen, wenn die Bank dies gut begründet und dokumentiert.

4.1 Das Hypothekendarlehen

Senioren mit einem selbst bewohnten Eigenheim ist es nicht verwehrt, auch in fortgeschrittenem Alter noch Darlehen aufzunehmen und dieses im Grundbuch des zuständigen Amtsgerichts über eine **Grundschuld** zugunsten der Bank abzusichern. Die **Neuaufnahme von Hypothekendarlehen** kann über Banken, Versicherungen, Bausparkassen oder die staatseigene KfW-Bank erfolgen.

Klassische Hypothekendarlehen von Banken, Versicherungen und Bausparkassen

Eigenheimbesitzer sind zu Recht stolz, wenn ihre eigenen vier Wände endlich schuldenfrei sind. Möglicherweise haben sie die bei Bau oder Kauf aufgenommenen und in der dritten Abteilung des Grundbuchs eingetragenen Grundschulden noch gar nicht gelöscht.

Dies ist eher von Vorteil, wenn sie nun in hohem Alter noch Geld für die **Modernisierung oder den altersgerechten Umbau** ihres Eigenheims brauchen. Benötigen sie beispielsweise dafür 50.000,– € und liegt die noch eingetragene Grundschuld darüber, wird die Bank auf eine Neueintragung verzichten. Schließlich ist die abstrakte Grundschuld nicht wie die Hypothek an eine zugrunde liegende Darlehensforderung gebunden.

! Sollten sämtliche Grundschulden bereits gelöscht sein, muss allerdings eine neue Grundschuld zugunsten der Bank eingetragen werden. Dies zieht Kosten für die notarielle Bestellung und die grundbuchliche Eintragung der Grundschuld (sog. Finanzierungsnebenkosten der dinglichen Sicherung) nach sich, die etwa 0,5 % der Darlehenssumme ausmachen.

Recht plausibel ist es, ein **Volltilgerdarlehen** aufzunehmen, das am Ende der festgelegten Laufzeit vollständig getilgt ist. Die Laufzeit des Hypothekendarlehens könnte sich beispielsweise an die fernere Lebenserwartung des Darlehensnehmers nach der Sterbetafel des Statistischen Bundesamtes anpassen. Ein heute 70, 75 oder 80 Jahre alter

Mann hat danach noch eine fernere Lebenserwartung von rund 15, zwölf oder acht Jahren und wird laut Statistik noch 85 bis 88 Jahre alt. Für eine gleichaltrige Frau liegt die fernere Lebenserwartung um zwei bis drei Jahre höher, also bei rund 18, 14 oder zehn Jahren.

70- bzw. 75-jährige Eigenheimbesitzer sollten nach Möglichkeit eine **Darlehenslaufzeit und Zinsbindung** von nur fünf oder zehn Jahren bevorzugen. Dazu ein Beispiel: Ein Darlehen von 50.000,– € wird bei einem Sollzins von 3 % nach zehn Jahren vollständig zurückgezahlt. Der Tilgungssatz zuzüglich ersparter Zinsen macht dann 8,59 % aus und die monatliche Rate für Zins und Tilgung 482,92 €.

Die **Gesamtzinskosten für dieses Volltilgerdarlehen** betragen dann 7.950,– € (= 482,92 € × 120 Monate ./. Darlehenssumme 50.000,– €). Die gesamten Zinskosten steigen bzw. sinken selbstverständlich, wenn der Sollzins über 3 % steigt oder unter 3 % fällt. Eine Volltilgung bereits nach fünf Jahren bieten nicht alle Banken an. Zudem würde die monatliche Rate für Zins und Tilgung etwa auf das Doppelte steigen, was für die weitaus meisten Senioren eine zu hohe finanzielle Belastung darstellen dürfte.

In der **Immobiliar-Kreditwürdigkeitsprüfungsleitlinien-Verordnung** (ImmoKWPLV) steht ausdrücklich, dass ein mögliches Versterben des Darlehensnehmers während der Vertragslaufzeit unter bestimmten Voraussetzungen unberücksichtigt bleibt. Dies soll dann gelten, wenn der Darlehensnehmer zu Lebzeiten seinen fälligen Verpflichtungen aus dem Darlehensvertrag wahrscheinlich nachkommen wird und der Immobilienwert eine Abdeckung der im Zusammenhang mit dem Darlehensvertrag stehenden Verbindlichkeiten gewährleistet.

Bei der Kreditwürdigkeits- und Bonitätsprüfung kommt es laut dieser Verordnung auf Faktoren wie **Einkommen, Ersparnisse** und andere **Vermögenswerte** einerseits sowie auf **Ausgaben, Schulden** und **sonstige Verbindlichkeiten** andererseits an.

! Die Bonität steigt, je höher die Alterseinkommen (gesetzliche, betriebliche und private Renten oder Pensionen) und je geringer die laufenden Ausgaben sind. Nicht kurzfristig liquidierbare Vermögenswerte (z.B. Sparbriefe oder Festgelder mit einer Restlaufzeit von mehreren Jahren) und fehlende restliche Schulden erhöhen ebenfalls die Kreditwürdigkeit.

Die **im Grundbuch eingetragene Grundschuld** sollte als Kreditsicherheit ausreichen, sofern sie deutlich unter dem Verkehrswert des Eigenheims liegt. Eine zusätzliche Kreditsicherheit bietet der Bank die **Mitverbindlichkeitsverpflichtung** eines deutlich jüngeren Ehepartners.

! Tochter oder Sohn sollten als zweiter Darlehensnehmer oder gar Bürge nur in Ausnahmefällen herangezogen werden, und zwar auch nur dann, wenn sie als künftige Erben im Testament oder Erbvertrag vorgesehen sind. Eine »Übersicherung« sollten ältere Darlehensnehmer daher vermeiden.

Viele Senioren weigern sich, ihr Eigenheim im hohen Alter nochmals mit Grundschulden zu belasten. Dies ist zwar emotional verständlich, da das Eigenheim nun nicht mehr schuldenfrei ist. Eine Geld- bzw. Kapitalbeschaffung mit einer Grundschuld als Sicherheit auf einem vorher schuldenfreien Eigenheim sollte jedoch nicht von vornherein ausgeschlossen werden.

4.2 Allianz Best-Ager-Darlehen für Eigenheimbesitzer ab 60

Die Allianz als Deutschlands größter Versicherer bietet Eigenheimbesitzern mit einem Alter ab 60 Jahren Festdarlehen ohne Tilgung bis zu 40 % des Verkehrswertes an (sog. Allianz Best-Ager-Finanzierung). Der Zins kann **bis zu** 25 Jahre festgeschrieben werden und liegt dann beispielsweise bei 3,5 % im Jahr. Bei einem Eigenheim mit einem Verkehrswert von beispielsweise 500.000,– € kann das tilgungsfreie

Hypothekendarlehen 200.000,– € ausmachen. Bei einem Hypothekenzins von beispielsweise 3,5 % pro Jahr sind dann 7.000,– € im Jahr bzw. 583,33 € im Monat an Zinskosten aufzubringen.

Zur Sicherheit der Allianz wird eine **erstrangige Grundschuld** von 200.000,– € in der dritten Abteilung des Grundbuchs eingetragen. Die endfällige Tilgung des Hypothekendarlehens erfolgt durch den Eigentümer selbst oder im Falle seines Ablebens durch seine Erben.

! Bei Rückzahlung durch den oder die Erben fällt **keine** Vorfälligkeitsentschädigung an. Alternativ dazu können die Erben das Festdarlehen auch übernehmen und dann fortführen.

Das Eigenheim selbst muss zu dieser Zeit schuldenfrei sein. Wofür das neu aufzunehmende tilgungsfreie Festdarlehen verwendet wird, spielt keine Rolle. Zusätzliche Notar- und Grundbuchkosten für die Neueintragung einer Grundschuld fallen nur an, falls die bisherigen Grundschulden bereits gelöscht wurden oder geringer als die neu einzutragende Grundschuld sind.

! Das Festdarlehen kann der Darlehensnehmer auch einseitig nach zehn Jahren mit sechsmonatiger Kündigungsfrist ohne Vorfälligkeitsentschädigung beenden.

4.3 Das Bauspardarlehen

In eher seltenen Fällen haben Senioren noch einen laufenden **Bausparvertrag,** der in Kürze zuteilungsreif ist. Die Zuteilung erfolgt, nachdem mindestens 40 % bzw. 50 % der **Bausparsumme** eingezahlt wurden und die Zielbewertungszahl erreicht ist. Beträgt die Bausparsumme beispielsweise 50.000,– € und das Bausparguthaben inklusive Zinsen 25.000,– €, liegt das Bauspardarlehen nach Zuteilung auf gleicher Höhe.

Die **Zuteilung des Bausparvertrages** setzt eine **wohnwirtschaftliche Verwendung der Bausparmittel** voraus, zum Beispiel die Modernisierung des Eigenheims. Das Bauspardarlehen von beispielsweise 25.000,– € wird je nach Zins- und Tilgungssatz in aller Regel bereits nach zehn bis zwölf Jahren vollständig getilgt. Dies gelingt, weil üblicherweise ein hoher Tilgungssatz zugrunde gelegt wird. Das Bauspardarlehen kann auch bereits vorher getilgt werden ohne Berechnung einer Vorfälligkeitsentschädigung.

4.3.1 Bauspardarlehen bis 50.000,– € ohne Grundschuldeintrag

Seit August 2021 ist es gemäß der **Bausparkassen-Verordnung** möglich, **Bauspardarlehen bis zu einem Betrag von 50.000,– € ohne Eintragung einer Grundschuld** zu vergeben. Dadurch entfallen die Kosten für die Bestellung und Eintragung der Grundschuld bei solchen Darlehen. Besonders für Senioren, die nach der Löschung aller Grundschulden ein schuldenfreies Eigenheim im Grundbuch vorweisen können, stellt dies eine spürbare Erleichterung dar.

4.3.2 Übertragung eines Bausparvertrags von Kindern auf ihre Eltern

Wer keinen eigenen Bausparvertrag hat, aber erwachsene Kinder mit Bausparverträgen, kann diese zur Übertragung eines zuteilungsreifen Bausparvertrags auf ihre Eltern bewegen. Dies sollten die Kinder, sofern sie die finanziellen Mittel zurzeit nicht benötigen, allerdings nur bei Zusicherung einer künftigen Erbschaft tun. Ihre Eltern sollten ihnen reinen Wein einschenken durch Einsichtnahme in Testament oder Erbvertrag.

! Die Übertragung des Bausparvertrags selbst erfolgt problem- und kostenlos mithilfe eines auszufüllenden Formulars. Weitaus häufiger kommt zwar die Übertragung eines Bausparvertrags der Eltern auf ihre Kinder vor. Es spricht jedoch nichts dagegen, dass umgekehrt auch Kinder ihren laufenden Bausparvertrag auf ihre Eltern übertragen. Die Bausparkasse wird der Übertragung in aller Regel zustimmen.

Grundsätzlich können Bausparverträge nur an **Angehörige** übertragen werden. Dies sind vor allem Verwandte in der geraden Linie (Großeltern, Eltern, Kinder, Enkelkinder) und Verwandte in der Seitenlinie (Tante, Onkel, Schwester, Bruder, Nichte, Neffe). Eine Übertragung von Bausparverträgen an Freunde oder Bekannte ist nicht möglich.

4.4 KfW-Kredite für altersgerechten Umbau

Die staatliche **KfW-Bank** unterstützt mit ihrem Programm »Altersgerecht Umbauen« (Nr. 159) den altersgerechten Umbau von Wohnraum oder den Erwerb entsprechend umgebauter Immobilien. Dabei können Darlehen von bis zu 50.000,– € pro Wohneinheit beantragt werden. Alternativ steht ein nicht rückzahlbarer Zuschuss zur Barrierereduzierung (Programm Nr. 455-B) zur Verfügung, der 10 % der förderfähigen Kosten abdeckt – maximal jedoch 2.500,– € bei Umbaukosten von 25.000,– € oder mehr.

4.4.1 Förderfähige Maßnahmen

Gefördert werden sowohl **barrierereduzierende als auch einbruchsichernde** Maßnahmen. Zu den **barrierereduzierenden** Maßnahmen gehören insbesondere:

- **Anpassungen im Eingangsbereich und Wohnungszugang** (z.B. Rampen oder automatische Türöffner),
- **Maßnahmen zur Überwindung von Treppen und Stufen** (z.B. Treppenlifte oder Aufzüge),
- **Umbauten der Raumaufteilung** oder der Abbau von Schwellen,
- der **Umbau von Badezimmern,** etwa durch Installation bodengleicher Duschen,
- Anpassungen in **Sanitärräumen.**

4.4.2 Kreditkonditionen

Das **KfW-Darlehen** ist unabhängig vom Alter des Antragstellers – es gibt **keine Altersgrenze,** wie beispielsweise 80 Jahre. Die Beantragung erfolgt nicht direkt bei der KfW, sondern über eine **durchleitende Bank,** wie die Hausbank des Antragstellers. Diese prüft den Antrag und entscheidet über die Kreditvergabe, da sie für das Darlehen haftet. Dies kann in Einzelfällen zu Problemen führen, wenn Banken aus wirtschaftlichen Gründen (z.B. aufgrund als zu niedrig empfundener Provisionen) zögern, den Antrag weiterzuleiten.

Die **Kreditkonditionen** umfassen:

- Eine **anfängliche tilgungsfreie Zeit** von bis zu zwei Jahren, in der nur Zinsen gezahlt werden.
- Die Möglichkeit eines **endfälligen Darlehens:** Hierbei wird während der Laufzeit ausschließlich der Sollzins gezahlt, und die Rückzahlung des gesamten Darlehensbetrags erfolgt in einer Summe am Ende der Laufzeit.

! Eine endfällige Tilgung ist nur sinnvoll, wenn am Ende der Laufzeit – spätestens nach zehn Jahren – ein ausreichendes Vermögen zur Verfügung steht, um das Darlehen vollständig zurückzuzahlen. Dies könnte beispielsweise durch die garantierte Ablaufleistung einer Kapitallebensversicherung oder einer privaten Rentenversicherung sichergestellt werden.

4.4.3 Hinweise zur Antragstellung

Im Gegensatz zu vielen regionalen Wohnraumförderprogrammen ist die Vergabe von **KfW-Darlehen** nicht an ein **bestimmtes Haushaltseinkommen** gebunden. Jeder kann ein KfW-Darlehen beantragen und erhalten, wenn der Kauf, Bau bzw. die Sanierung den jeweiligen Förderbestimmungen entspricht und eine Bank bereit ist, das Projekt unter Berücksichtigung eines KfW-Kreditbausteins als Ganzes zu finanzieren.

! Wichtig ist, dass Sie mit dem Kauf, Bau oder der Sanierung erst beginnen dürfen, wenn Sie die Finanzierungszusage der KfW erhalten haben. Auch eine vorherige Auftragsvergabe ist nicht erlaubt – sonst riskieren Sie den Verlust der Förderung.

4.5 Policenverkauf und Policendarlehen

Bevor Sie einen Ratenkredit aufnehmen, sollten Sie prüfen, ob Sie noch eine **bestehende Kapitallebensversicherung oder private Rentenversicherung** zu Geld machen können, indem Sie diese verkaufen oder sich das Geld bis zur Höhe des Rückkaufswertes von Ihrem Versicherer oder einer Spezialbank leihen. Ein **Schufa-Eintrag** wie beim Ratenkredit ist bei Policendarlehen in aller Regel nicht erforderlich.

! Eine Kündigung der Versicherung ist auf keinen Fall zu empfehlen, da eine Sofortauszahlung durch den Versicherer nur zum aktuellen Rückkaufswert erfolgt, der möglicherweise unter der Summe der bisher gezahlten Beiträge liegt. Besser ist ein Verkauf der Police auf dem Zweitmarkt zu einem im Vergleich zum Rückkaufswert um 2 % bis 10 % höheren Verkaufspreis. Meist ist die Beleihung der Police bis zum aktuellen Rückkaufswert über eine darauf spezialisierte Bank noch besser als ein Verkauf, da der bestehende Versicherungsvertrag bis zum Ende der Laufzeit weiterläuft. Bei älteren Verträgen mit einer hohen Garantieverzinsung von noch 3 % machen Kündigung oder Verkauf wenig Sinn.

4.5.1 Policenverkauf bringt mehr Geld als eine Kündigung

Seit 1999 ist der Verkauf von kapitalbildenden Lebens- und Rentenversicherungen über den **Zweitmarkt** erlaubt. Da sich auf diesem Markt auch einige unseriöse Anbieter tummeln, sollte man grundsätzlich nur Firmen wählen, die Mitglieder im **Bundesverband Vermögensanlagen im Zweitmarkt Lebensversicherungen e.V.** (BVZL) sind.

Ein führender Anbieter ist die **Winninger AG.** Die Versicherungsmakler aus Hamburg kaufen die Policen zu Preisen, die mindestens 2,8 % über dem Rückkaufswert liegen. Je nach Police können es auch bis zu 10 % oder gar 15 % mehr sein. Die Auszahlung erfolgt in einer Summe und der Todesfallschutz bleibt trotz Verkauf erhalten.

Neben **Winninger** gehören auch **Policen Direkt** und Cash.life zu den BVZL-Mitgliedern. Beide Unternehmen bieten ebenfalls höhere Ankaufspreise als den Rückkaufswert an. Policen Direkt zahlt beispielsweise 2 % bis 7 % mehr, in Einzelfällen bis zu 15 %. Cash.life fokussiert sich auf klassische Kapitallebens- und Rentenversicherungen mit Mindest-Rückkaufswerten von etwa 10.000,– €.

4.5.2 Policendarlehen mit oft niedrigeren Zinsen als bei Ratenkrediten

Beim **Policendarlehen** leiht sich der Versicherungsnehmer praktisch das eigene Geld von seinem Versicherer oder einer Spezialbank. Ein solches Darlehen ist quasi Eigenkapitalersatz oder Vorauszahlung auf die spätere Ablaufleistung.

Ein **Schufa-Eintrag** wie beim Ratenkredit ist meist nicht erforderlich. Manchmal liegt der Zinssatz bei Spezialbanken, die Policendarlehen vergeben, unter 3 % und damit niedriger als bei Ratenkrediten. Allerdings können die Zinssätze je nach Anbieter auch höher liegen, zum Beispiel zwischen 3,99 % und 5,99 %, wenn sie direkt vom Versicherer stammen.

Außer Zinsen sind beim Policendarlehen keine laufenden Tilgungen zu zahlen, da die endfällige Tilgung bzw. Ablösung durch die Ablaufleistung der Lebens- oder Rentenversicherung auf einen Schlag erfolgt.

! Policen zu klassischen Kapitallebensversicherungen oder Rentenversicherungen mit Kapitalwahlrecht werden typischerweise zu 94 % bis 100 % des aktuellen Rückkaufswertes beliehen.

Bei fondsgebundenen Kapitallebens- und Rentenversicherungen liegt der Beleihungswert jedoch nur bei 60 % bis 65 % des Rückkaufswertes. Direktversicherungen zur Betriebsrente, Riester-Rentenversicherungen und Rürup-Rentenversicherungen können grundsätzlich nicht beliehen werden.

Die beliehene Kapitallebens- oder Rentenversicherung bleibt bis zum vertraglichen Ablaufdatum bestehen und dient mit dem aktuellen Rückkaufswert als Sicherheit für das Policendarlehen.

! Der vertraglich fixierte Garantiezins sowie die Steuervorteile bleiben ebenfalls bestehen. Laufende Beiträge können weitergezahlt werden, um die spätere Ablaufleistung zu erhöhen. Sie können den Vertrag aber auch beitragsfrei stellen.

4.6 Die Ratenkredite

Finanzielle Engpässe im Alter lassen sich auch durch Ratenkredite überbrücken. Dies bietet sich immer dann an, wenn weder eine beleihbare Immobilie noch eine beleihbare Lebens- oder Rentenversicherung vorhanden sind.

Ratenkredite unterscheiden sich von Hypothekendarlehen und Policendarlehen dadurch, dass sie immer in festen monatlichen Raten bis zum Ende der Laufzeit abgezahlt werden. Je geringer die Laufzeit des Ratenkredits, desto höher fällt die monatliche Belastung für Zins und Tilgung aus.

! Ratenkredite sind durchweg teurer als Hypothekendarlehen und Policendarlehen. Sie kosten aber immer deutlich weniger als die Dispositionskredite der Banken auf den Girokonten. Daher lohnt es sich meist, einen zu teuren Dispokredit durch einen Ratenkredit abzulösen.

Zwar gibt es auch **Rahmenkredite,** bei denen die Bank auf Dauer einen bestimmten Kreditrahmen einräumt, der dann flexibel genutzt werden kann. Dieser Rahmenkredit ist wiederum günstiger als ein

Dispokredit. Meist werden aber Rahmenkredite bis 25.000,– € nur an Arbeitnehmer vergeben, also nicht an Ruheständler. Zudem sind die Zinssätze variabel und wie bei Tagesgeldern nur für ein paar Monate festgeschrieben.

Wenn Hypotheken- und Policendarlehen sowie Dispo- und Rahmenkredite nicht infrage kommen, bleiben also nur noch Ratenkredite von Banken, sofern man von **Verwandtenkrediten** und sogenannten P2P-Krediten von fremden Privatpersonen einmal absieht.

4.6.1 Höhe und Laufzeit von Ratenkrediten

Die **Höhe der Ratenkredite** reicht beispielsweise von 2.000,– € bis zu 65.000,– € bei den Online-Banken DKB und SKG. Sogar Ratenkredite bis zu 100.000,– € können Sie bei den Online-Banken ING und SWK aufnehmen. Je höher der Ratenkredit, desto höher fällt bei gleicher Laufzeit die monatliche Rate für Zins und Tilgung aus.

Die Laufzeiten gehen typischerweise von zwölf Monaten bis zu höchstens 120 Monaten. Nach spätestens zehn Jahren muss der Ratenkredit also vollständig getilgt sein. Dabei gilt eine einfache Regel: je länger die Laufzeit, desto geringer die monatliche Rate bei gleicher Höhe des Kredits.

Geringe monatliche Raten sind bei niedrigen Kreditsummen und langen Laufzeiten zu erwarten. Umgekehrt fallen die monatlichen Raten bei hohen Kreditsummen und kurzen Laufzeiten besonders hoch aus.

4.6.2 Monatliche Rate selbst bestimmen

Ob Sie sich einen hohen Ratenkredit mit einer kurzen Laufzeit finanziell leisten können, hängt von der Höhe der monatlichen Rate für Zins und Tilgung ab.

! Am besten bestimmen Sie diese monatliche Rate selbst, indem Sie Ihr monatliches Budget aus Einnahmen und Ausgaben unter die Lupe nehmen.

Auf den **monatlichen Einnahmenüberschuss** kommt es an. Liegt dieser auf Dauer beispielsweise bei 500,– €, könnten Sie sich einen Ratenkredit mit einer monatlichen Rate bis zu 500,– € für Zins und Tilgung leisten. Übersteigen die monatlichen Einnahmen jedoch nur um 200,– € die monatlichen Ausgaben, sollte die monatliche Rate für den Ratenkredit auch bei maximal 200,– € gedeckelt werden.

Da **Ratenkredite** bis zum Ende der gewählten Laufzeit vollständig getilgt sein müssen, fällt die Hochrechnung bei gegebener monatlicher Rate und Laufzeit nicht schwer, sofern zunächst keine Zinskosten angenommen werden.

» Bei einer monatlichen Rate von 400,– € nur für die Tilgung und einer Laufzeit von fünf bzw. zehn Jahren errechnet sich ein Ratenkredit von 24.000,– € (= 400,– € × 60 Monate) bzw. 48.000,– € (= 400,– € × 120 Monate) ohne Berücksichtigung von Zinsen.

Die tatsächliche monatliche Rate für Zins und Tilgung wird deutlich höher als 400,– € ausfallen, da für die Ratenkredite Zinsen gezahlt werden müssen. Die Zinssätze für Ratenkredite sind höher als für Hypothekendarlehen und reichen von günstigstenfalls 3 % bis zu hohen 9 %. Bei einem Ratenkredit von 24.000,– € und einer fünfjährigen Laufzeit sind dann je nach Höhe des Sollzinssatzes monatliche Raten zwischen 430,71 € (bei 2,95 % Sollzins) und 494,01 € (bei 8,64 % Zins) fällig.

! Die Höhe des aktuellen Zinssatzes hängt vor allem von der Kreditwürdigkeit (Bonität) des Kreditnehmers ab, aber auch von der jeweiligen Bank. Kreditvergleiche zum Beispiel über die Internetportale Check24, Verivox oder Finanzcheck lohnen sich auf jeden Fall.

Im Beispielsfall mit Zinsen zwischen 2,95 % und 8,64 % Zins und monatlichen Raten zwischen 430,71 und 494,01 € macht der finanzielle Unterschied zwischen dem günstigsten und teuersten Angebot immerhin rund 3.800,– € im Laufe von fünf Jahren aus. Entweder sind insgesamt nur 25.843,– € zu zahlen oder 29.641,– € für einen Ratenkredit von 24.000,– €.

! Berechnungen zur monatlichen Rate lassen sich bequem im Internet über www.zinsen-berechnen.de erstellen. Geben Sie dort »Kreditrechner« ein und legen Sie Kredithöhe, Laufzeit und Zinssatz fest. Der Kreditrechner wirft dann die monatliche Rate für Zins und Tilgung aus. Sie können den Kreditrechner auch nutzen, um einen Kreditbetrag nach Vorgabe von monatlicher Rate, Zinssatz und Laufzeit zu ermitteln oder die Laufzeit bei Vorgaben von Kreditbetrag, monatlicher Rate und Zinssatz.

4.6.3 Bonitätsunabhängige und bonitätsabhängige Zinskonditionen

Um günstige Ratenkredite zu ermitteln, sollten Sie sich beim Vergleich immer am **Effektivzins** orientieren. Die einfache Regel lautet: je niedriger der Effektivzins, desto günstiger der Ratenkredit.

Zwei Arten von Zinskonditionen sind dabei zu unterscheiden.

- Es gibt **bonitätsunabhängige Ratenkredite** mit gleichem Effektivzins für alle kreditwürdigen Kunden. Dieser Effektivzins hängt dann nur noch von der gewählten Laufzeit ab.
- Bei **bonitätsabhängigen Ratenkrediten** hängt der Effektivzins von der Bonität des Kreditnehmers ab und bewegt sich in einer relativ breiten Zinsspanne von niedrigstem bis höchstem Effektivzins. Je besser die Bonität, desto geringer der Effektivzins.

Bei den **bonitätsabhängigen Zinskonditionen** gibt es eine breite Zinsspanne für den Effektivzins. Kredit- und Zinsvergleiche sind, da der tatsächliche Effektivzins bei solchen Ratenkrediten von der Bonität abhängt, nicht so leicht durchzuführen.

! Da sich die Zinskonditionen für Ratenkredite in Abhängigkeit vom allgemein steigenden bzw. fallenden Zinsniveau schnell und zuweilen auch stark ändern, handelt es sich bei den genannten Effektivzinsen nur um eine Momentaufnahme. Schon ein paar Wochen oder Tage später können die Effektivzinsen höher oder niedriger ausfallen. Außerdem wechseln nicht selten auch die Spitzenreiter mit den jeweils niedrigsten Effektivzinsen.

4.6.4 Ratenkredite für Rentner

Hohe Ratenkredite mit langen Laufzeiten und zu günstigen Zinsen sind für Ruheständler kaum möglich. Wer 75 Jahre oder älter ist, muss sich meist mit einem Ratenkredit bis zu 25.000,– € begnügen.

Spezielle **Rentner-Ratenkredite** gibt es ebenso wenig wie ein Maximalalter bei Beantragung des Kredits. Es kommt immer auf die Bonität des Rentners im Einzelfall und die Bank an. Um nicht von vornherein abgewiesen zu werden, empfehlen sich folgende Strategien:

- niedrigerer Ratenkredit (z.B. nur 20.000,– € statt 50.000,– €),
- kürzere Laufzeit (z.B. nur vier oder fünf statt acht oder zehn Jahre) und
- zweiter Kreditnehmer (z.B. deutlich jüngerer Ehepartner oder erwachsene Kinder).

4.6.5 Erwachsene Kinder als zweite Kreditnehmer oder Bürgen

Es ist nun mal so, dass bei der **Vergabe von Krediten an Senioren** vor allem deren **Alter und laufende Einkommen** (z.B. Höhe der monatlichen Rente oder Pension) zählen. Dass Rentner oder Pensionäre oftmals finanziell gut abgesichert sind und eventuell ein schuldenfreies Eigenheim besitzen, spielt bei Ratenkrediten nur eine untergeordnete Rolle.

Erwachsene Kinder (also Tochter oder Sohn) könnten dann in die Bresche springen und als zweite Kreditnehmer auftreten oder eine **Mitverbindlichkeitserklärung** zum Ratenkreditvertrag abgeben. Man sollte sie aber auf keinen Fall unter Druck setzen, sondern ihnen im Gegenzug die künftige Erbschaft durch Vorlage von Testament oder Erbvertrag in Aussicht stellen.

Die **selbstschuldnerische Bürgschaft** von erwachsenen Kindern ist ein zweischneidiges Schwert. In diesem Fall müssen Tochter oder Sohn bereits einspringen, wenn ihre Eltern die monatlichen Raten nicht mehr zahlen. Die Bank wird den Bürgen zwar akzeptieren, falls er über ein geregeltes und ausreichendes Einkommen verfügt. Allerdings sollte das erwachsene Kind bei einer Bürgschaft durch eine **Restschuldversicherung** abgesichert werden. Bei selbstschuldnerischen Bürgschaften ohne Restschuldversicherung gilt ansonsten das Prinzip: »Wer bürgt, wird erwürgt.«

! Nehmen Sie erwachsene Kinder als zweite Kreditnehmer oder Bürgen nur dann ins Boot, sofern die Bank einen Ratenkredit ansonsten ablehnt.

4.7 Kredite von Verwandten

Es kostet schon viel Überwindung, **Verwandte und nähere Angehörige** nach einem Privatkredit zu fragen. Diese werden das Alter des Kreditnehmers aber nicht überbewerten, da sie ihren eventuellen Kreditnehmer gut kennen und ihm in aller Regel zutrauen, den Kredit mit oder ohne Zinsen zurückzahlen zu können.

! Ein zinsloser Verwandtenkredit muss es nicht sein. Sie können beispielsweise Ihren erwachsenen Kindern einen Zinssatz vorschlagen, der über dem Zins für Festgelder und unter dem Zins für Ratenkredite liegt (z.B. 2 % bei einer Kreditlaufzeit von fünf Jahren). Auf jeden Fall sollte ein schriftlicher Kreditvertrag abgefasst werden, in dem die entscheidenden Punkte (Kredithöhe, Laufzeit, Zinssatz, monatliche Rate für Zins und Tilgung) aufgeführt sind. Die monatliche Rate lässt sich nach Eingabe von Kredithöhe, Laufzeit und Zinssatz leicht mit Kreditrechnern im Internet ermitteln. Möglicherweise können auch bestimmte **Sicherheiten** wie Schmuck, Bilder und Antiquitäten für den Fall der nicht vollständigen Rückzahlung des Verwandtenkredits vereinbart und zusätzlich im Kreditvertrag erwähnt werden.

4.8 P2P-Kredite von privat an privat

Wenn alle Stricke reißen und keine Kredite von Banken oder Verwandten zu bekommen sind, könnten sogenannte **P2P-Kredite** ein Ausweg sein. P2P-Kredite **(Peer-to-Peer-Kredite)** sind eine Form der Kreditvergabe, bei der Privatpersonen direkt Geld an andere Privatpersonen oder Unternehmen verleihen, ohne dass eine Bank als Vermittler beteiligt ist. Diese Darlehen werden über spezialisierte Online-Plattformen organisiert, die Kreditgeber und Kreditnehmer zusammenbringen.

Online-Kreditplattformen im Internet wie **Auxmoney** und **Smava** in Deutschland arbeiten mit Banken zusammen, die eine Vollbanklizenz haben. Kredite sind von 1.000,– € bis 50.000,– € über Auxmoney bzw. von 1.000,– € bis 120.000,– € über Smava möglich. Die Laufzeit der Kredite beträgt mindestens zwölf Monate und geht bis 84 Monate bei Auxmoney bzw. bis 144 Monate bei Smava.

Die P2P-Kredite sind **deutlich teurer** als Ratenkredite von der Bank. Die privaten Kreditgeber verlangen recht hohe Zinsen, da sie auch ein größeres Risiko eingehen. Schließlich müssen sie einkalkulieren, dass ihre Kreditnehmer von allen Banken bereits eine Absage bekommen haben und daher über eine geringe Bonität verfügen.

Eventuell gibt es auch eine **Altersbeschränkung** auf 65 Jahre bei Kreditanfragen. Dann scheiden P2P-Kredite für Senioren von vornherein aus.

! Nutzen Sie P2P-Kredite nur im absoluten Notfall und prüfen Sie zuvor alle Alternativen (z.B. Kreditgenossenschaften, Mikrokredite oder öffentliche Förderprogramme). Für Senioren sind sie aufgrund der Kosten und Altersgrenzen selten sinnvoll.

5 Versicherungstipps für Senioren: So optimieren Sie Ihre Versicherungen im Ruhestand

Mit dem **Eintritt in den Ruhestand** macht es Sinn, alle Versicherungen auf den Prüfstand zu stellen. Beiträge für eine abgeschlossene Berufsunfähigkeitsversicherung fallen nun weg. Eine **Rechtsschutzversicherung,** die auch Risiken im Zusammenhang mit dem Beruf absichert, ist entbehrlich.

Mit dem Eintritt in die Rente oder Pension endet häufig auch die Laufzeit von Versicherungen wie der **Risikolebensversicherung, Kapitallebensversicherung** oder **privaten Rentenversicherung.** Ein neuer Abschluss solcher Versicherungen zur Altersvorsorge ist aufgrund des fortgeschrittenen Alters in der Regel nicht mehr sinnvoll.

Unverzichtbar im Alter sind **Kranken- und Pflegeversicherung** sowie **Privathaftpflichtversicherung.** Eine Haftpflichtversicherung bei einem eigenen Auto ist gesetzlich Pflicht. Wer ein Eigenheim oder eine vermietete Wohnimmobilie besitzt, kommt an einer **Wohngebäudeversicherung** nicht vorbei. Diese sollte mit Blick auf die zunehmenden extremen Wetterereignisse auch eine **Elementarschadenversicherung** miteinschließen.

! Auch bei einer bestehenden Hausratversicherung sollte der Schutz gegen Elementarschäden (z.B. Hochwasser oder Sturm) enthalten sein. Fahrräder oder E-Bikes können entweder über die Hausratversicherung oder eine separate Fahrradversicherung abgesichert werden.

Alles, was über diese Versicherungen hinausgeht, kann im Alter entbehrlich sein.

! Diese Einschätzung gilt nur, wenn Sie die finanziellen Folgen selbst tragen können – sei es bei Pflegebedürftigkeit, einem Unfall in der Freizeit oder einem selbst verschuldeten Autounfall. In solchen Fällen sind eine private Pflegezusatzversicherung, eine private Unfallversicherung oder eine Vollkaskoversicherung für das Auto nicht zwingend notwendig.

Viele Senioren haben im Laufe ihres Lebens zahlreiche Versicherungen abgeschlossen und lassen diese im Alter einfach weiterlaufen. Das führt oft zu einer **Überversicherung,** die unnötig hohe Kosten verursacht. Ebenso wie überflüssige Policen – zum Beispiel eine **Insassenunfallversicherung, Glasversicherung** oder **Sterbegeldversicherung** – sollte auch eine Überversicherung vermieden werden.

Auch eine **Unterversicherung** kann teure Folgen haben. Wenn beispielsweise durch Feuer, Einbruchdiebstahl oder Starkregen ein großer Schaden am Wohngebäude oder Hausrat entsteht, der von der Wohngebäude- oder Hausratversicherung nicht oder nur teilweise abgedeckt ist, kann der Eigenanteil an den Reparaturkosten schnell eine hohe fünfstellige Summe erreichen.

! Um dieses Risiko zu vermeiden, ist ein vertraglicher Unterversicherungsverzicht sinnvoll. Zwar führt dies zu etwas höheren Versicherungsbeiträgen, aber im Schadenfall wird der volle Betrag erstattet – ohne prozentuale Kürzungen.

5.1 Muss-, Soll- und Kann-Versicherungen

Krankenversicherung, Pflegeversicherung und private Haftpflichtversicherung sowie Kfz-Haftpflichtversicherung für Autofahrer und Wohngebäudeversicherung für Eigenheimbesitzer sind existenznotwendige und unverzichtbare Versicherungen und können daher auch als **Muss-Versicherungen** bezeichnet werden.

Alles, was über diese Versicherungen hinausgeht, ist nicht existenznotwendig. Wer zusätzliche Risiken absichern und die Beiträge für solche Risikoversicherungen finanziell aufbringen kann, sollte oder kann dies tun. Zu empfehlenswerten **Soll-Versicherungen** zählen beispielsweise Krankenzusatzversicherung, Auslandsreisekrankenversicherung, private Pflegezusatzversicherung, private Unfallversicherung und Hausratversicherung.

Rechtsschutzversicherung und Reiserücktrittsversicherung sind **Kann-Versicherungen,** auf die im Alter auch verzichtet werden kann. Insassenunfallversicherung, Glasversicherung, Reisegepäckversicherung und Sterbegeldversicherung sind zu vermeiden, da sie oft zu Doppelversicherungen führen oder schlicht überflüssig sind.

Im Folgenden werden Muss-, Soll- und Kann-Versicherungen für Senioren auch unter steuerlichen Aspekten näher unter die Lupe genommen.

5.1.1 Muss-Versicherungen (existenznotwendig, unverzichtbar)

Krankenversicherung und Pflegeversicherung

Beiträge zur **Kranken- und Pflegeversicherung** zählen wie der Sachaufwand für Nahrung, Kleidung, Hygiene, Wohnung, Heizung und Hausrat nach dem wegweisenden Urteil des Bundesverfassungsgerichts vom 13.2.2008 (Az. 2 BvL 1/06) zum sogenannten **»sächlichen Existenzminimum«.** Sie sind steuerfrei zu stellen, was mit dem seit 1.1.2020 in Kraft getretenen Bürgerentlastungsgesetz auch geschehen ist.

! Seit dem Veranlagungszeitraum 2010 können Beiträge zur gesetzlichen oder privaten Kranken- und Pflegeversicherung vollständig steuerlich abgesetzt werden, sofern sie der Basisversorgung entsprechen. Dabei werden nur Leistungen berücksichtigt, die mit der Basisabsicherung der gesetzlichen Krankenversicherung vergleichbar sind. Zusatzleistungen wie Krankentagegeld oder Wahlleistungen bleiben steuerlich unberücksichtigt.

Für das Jahr 2025 beträgt der **steuerliche Grundfreibetrag** 12.096,– € für Alleinstehende und 24.192,– € für zusammen veranlagte Ehepaare. Dieser Freibetrag stellt sicher, dass das Existenzminimum steuerfrei bleibt. Zusätzlich zu diesem Grundfreibetrag können die Beiträge zur Kranken- und Pflegeversicherung in voller Höhe als Sonderausgaben geltend gemacht werden, sofern sie sich auf die Basisversorgung beschränken.

Privathaftpflicht- und Autohaftpflichtversicherung

Beiträge zur **Privathaftpflicht- und Autohaftpflichtversicherung** sind nur selten steuerlich abziehbar, da die Beiträge zur Kranken- und Pflegeversicherung in aller Regel den Höchstbetrag der sonstigen Vorsorgeaufwendungen von jährlich 1.900,– € für alleinstehende bzw. 3.800,– € für verheiratete Rentner oder Pensionäre bereits überschreiten.

Steuern zu sparen, ist aber nur ein Nebeneffekt. Versicherungen zu vermeiden, nur weil dazu gezahlte Beiträge nicht steuerlich absetzbar sind, macht keinen Sinn. Bei Kraftfahrzeugen ist im Übrigen eine Haftpflichtversicherung gesetzlich vorgeschrieben. Dies ist zwar bei der **Privathaftpflichtversicherung** nicht der Fall. Dennoch stellt sie wegen der existenzbedrohenden Risiken durch einen Schaden, den man Dritten zufügt, eine Muss-Versicherung dar.

Wohngebäudeversicherung

Den Abschluss einer **Wohngebäudeversicherung** verlangt jede Bank oder Bausparkasse zur Absicherung bei der Vergabe von Hypothekendarlehen. Auch wenn ein Eigenheim oder eine vermietete Wohnimmobilie komplett aus eigenen Mitteln finanziert wird oder im Alter schuldenfrei ist, stellt die Wohngebäudeversicherung ein unbedingtes Muss dar. Beiträge zur Wohngebäudeversicherung sind nur für vermietete Wohnimmobilien unter Werbungskosten aus Vermietung und Verpachtung steuerlich abziehbar. Da aber die

Beiträge wie üblich auf die Mieter umgelegt werden und diese Umlagen für Betriebskosten dann als Einnahmen aus Vermietung und Verpachtung zählen, heben sich die beiden Posten steuerlich wieder auf. Nur bei vorübergehend leer stehenden Wohnungen schlagen dann die Beiträge zur Wohngebäudeversicherung steuerlich voll zu Buche.

5.1.2 Soll-Versicherungen (sinnvoll, wichtig, empfehlenswert)

Krankheit, Pflegebedürftigkeit und Freizeitunfall gehören gerade bei Senioren zu den Risiken, die häufig zu besonders hohen Kosten führen. Daher sollten Ruheständler ergänzend zum Basisschutz in der Kranken- und Pflegeversicherung noch Beiträge zur **Auslandsreisekrankenversicherung, Krankenhauszusatzversicherung und Zahnzusatzversicherung** sowie eventuell auch für eine **private Unfallversicherung** leisten.

Die **private Pflegezusatzversicherung** in Form der **Pflegetagegeldversicherung** ist trotz der zuletzt stark gestiegenen Beiträge zu empfehlen, wenn das finanzielle Budget dies noch zulässt. Falls dies nicht möglich ist, sollte der hohe Eigenanteil für Verpflegungs- und Unterbringungskosten im Pflegeheim durch Entnahme von Vermögen gedeckt werden, um nicht auf finanzielle Hilfe vom Sozialamt angewiesen zu sein.

Beiträge für diese zusätzlichen Kranken- und Pflegeversicherungen sind grundsätzlich unter **sonstigen Vorsorgeaufwendungen** bis zu einem Höchstbetrag von 1.900,– € bei Alleinstehenden bzw. 3.800,– € bei Ehepaaren steuerlich abzugsfähig.

! Liegen die Beiträge zur gesetzlichen Kranken-/Pflegeversicherung bereits über dieser Grenze, ist kein weiterer Steuerabzug möglich.

Auch Senioren sollten eine **Hausratversicherung** haben, die Schäden beispielsweise bei Einbruchdiebstahl oder Feuer abdeckt. Wie bei der Wohngebäudeversicherung sollte darin auch eine **Elementarschadenversicherung** bei Starkregen, Überschwemmung und Rückstau enthalten sein. Beiträge zur Hausratversicherung sind grundsätzlich nicht steuerlich absetzbar.

Eine **Kfz-Vollversicherung** empfiehlt sich bei Neuwagen oder gebrauchten Autos, die nicht älter als fünf Jahre sind. Dies gilt vor allem dann, wenn der Anschaffungspreis für das neue oder gebrauchte Auto sehr hoch ist oder war.

5.1.3 Kann-Versicherungen (je nach Bedarf)

Es gibt noch eine Fülle von anderen Versicherungen, die Senioren abschließen können. Da finanzielle Verluste im Schadenfall aber auch ohne Abschluss dieser Kann-Versicherungen aus eigenen Mitteln getragen werden können, sind sie nicht existenznotwendig und steuerlich auch nicht unter sonstigen Vorsorgeaufwendungen abziehbar. Die laufende Beitragsersparnis liegt zudem häufig über den selbst aufzubringenden Kosten.

Zu diesen Kann-Versicherungen zählt etwa eine **Kfz-Vollkaskoversicherung** für ältere Autos, eine **Rechtsschutzversicherung** für Kraftfahrzeuge und ver- bzw. angemietete Wohnungen sowie eine **Reiserücktrittskostenversicherung.**

! Entbehrlich sind aber Reisegepäckversicherung, Insassenunfallversicherung und Glasversicherung, da eine entsprechende Absicherung fast immer bereits über die Hausratversicherung oder Autohaftpflichtversicherung erfolgt. Auch eine Sterbegeldversicherung ist überflüssig, wenn spätere Erben die Bestattungskosten ohne Weiteres aus dem Nachlass bestreiten können.

5.2 Krankenversicherung und Pflegeversicherung

Eine Krankenversicherung ist für die Altersgruppe 65plus die wichtigste Versicherung überhaupt. Sie wird in der Ruhestandsphase noch wichtiger als vorher, da die gesundheitlichen Beschwerden und Erkrankungen im Alter erfahrungsgemäß zunehmen. Andererseits werden Rentner und Pensionäre bestrebt sein, die Krankenkassenbeiträge im Alter auch finanziell aufbringen zu können.

5.2.1 Gesetzliche Krankenversicherung oder private Krankenversicherung

Gesetzlich krankenversicherte Rentner, die in der **Krankenversicherung der Rentner** (KVdR) pflichtversichert sind, unterschätzen häufig die Sozialabgaben im Alter. Sie gehen oft davon aus, dass sie nur den halben Beitrag zur gesetzlichen Krankenversicherung in Höhe von zurzeit 8,55 % (einschließlich durchschnittlichem Zusatzbeitrag von 1,25 %) ihrer Renten zu zahlen haben. Dies trifft aber nur für die gesetzliche Rente zu. Liegt diese zum Beispiel bei 2.000,– € brutto, macht der Beitrag zur gesetzlichen Krankenversicherung 171,– € aus.

Bei **Betriebsrenten** ist der volle Beitragssatz von 17,1 % (einschließlich vollem Zusatzbeitrag von 2,6 %) zu zahlen. Zwar gibt es im Jahr 2025 einen Freibetrag von monatlich 187,25 €, sodass der volle Beitragssatz nur auf den darüberliegenden Teil der Betriebsrente anfällt. Bei einer monatlichen Betriebsrente von beispielsweise 500,– € brutto im Monat liegt der Krankenversicherungsbeitrag aber noch bei 53,44 €.

Übernimmt der Rentner einen Minijob in 2025 bis zu einem Verdienst von monatlich 556,– € und beantragt die Versicherungsfreiheit, bleibt dieser Minijob-Lohn sozialabgabenfrei und im Übrigen auch steuerfrei. Der Rentner mit Minijob erhält demnach 556,– € brutto für netto ausgezahlt und muss dies nicht in seiner Einkommensteuererklärung angeben.

Für **freiwillig gesetzlich Krankenversicherte** gelten zunächst die gleichen Beitragssätze. Wer als Rentner statt in der KVdR freiwillig in der gesetzlichen Krankenkasse versichert ist, erhält wie der privat krankenversicherte Rentner auf Antrag einen Zuschuss zur gesetzlichen Krankenkasse in Höhe von 7,95 % der gesetzlichen Rente. Dadurch stellt er sich zumindest bei der gesetzlichen Rente nicht schlechter als ein in der KVdR pflichtversicherter Rentner.

Jedoch lauern für rund 500.000 Rentner, die in der **gesetzlichen Krankenkasse freiwillig versichert sind,** an anderer Stelle viel größere Gefahren. Laut dem für die gesetzliche Krankenversicherung geltenden Fünften Sozialgesetzbuch werden bei freiwillig krankenversicherten Rentnern **alle für den Lebensunterhalt zur Verfügung stehenden Einnahmen herangezogen.** Dazu zählen also außer der gesetzlichen Rente auch private Renten wie die Riester-Rente oder Rürup-Rente sowie auch alle zusätzlichen Einkünfte aus Kapitalvermögen und Vermietung (also beispielsweise Zins- und Mieteinkünfte) und eventuelle Arbeitseinkommen.

Es lohnt sich also, die **freiwillige Mitgliedschaft** in der gesetzlichen Krankenversicherung zu vermeiden. Voraussetzung dafür ist, dass in der zweiten Hälfte des Berufslebens mindestens 90 % (9/10-Regelung) der Zeit auf die Mitgliedschaft in der gesetzlichen Krankenversicherung entfallen (sog. **Vorversicherungszeit**). Darauf, ob man pflichtversichert, freiwillig versichert oder familienversichert war, kommt es nicht an. Im Umkehrschluss heißt dies: Wer in mehr als 10 % der Vorversicherungszeit privat krankenversichert oder wegen eines längeren Auslandsaufenthalts gar nicht krankenversichert war, wird als Rentner freiwillig in der gesetzlichen Krankenversicherung versichert.

! Seit dem 1.8.2017 gibt es Hoffnung für Rentner, die in der gesetzlichen Krankenkasse freiwillig versichert sind. Sofern sie Kinder haben, können sie auch noch nachträglich in die Pflichtversicherung der Rentner (KVdR) wechseln, wenn sie die 9/10-Regelung unter Einbeziehung der Mitgliedszeiten für ihre Kinder doch noch erreichen.

Bei **freiwilligen Mitgliedern** der gesetzlichen Krankenversicherung kommt es nach der geltenden Gesetzeslage auf die gesamte wirtschaftliche Leistungsfähigkeit an. Dabei können sogar die Einnahmen des Ehepartners, sofern dieser nicht gesetzlich krankenversichert ist (z.B. Beamte oder Pensionäre), höchstens bis zur halben Beitragsbemessungsgrenze in der gesetzlichen Krankenversicherung beitragspflichtig werden.

Die Obergrenze und damit der **Höchstbeitrag zur gesetzlichen Krankenversicherung** (GKV) für **freiwillige Mitglieder** im Jahr 2025 liegt bei 1.174,16 € pro Monat. Dieser Betrag gilt für Versicherte ohne Kinder und berücksichtigt die folgenden Faktoren:

- **Beitragsbemessungsgrenze:** Diese wurde 2025 auf 5.512,50 € monatlich bzw. 66.150,– € jährlich angehoben. Einkommen oberhalb dieser Grenze bleibt beitragsfrei.
- **Beitragssätze:** Der allgemeine Beitragssatz zur Krankenversicherung beträgt 14,6 % zuzüglich eines kassenindividuellen Zusatzbeitrags von durchschnittlich 2,5 %. In der Pflegeversicherung liegt der Beitragssatz bei 3,6 %, wobei Kinderlose ab 23 Jahren einen Zuschlag von 0,6 % zahlen müssen, wodurch sich ihr Beitrag auf 4,2 % erhöht. Eltern profitieren von Beitragsabschlägen in der Pflegeversicherung: Ab dem zweiten Kind reduziert sich der Beitragssatz um 0,25 % pro Kind, maximal jedoch um 1 % (für Eltern mit fünf oder mehr Kindern).

Für **Versicherte mit Kindern** liegt der Höchstbeitrag zur GKV im Jahr 2025 etwas niedriger bei 1.141,09 € pro Monat.

Alterseinkünfte von versicherungspflichtigen und freiwillig versicherten Mitgliedern der gesetzlichen Krankenversicherung werden in der folgenden **Reihenfolge zur Beitragsbemessung** herangezogen:

Gesetzliche Rente

+ **Versorgungsbezüge** (Betriebsrenten, Zusatzrenten im öffentlichen Dienst, Renten aus der berufsständischen Versorgung, Ruhegehälter von Beamten) und

+	**Arbeitseinkommen** (Löhne und Gehälter aus nichtselbstständiger Tätigkeit oder Gewinne aus unternehmerischer Tätigkeit)
=	**beitragspflichtige Einnahmen von versicherungspflichtigen Rentnern**
+	**sonstige Einnahmen** gemäß gesamter wirtschaftlicher Leistungsfähigkeit
=	**beitragspflichtige Einnahmen von freiwillig versicherten Rentnern**

Zu den **sonstigen Einnahmen** zählen alle Einnahmen, die die wirtschaftliche Leistungsfähigkeit des freiwilligen Mitglieds bestimmen. Laut **Rundschreiben des GKV-Verbandes** sind dies alle Einnahmen und Geldmittel, die für den Lebensunterhalt verbraucht werden oder verbraucht werden können, ohne Rücksicht auf ihre steuerliche Behandlung.

Daher müssen freiwillig in der gesetzlichen Krankenkasse versicherte Rentner **Beiträge auf folgende zusätzliche Alterseinkünfte** zahlen:

- **Sonstige Renten aus privater Altersvorsorge** (Riester-Rente, Rürup-Rente oder Privatrente aus privater Rentenversicherung).
- **Einkünfte aus Vermietung und Verpachtung** (Überschuss der Mieteinnahmen über die Werbungskosten).
- **Einkünfte aus Kapitalvermögen** (etwa Zins- und Dividendeneinkünfte).
- **Einkommen des Ehegatten oder Lebenspartners** bis zur Hälfte und höchstens bis zu 2.175,– €, sofern diese nicht der gesetzlichen Krankenkasse angehören.

Nur wenn die **Beitragsbemessungsgrenze** in der gesetzlichen Krankenversicherung von monatlich 5.512,50 € im Jahr 2025 bei freiwillig versicherten Mitgliedern beispielsweise durch die Summe von gesetzlicher Rente, Betriebsrente sowie Miet- und Zinseinkünfte erreicht ist, werden auf zusätzliche Renten aus der privaten Altersvorsorge (z.B. Riester-Rente) keine Kranken- und Pflegekassenbeiträge fällig.

Sofern die Rürup-Rente und/oder Privatrente aus der privaten Rentenversicherung zusammen mit anderen Alterseinkünften (z.B. gesetzliche Rente, Betriebs- bzw. Zusatzrente und Mieteinkünfte) unter dieser Beitragsbemessungsgrenze bleibt, muss der freiwillig gesetzlich krankenversicherte Rentner auch auf diese Renten Beiträge von 15,3 % zur gesetzlichen Krankenversicherung zahlen.

! Privat krankenversicherte Rentner können von der gesetzlichen Rentenversicherung einen Zuschuss zu ihren Krankenversicherungsbeiträgen beantragen. Dieser Zuschuss beträgt 50 % des allgemeinen Beitragssatzes der gesetzlichen Krankenversicherung (14,6 %) sowie 50 % des durchschnittlichen Zusatzbeitragssatzes. Für das Jahr 2025 ergibt sich daraus ein Zuschuss von 8,55 % der Bruttorente (14,6 % + 2,5 % = 17,1 %, davon die Hälfte = 8,55 %).

Bei privat krankenversicherten Rentnern, die nicht wie Beamtenpensionäre eine Beihilfe bis zu 70 % der Krankheitskosten erhalten und daher den Beitrag zur privaten Krankenkasse vollständig aus eigenen Mitteln aufbringen, ist dieser Zuschuss aber nur ein Tropfen auf den heißen Stein. Zu diesen privat krankenversicherten Rentnern zählen vor allem frühere Angestellte mit ehemals hohen Gehältern, die nach Überschreiten der Versicherungspflichtgrenze bei der gesetzlichen Krankenversicherung in die private Krankenkasse gewechselt sind.

Im Alter liegen ihre Beiträge zur privaten Krankenversicherung (PKV) meist bei über 600,– €. Sofern ihnen die Rückkehr zur gesetzlichen Krankenversicherung versperrt ist und sie der hohe PKV-Beitrag finanziell überfordert, bleiben nur die Möglichkeit zu einem Tarifwechsel innerhalb der privaten Krankenkasse oder der Übergang zu einem Standard- oder Basistarif, der ihnen dann nur Leistungen wie in der gesetzlichen Krankenversicherung gewährt.

5.2.2 Krankenhauszusatzversicherung und Zahnzusatzversicherung

Gesetzlich Krankenversicherte in Deutschland erhalten durch ihre Krankenversicherung eine solide **Grundversorgung,** die jedoch auf das medizinisch Notwendige beschränkt ist. Wer über diesen Basis-

Schutz hinausgehende Leistungen wünscht, kann eine **private Krankenzusatzversicherung** abschließen. Diese Zusatzversicherungen bieten eine Vielzahl an Vorteilen und decken Kosten, die von der gesetzlichen Krankenversicherung (GKV) nicht übernommen werden.

Eine **Zahnzusatzversicherung** übernimmt Kosten für hochwertigen Zahnersatz, Kronen, Implantate oder professionelle Zahnreinigungen, die über den Festzuschuss der gesetzlichen Krankenversicherung hinausgehen. Je nach Tarif können bis zu 100 % der Kosten erstattet werden.

5.2.3 Auslandsreisekrankenversicherung

Die gesetzliche Krankenversicherung übernimmt die Kosten für **medizinische Behandlungen im Ausland** nur unter bestimmten Voraussetzungen. **Innerhalb der Europäischen Union** (EU) sowie in **Ländern mit Sozialversicherungsabkommen** werden die Kosten in der Regel bis zur Höhe erstattet, die auch in Deutschland üblich wäre. Allerdings können Selbstbeteiligungen oder zusätzliche Kosten, wie höhere Behandlungspreise im Ausland, anfallen. Für Länder außerhalb der EU oder ohne Sozialversicherungsabkommen übernimmt die gesetzliche Krankenversicherung grundsätzlich keine Behandlungskosten.

! Eine Auslandsreisekrankenversicherung bietet hier umfassenden Schutz. Sie deckt nicht nur die Kosten für notwendige medizinische Behandlungen während des Auslandsaufenthalts, sondern übernimmt auch den medizinisch sinnvollen oder notwendigen Rücktransport nach Deutschland, der von der gesetzlichen Krankenversicherung nicht bezahlt wird. Diese Versicherung ist eine kostengünstige Möglichkeit, um sich im Ausland vor hohen finanziellen Belastungen im Krankheitsfall zu schützen.

5.2.4 Gesetzliche Pflegeversicherung und private Pflegepflichtversicherung

Der allgemeine Beitragssatz zur gesetzlichen Pflegeversicherung wurde ab dem 1.1.2025 auf 3,6 % angehoben. Kinderlose zahlen zusätzlich einen Zuschlag von 0,6 %, was einen Gesamtbeitragssatz von 4,2 % ergibt. Für Eltern mit Kindern reduziert sich der Beitragssatz je nach Kinderzahl: Ab zwei Kindern beträgt er beispielsweise 3,35 %.

Die **Beiträge für privat Pflegeversicherte** orientieren sich am gewählten Tarif und dem Familienstand. Sie können höher oder niedriger ausfallen als in der gesetzlichen Pflegeversicherung. Die konkreten Beitragssätze werden individuell kalkuliert und sind nicht pauschal vergleichbar.

5.2.5 Private Pflegezusatzversicherung

Die gesetzliche Pflegeversicherung übernimmt im Pflegefall nur die direkten Pflegekosten (z.B. Betreuung, medizinische Versorgung). Nicht abgedeckt sind jedoch:

- Verpflegung (Essen, Getränke),
- Unterkunft (Miete im Pflegeheim),
- Investitionskosten (z.B. Gebäudeinstandhaltung).

Der **durchschnittliche Eigenanteil für einen Pflegeheimplatz** beträgt bundesweit im ersten Jahr über 2.600,– € pro Monat.

Wenn ein Pflegebedürftiger oder dessen Ehepartner die Pflegekosten nicht aus dem eigenen Einkommen bezahlen können und kein ausreichendes Vermögen vorhanden ist, springt das **Sozialamt** ein. Bevor es jedoch zur Kostenübernahme kommt, prüft das Amt genau die finanzielle Situation des Pflegebedürftigen und des Ehepartners.

Es gibt einen **Schonbetrag** von 10.000,– € für Alleinstehende und 20.000,– € für Ehepaare, der nicht angetastet wird. Eine selbstgenutzte Immobilie zählt in der Regel zum Schonvermögen und muss nicht verkauft werden, solange der Ehepartner darin wohnt.

! Wer vermeiden will, dass im Pflegefall Einkommen und Vermögen zur Deckung des Eigenanteils eingesetzt werden, kann sich über die gesetzliche Pflichtversicherung bzw. private Pflegepflichtversicherung hinaus versichern. Die Beiträge für eine solche private Pflegezusatzversicherung (Pflegetagegeld-, Pflegekosten- oder Pflegerentenversicherung) sind aber relativ hoch und hängen insbesondere vom Eintrittsalter und den gewählten Leistungen ab.

5.3 Privathaftpflicht-, Unfall- und Risikolebensversicherung

Zu den **Personenversicherungen,** die Versicherungsschutz bei selbst verursachten Schäden, Freizeitunfällen und im Todesfall gewähren, zählen die Privathaftpflicht-, private Unfall- und Risikolebensversicherung. Von einer Sterbegeldversicherung ist abzuraten, da sie überflüssig und zudem zu teuer ist.

5.3.1 Die private Haftpflichtversicherung

Die private Haftpflichtversicherung ist zwar keine gesetzlich vorgeschriebene Pflichtversicherung, wird aber von Experten als eine der wichtigsten freiwilligen Versicherungen angesehen. Laut einer aktuellen Studie des **Gesamtverbands der Deutschen Versicherungswirtschaft** (GDV) haben etwa 83 % der Haushalte in Deutschland eine private Haftpflichtversicherung abgeschlossen.

Während früher eine **Deckungssumme** von zehn Millionen Euro als ausreichend galt, empfehlen Experten heute höhere Summen:

- Mindestens 50 Millionen Euro pauschal für Personen-, Sach- und Vermögensschäden.
- Einige Versicherer bieten sogar Deckungssummen von bis zu 100 Millionen Euro an.

Für eine gute Absicherung reicht ein **Jahresbeitrag** zwischen 40,– € und 60,– € aus.

5.3.2 Die private Unfallversicherung

Bei nicht mehr erwerbstätigen Personen im Ruhestand entfällt der Schutz durch die **gesetzliche Unfallversicherung,** da diese ausschließlich **Arbeitsunfälle** und arbeitsbezogene **Wegeunfälle** abdeckt. Freizeitunfälle sind in diesem Rahmen nicht versichert, weshalb sich Senioren oft für eine private Unfallversicherung entscheiden, um sich finanziell gegen die Folgen solcher Unfälle abzusichern.

Etwa ein Drittel der Bundesbürger besitzt eine private Unfallversicherung. Für Versicherer ist dies ein lukratives Geschäft, da sie oft weniger als 60 % der Beitragseinnahmen für Leistungen aufwenden müssen; bei einigen großen Anbietern liegt die Schadenquote sogar unter 50 %.

Die Hauptleistung der privaten Unfallversicherung ist die **einmalige Kapitalzahlung bei Invalidität.** Alternativ oder ergänzend kann ab einem Invaliditätsgrad von 50 % eine **Unfallrente** vereinbart werden. Bei älteren Tarifen wird die Kapitalleistung ab dem 65. Lebensjahr häufig automatisch in eine **lebenslange Unfallrente** umgewandelt.

! Eine gern angebotene Unfallversicherung mit Beitragsrückgewähr als Kombination von Unfall- und Lebensversicherung ist viel zu teuer und überflüssig. Für ältere Menschen kann es sinnvoll sein, eine Kapitalzahlung bei typischen Verletzungen wie einem Oberschenkelhalsbruch in den Versicherungsschutz einzuschließen. Solche Leistungen können helfen, die finanziellen Belastungen durch notwendige medizinische Behandlungen oder Anpassungen im Alltag zu mildern. Die Leistungen und Konditionen zwischen verschiedenen Anbietern variieren deutlich. Eine sorgfältige Prüfung der individuellen Bedürfnisse und ein Vergleich verschiedener Angebote sind daher unerlässlich, um den für Sie passenden Versicherungsschutz zu finden.

5.3.3 Die Risikolebensversicherung und Kapitallebensversicherung

Die Risikolebensversicherung und die Kapitallebensversicherung klingen zwar ähnlich, sind aber völlig verschieden. Die **Risikolebensversicherung** (in Österreich auch »**Todesfallversicherung**« oder »**Ablebensversicherung**« genannt) soll einzig und allein die finanziellen Risiken im Todesfall des Versicherten decken. Geld gibt es nicht zurück, sofern der Versicherte am Ende der Versicherungslaufzeit noch lebt.

Ganz anders funktioniert die **Kapitallebensversicherung.** Sie wird in Deutschland zuweilen auch als »gemischte Lebensversicherung« bezeichnet, da sie die finanzielle Absicherung im Todesfall des Versicherten mit einer Geldanlage im Erlebensfall verbindet. In Österreich spricht man daher auch von »**Erlebensfallversicherung**«, da die erwartete Ablaufleistung im Erlebensfall eindeutig im Vordergrund steht.

! Der Abschluss einer Kapitallebensversicherung im fortgeschrittenen Alter ist aufgrund des niedrigen Garantiezinses wirtschaftlich wenig sinnvoll. Die Ablaufleistung nach zwölf Jahren wird voraussichtlich geringer sein als die eingezahlten Beiträge.

Die **Risikolebensversicherung** dient hingegen dazu, Angehörige oder Lebensgefährten im Falle des eigenen Todes finanziell abzusichern. Sie ist also de facto eine Todesfallabsicherung für hinterbliebene Ehepartner, Lebensgefährten oder Kinder. Für Senioren liegt das Höchsteintrittsalter je nach Anbieter zwischen 65 und 75 Jahren. Die maximale Laufzeit endet meist zwischen dem 75. und 85. Lebensjahr.

! Die beste Lösung für Senioren-Ehepaare ist eine Überkreuz-Versicherung. Bei der Risikolebensversicherung A ist beispielsweise die Ehefrau sowohl Versicherungsnehmerin als auch Bezugsberechtigte und ihr Ehemann Versicherter. Hingegen ist es bei der Risikolebensversicherung B genau umgekehrt, da nun der Ehemann als Versicherungsnehmer und Bezugsberechtigter fungiert, während seine Ehefrau die versicherte Person ist. Vorteil dieser Überkreuz-Risikopolice: Beide Eheleute werden im Todesfall finanziell abgesichert und die Kapitalleistungen im Todesfall sind jeweils erbschaftsteuerfrei, da sie nicht zum Nachlass zählen. Solche Überkreuz-Verträge sind völlig legal und stellen keinen Missbrauch von Gestaltungsmöglichkeiten dar. Es empfiehlt sich jedoch, die individuelle Situation genau zu prüfen und gegebenenfalls professionelle Beratung in Anspruch zu nehmen, um die optimale Absicherungsstrategie zu finden.

5.3.4 Die Sterbegeldversicherung

In Deutschland besteht eine gesetzliche **Bestattungspflicht,** deren Kosten meist von Angehörigen getragen werden. Zur finanziellen Absicherung wird gerne eine Sterbegeldversicherung angeboten, die im Todesfall eine festgelegte Summe zur Kostendeckung auszahlt.

Die Versicherung zahlt bei Tod der versicherten Person eine Kapitalsumme (meist 5.000,– € bis 15.000,– €) an einen vorher festgelegten Bezugsberechtigten. Diese Leistung dient primär der Finanzierung von:

- Bestattungsart (Erd- oder Feuerbestattung),
- Sarg/Urne und Grabstein,
- Trauerfeier und Friedhofsgebühren.

Eine Sterbegeldversicherung erweist sich jedoch in den meisten Fällen als wenig empfehlenswert:

- **Ungünstiges Kosten-Nutzen-Verhältnis:** Versicherte zahlen oft deutlich mehr ein, als später an die Hinterbliebenen ausgezahlt wird.
- **Zweckentfremdung möglich:** Die Versicherungssumme ist nicht zweckgebunden. Begünstigte können frei darüber verfügen und sind nicht verpflichtet, die Bestattungswünsche des Verstorbenen zu erfüllen.

- **Inflationsrisiko:** Durch steigende Bestattungskosten kann die vereinbarte Versicherungssumme zum Zeitpunkt des Todes möglicherweise nicht mehr ausreichen.
- **Eingeschränkte Flexibilität:** Bei vielen Tarifen ohne Gesundheitsprüfung gibt es lange Wartezeiten. Verstirbt der Versicherte in dieser Zeit, wird oft nur das eingezahlte Kapital zurückerstattet.

Eine Alternative zur Sterbegeldversicherung ist der Abschluss eines **Bestattungsvorsorgevertrags.** Dies ist eine rechtlich bindende Vereinbarung zwischen einer Person und einem **Bestattungsunternehmen,** die zu Lebzeiten abgeschlossen wird. Er dient dazu, individuelle Wünsche für die eigene Bestattung festzulegen und gleichzeitig die finanziellen Kosten abzusichern.

Die Hauptmerkmale des Vertrags:

- **Individuelle Gestaltung:** Sie legen Art der Bestattung (Erd- oder Feuerbestattung), Ort der Beisetzung, Ablauf der Trauerfeier, Musikwünsche und Blumenschmuck detailliert fest.
- **Finanzielle Absicherung:** Die Kosten werden über ein Treuhandkonto oder direkte Vorauszahlungen gesichert, um Hinterbliebene nicht zu belasten.
- **Rechtliche Verbindlichkeit:** Der Vertrag besitzt eine »**transmortale Wirkung**« – er bleibt auch nach dem Tod des Vertragspartners gültig und muss vom Bestatter umgesetzt werden.

! Achten Sie auf die Unterschiede zwischen einer Bestattungsverfügung und einem Bestattungsvorsorgevertrag. Eine Bestattungsverfügung ist eine schriftliche Willenserklärung, die die persönlichen Wünsche zur Bestattung festhält, aber keine finanzielle Vorsorge trifft. Sie ist für Angehörige zwar bindend, sofern die Wünsche verhältnismäßig sind, garantiert jedoch nicht deren Umsetzung, wenn der Nachlass nicht ausreicht. Ein Bestattungsvorsorgevertrag hingegen ist ein rechtlich bindender Vertrag mit einem Bestattungsunternehmen, der sowohl die organisatorischen Details als auch die finanzielle Absicherung der Bestattung regelt. Er garantiert die Deckung der Kosten unabhängig vom Nachlass, da die Mittel oft über Treuhandkonten gesichert werden.

5.4 Die Kfz-Haftpflichtversicherung

Die gesetzliche Kfz-Haftpflichtversicherung ist für alle Fahrzeughalter verpflichtend. Sie deckt Schäden an Dritten ab, wobei die **Mindestdeckungssummen** 7,5 Millionen Euro für Personenschäden, 1,22 Millionen Euro für Sachschäden und 50.000,– € für Vermögensschäden betragen.

! Ratsam ist jedoch eine pauschale Deckungssumme von 100 Millionen Euro, da schwere Unfälle mit mehreren Geschädigten die gesetzlichen Mindestbeträge schnell übersteigen können.

Neben der Pflichtversicherung gibt es freiwillige Zusatzversicherungen. Die **Vollkaskoversicherung** wird für Neuwagen und Fahrzeuge bis ca. fünf Jahre empfohlen. Sie deckt selbst verschuldete Schäden am eigenen Fahrzeug, wie Parkunfälle, sowie Diebstahl, Naturereignisse und Vandalismus ab. Zudem enthält sie automatisch den Schutz der Teilkasko.

Die **Teilkaskoversicherung** ist besonders für ältere Fahrzeuge sinnvoll. Sie übernimmt Schäden durch Diebstahl, Naturereignisse wie Hagel, Sturm oder Überschwemmung sowie Tierkontakte, beispielsweise bei Wildunfällen oder Marderbissen. Für viele Autobesitzer stellt sie einen guten Kompromiss zwischen Kosten und Leistung dar.

! Die Höhe der Versicherungsbeiträge hängt von verschiedenen Faktoren ab. Dazu gehören der Fahrzeugtyp und -wert, die jährliche Fahrleistung, das Alter des Halters sowie die Schadenfreiheitsklasse. Die Beitragsunterschiede zwischen den Versicherern können erheblich sein, weshalb sich ein jährlicher Vergleich lohnt.

Eine **Insassenunfallversicherung** wird von Verbraucherschützern als meist überflüssig eingestuft. Der Grund dafür ist, dass bei fremdverschuldeten Unfällen die Kfz-Haftpflicht des Verursachers haftet. Bei eigenem Verschulden springt die eigene Haftpflicht für Insassenschäden ein. Für zusätzlichen Schutz ist eine private Unfallversicherung in der Regel sinnvoller.

5.5 Die Wohngebäudeversicherung

Als Eigentümer von Wohnimmobilien stellt die **Wohngebäudeversicherung** eine unverzichtbare Basisabsicherung dar. Kreditinstitute fordern diesen Schutz regelmäßig bei der Vergabe von Hypothekendarlehen, da er die Werthaltigkeit der beleihungsrelevanten Substanz sichert. Die Police deckt Schäden am Gebäude durch Feuer, Leitungswasser, Sturm und Hagel ab – einschließlich Folgeschäden wie Aufräumarbeiten oder vorübergehende Unterbringungskosten.

5.5.1 Elementarschadenversicherung: Schutz vor Naturgefahren

Die **Flutkatastrophe im Ahrtal** von 2021 hat gezeigt, dass Standardpolicen **Überschwemmungen** und **Rückstau** häufig nicht abdecken. Hier hilft eine **ergänzende Elementarschadenversicherung.** Diese versichert:

- Hochwasser- und Starkregenschäden,
- Erdbeben und Erdsenkungen,
- Schneedruck- und Lawinenschäden und
- Vulkanausbrüche (nur regional relevant).

Versicherungsexperten empfehlen diesen Zusatzschutz bundesweit, da Klimamodelle eine Zunahme extremer Wetterereignisse prognostizieren. Die Prämienhöhe orientiert sich am individuellen Gefährdungsgrad **(ZÜRS-Zonen).**

5.5.2 Spezialschutz für moderne Haustechnik

Moderne Heiz- und Energiesysteme erfordern angepasste Versicherungslösungen:

Wärmepumpen

- **Diebstahlschutz für Außengeräte,**
- **Versicherung von Marderbissen** an Kältemittelleitungen und
- **Ersatz von Frostfolgeschäden** an Erdkollektoren.

Photovoltaikanlagen

- **Abdeckung von Hagelschäden** an Modulen,
- Leistungsausfall durch **Wechselrichterdefekt** und
- blitzschlagbedingte **Überspannungsschäden.**

Für beide Technologien existieren entweder **Kostenerstattungsklauseln in bestehenden Wohngebäudepolicen** (gegen Aufpreis) oder **eigenständige Versicherungslösungen** mit erweitertem Leistungsumfang. Letztere decken oft auch Ertragsausfälle bei Betriebsunterbrechungen ab.

! Wählen Sie beim Abschluss einer Wohngebäudeversicherung einen Tarif, der unterjährige Indexanpassungen vorsieht. Durch die Wahl einer solchen Police stellen Sie sicher, dass Ihr Gebäude stets zum aktuellen Wiederherstellungswert versichert ist. Dies gibt Ihnen die Gewissheit, im Schadenfall ausreichend abgesichert zu sein, ohne sich um kurzfristige Wertschwankungen sorgen zu müssen.

5.6 Die Hausratversicherung

Seniorenhaushalte verfügen häufig über einen über Jahre angesammelten Hausrat, der sowohl alltägliche Gebrauchsgegenstände als auch wertvolle Objekte umfasst. Eine **Hausratversicherung** schützt hier grundsätzlich vor finanziellen Verlusten durch:

- **Einbruchdiebstahl** (inklusive Diebstahl von Bargeld und Wertsachen),
- **Leitungswasserschäden** (z.B. Rohrbruch),
- **Brand- und Explosionsschäden** und
- **Sturm- und Hagelschäden** (an eingebauten Gegenständen wie Markisen).

Folgend finden Sie weitere wichtige Ergänzungen zum Versicherungsschutz einer Hausratversicherung:

Vermeidung von Unterversicherung

Eine **Unterversicherung** in der Hausratversicherung liegt vor, wenn die vereinbarte Versicherungssumme niedriger ist als der tatsächliche Wert des gesamten Hausrats. Dies kann im Schadenfall zu erheblichen finanziellen Nachteilen für den Versicherungsnehmer führen. Denn bei einer Unterversicherung wird **im Schadenfall die Entschädigung anteilig gekürzt.** Der Versicherer zahlt dann nur einen Teil des Schadens aus, und zwar im Verhältnis der Versicherungssumme zum tatsächlichen Wert des Hausrats.

» Angenommen der tatsächliche Wert des Hausrats (Versicherungswert) beträgt 100.000,– €, während die vereinbarte Versicherungssumme lediglich 60.000,– € beträgt. In diesem Fall liegt eine Unterversicherung vor, da die Versicherungssumme nur 60 % des tatsächlichen Werts abdeckt – es besteht also eine Unterdeckung von 40 %. Entsteht nun ein Schaden, beispielsweise durch Wasser in Höhe von 20.000,– €, würde der Versicherer aufgrund der Unterversicherung nur anteilig leisten. Konkret würde er 60 % des Schadens übernehmen, was 12.000,– € entspricht. Die verbleibenden 8.000,– € müsste der Versicherungsnehmer selbst tragen.

Elementarschadenversicherung

Die Standardpolice deckt keine Schäden durch Naturgefahren wie Hochwasser, Erdbeben oder Rückstau ab. Diese Risiken erfordern eine separate Zusatzklausel, die bundesweit einheitlich als »Erweiterte Elementardeckung« angeboten wird.

Wertsachen-Regelungen

Schmuck, Edelmetalle und Kunstgegenstände sind nur bis zu festen Höchstgrenzen (meist 20 % der Versicherungssumme) mitversichert. Für Sammlungen oder Einzelstücke über 10.000,– € empfiehlt sich eine gesonderte **Wertsachenversicherung.**

5.7 Sonstige Versicherungen

Hundehaftpflicht-, Haus- und Grundbesitzerhaftpflicht-, Rechtsschutz-, Fahrrad-, Reise- oder Glasversicherung zählen zu den sonstigen Versicherungen.

5.7.1 Die Hundehaftpflichtversicherung

Die **Hundehaftpflichtversicherung** ist für Hundehalter in Deutschland unerlässlich, da sie Schäden abdeckt, die durch den Hund verursacht werden. Sie übernimmt Kosten für Personen-, Sach- und Vermögensschäden Dritter – etwa bei Beißvorfällen, Verkehrsunfällen durch den Hund oder zerstörten Gegenständen. In einigen Bundesländern wie Berlin, Hamburg und Niedersachsen ist diese Versicherung gesetzlich vorgeschrieben, wobei die Mindestdeckungssumme je nach Region zwischen einer Million und fünf Millionen Euro liegt.

Die Police schützt auch vor finanziellen Risiken durch Eigenschäden (etwa bei Tierarztkosten nach Unfällen) und übernimmt Rechtsverteidigungskosten bei Streitigkeiten.

! Die Kosten liegen durchschnittlich bei 50,– € bis 150,– € jährlich, variieren aber stark nach Hunderasse, Wohnort und gewählter Deckungshöhe. Besitzer von als gefährlich eingestuften Hunderassen (z.B. Pitbulls) zahlen deutlich höhere Beiträge. Ein Vergleich verschiedener Anbieter lohnt sich, da manche Versicherer Zusatzleistungen wie Auslandsschutz oder Tierkrankenversicherungskosten bieten. Wichtig: Die Hundehaftpflicht ist nicht in der privaten Haftpflichtversicherung enthalten und muss separat abgeschlossen werden.

5.7.2 Die Haus- und Grundbesitzerhaftpflichtversicherung

Die **Haus- und Grundbesitzerhaftpflichtversicherung** ist eine spezielle Versicherung, die sich in erster Linie an Vermieter von Mietwohnhäusern, Eigentümergemeinschaften bei Eigentumswohnungen und Besitzer von unbebauten Grundstücken richtet. Sie deckt Schäden ab, die durch die Verletzung der Verkehrssicherungspflicht entstehen können, wie beispielsweise Unfälle aufgrund mangelhafter Instandhaltung des Gebäudes oder des Grundstücks.

! Für Eigenheimbesitzer, die ihr Haus selbst bewohnen, ist diese spezielle Versicherung in der Regel nicht erforderlich, da sie bereits über ihre private Haftpflichtversicherung abgesichert sind. Die private Haftpflichtversicherung deckt in diesem Fall auch Schäden ab, die im Zusammenhang mit dem selbst genutzten Eigenheim entstehen können. Allerdings ist es wichtig zu beachten, dass sobald ein Teil des Hauses vermietet wird oder ein unbebautes Grundstück im Besitz ist, eine separate Haus- und Grundbesitzerhaftpflichtversicherung notwendig werden kann.

Rechtsschutzversicherungen für Senioren sollten gezielt auf altersspezifische Risiken und Lebensumstände zugeschnitten sein. Wichtige Schutzbereiche umfassen **Sozialrecht** (z.B. Renten- oder Pflegestufenstreitigkeiten), **Pflegerecht** (Heimverträge, Pflegegradanträge) und **Verkehrsrecht** (Unfallregulierung). Spezialtarife bieten zusätzlich Rechtsschutz bei **Wohnraumanpassungen** oder **Pflege-Beratungsleistungen.**

Die **Hausratversicherung** bietet einen grundlegenden Schutz für **Fahrräder,** insbesondere gegen Einbruchdiebstahl innerhalb der Wohnung oder in verschlossenen Räumen wie Kellern oder Garagen.

! Mit einer zusätzlichen Fahrradklausel kann der Schutz auf einfachen Diebstahl außerhalb der Wohnung erweitert werden, wobei oft Entschädigungsgrenzen gelten. Dieser Basisschutz reicht für viele konventionelle Fahrräder aus, hat jedoch Einschränkungen hinsichtlich der Schadensarten und der Versicherungssumme.

Für teure **E-Bikes** und Pedelecs empfiehlt sich eine spezielle Fahrradversicherung, die einen umfassenderen Schutz bietet.

! Diese Versicherungen decken nicht nur Diebstahl ab, sondern auch Schäden durch Unfälle, Vandalismus, Elektronik- und Akkuschäden sowie oft sogar Verschleiß. Einige Anbieter inkludieren zusätzlich Pannenhilfe und Schutz für Zubehör.

Die **Reiserücktrittskostenversicherung** ist besonders empfehlenswert für teure Auslandsreisen, da sie vor hohen Stornokosten schützt.

! Diese Versicherung erstattet die Gebühren, die beim Rücktritt von einer gebuchten Reise anfallen, wenn unvorhergesehene Ereignisse eintreten, wie beispielsweise schwere Erkrankungen, Unfälle oder Todesfälle in der Familie. Die Kosten für eine solche Versicherung sind im Vergleich zu den potenziellen Stornokosten relativ gering, was sie zu einer sinnvollen Investition macht, insbesondere bei kostspieligen Reisen.

Ein weiterer Vorteil dieser Versicherung ist die Möglichkeit, auch zusätzliche Kosten bei **Reiseabbrüchen oder Verspätungen** abzudecken. Sie kann sowohl für Einzelreisen als auch als Jahrespolice abgeschlossen werden, was Flexibilität bietet.

! Bei der Buchung sollte darauf geachtet werden, dass alle relevanten Risikopersonen in die Versicherung einbezogen sind, um im Schadenfall optimal abgesichert zu sein. Dies ist besonders wichtig für Familien oder Reisende mit Angehörigen, die ebenfalls einen Grund für den Reiserücktritt darstellen könnten.

Eine **Reisegepäckversicherung** ist in der Regel überflüssig, da das Gepäck häufig bereits durch eine bestehende **Hausratversicherung** geschützt ist. Diese Versicherung deckt oft auch Schäden oder Verluste des Reisegepäcks außerhalb der Wohnung ab, meist bis zu einem bestimmten Prozentsatz der Versicherungssumme. Zudem sind Reiseversicherungen, die als Komplettpaket angeboten werden, oft überteuert und beinhalten Leistungen, die viele Reisende gar nicht benötigen.

! Es ist daher ratsam, die eigene Hausratversicherung zu überprüfen und gegebenenfalls nur gezielt einzelne, wirklich notwendige Versicherungsleistungen für die Reise abzuschließen, anstatt ein teures Komplettpaket zu erwerben.

Eine **Wohngebäudeversicherung** bietet zwar einen gewissen Schutz für **Glasschäden,** deckt aber nicht alle Fälle ab. Sie kommt in der Regel nur für Glasschäden auf, die durch versicherte Gefahren wie Feuer, Sturm, Hagel oder Leitungswasser verursacht wurden.

Eine separate **Glasversicherung** hingegen deckt **Glasbruchschäden** unabhängig von der Ursache ab, solange kein Vorsatz vorliegt. Sie kann eine sinnvolle Ergänzung sein, insbesondere für Eigentümer von Immobilien mit **teuren Glaseinbauten** wie **Wintergärten** oder **großflächigen Fenstern.** Allerdings ist eine Glasversicherung für die meisten Menschen nicht zwingend notwendig, da die Kosten für Glasschäden oft selbst getragen werden können.

6 Steuern sparen im Ruhestand: Strategien für Rentner und Pensionäre

Schon im Jahr 1970 verkündete der **Bundesfinanzhof** den Grundsatz: »Wer die Pflicht hat, Steuern zu zahlen, hat auch das Recht, Steuern zu sparen«. Er fügte an, es stehe »grundsätzlich im Belieben eines jeden Steuerpflichtigen, seine Angelegenheiten so einzurichten, dass er möglichst viel an Steuern spart«. Dies gilt selbstverständlich auch für Rentner und Pensionäre, die Einkommensteuer bei ihren Alterseinkünften sowie Erbschaft- und Schenkungsteuer sparen wollen.

6.1 Steuern sparen mit Alterseinkünften

Bekanntlich gibt es **drei Säulen der Altersvorsorge** – gesetzliche, betriebliche und private Altersvorsorge. Aus steuerlicher Sicht unterscheidet man seit Inkrafttreten des **Alterseinkünftegesetzes** im Jahr 2005 darüber hinaus **drei Schichten der Altersversorgung:**

- Basisversorgung,
- Zusatzversorgung und
- sonstige private Altersversorgung (siehe die folgende Abbildung).

Es macht steuerlich einen großen Unterschied, ob Sie eine gesetzliche Rente oder Rürup-Rente in der 1. Schicht, eine Betriebs- oder Zusatzrente in der 2. Schicht oder eine Leistung aus der privaten Rentenversicherung oder Kapitallebensversicherung in der 3. Schicht erzielen. Die Unterschiede beziehen sich nicht nur auf die eigentliche Rentenphase, sondern auch auf die Beitragsphase.

Drei Schichten der Altersversorgung

Schichten	Grundsystem	Zusatzsysteme
Basisversorgung (1. Schicht)	gesetzliche Rentenversicherung (GRV)	berufsständische Versorgung (BSV) Alterssicherung der Landwirte (AdL) Basis- bzw. Rürup-Rente
Zusatzversorgung (2. Schicht)	betriebliche Altersversorgung (bAV) Zusatzversorgung im öffentlichen Dienst (ZÖD)	Riester-Rente
sonstige private Altersversorgung (3. Schicht)	private Rentenversicherung (PRV)	Kapitallebensversicherung auf den Todes- und Erlebensfall (KLV)

Gesetzliche Rentenversicherung, berufsständische Versorgung, Alterssicherung der Landwirte und Rürup-Rente zählen danach zur 1. Schicht der **Basisversorgung.** Für sie gelten daher die Übergangsregelungen zur steuerlichen Abzugsfähigkeit der Beiträge (Altersvorsorgeaufwendungen) und zur schrittweisen nachgelagerten Besteuerung der Renten nach dem **Alterseinkünftegesetz.**

In der 2. Schicht der **Zusatzversorgung** finden sich die betriebliche Altersversorgung, die Zusatzversorgung im öffentlichen Dienst und die Riester-Rente. Die sonstige **private Altersversorgung** sowie die private Rentenversicherung und die Kapitallebensversicherung zählen schließlich zur 3. Schicht.

6.1.1 Steuern auf Betriebsrente und Riester-Rente

Betriebsrenten werden grundsätzlich voll besteuert. Eine Ausnahme besteht für **Zusatzrenten im öffentlichen Dienst,** die teils voll und teils nur mit dem Ertragsanteil besteuert werden. Diese »gemischte« Besteuerung kommt auch bei Betriebsrenten vor, die zum einen Teil aus steuerfreien bzw. geförderten Beiträgen zur Entgeltumwandlung stammen und zum anderen Teil aus bereits voll versteuerten bzw. ungeförderten Beiträgen.

Die **Riester-Rente** wird immer voll besteuert, da der Staat in der Beitragsphase Zulagen und eventuell zusätzliche Steuerersparnisse gewährt. Sofern ein Riester-Vertrag gekündigt wird, ist dies förderschädlich mit der Folge, dass alle Zulagen und eventuellen Steuerersparnisse zurückgezahlt werden müssen.

6.1.2 Steuern auf Leibrenten

Auf Leibrenten aus privaten Rentenversicherungen fallen nur geringe Steuern an, da die vorher entrichteten Beiträge ab 2005 nicht mehr steuerlich abzugsfähig sind. Besteuert wird daher nur ein **Ertragsanteil** der Privatrente, der den pauschal geschätzten Zinsanteil der Privatrente erfasst (siehe folgende Tabelle). Der in der Privatrente enthaltene Kapitalanteil bleibt steuerfrei.

Steuerpflichtige Ertragsanteile bei Leibrenten (Auszug für Rentenbeginn mit 50 bis 82 Jahren)

vollendetes Lebensjahr bei Rentenbeginn	Ertragsanteil der Rente bei lebenslangen Privatrenten	vollendetes Lebensjahr bei Rentenbeginn	Ertragsanteil der Rente bei lebenslangen Privatrenten
50.	30 %	65.–66.	18 %
51.–52.	29 %	67.	17 %
53.	28 %	68.	16 %
54.	27 %	69.–70.	15 %
55.–56.	26 %	71.	14 %
57.	25 %	72.–73.	13 %
58.	24 %	74.	12 %
59.	23 %	75.	11 %
60.–61.	22 %	76.–77.	10 %
62.	21 %	78.–79.	9 %
63.	20 %	80.	8 %
64.	19 %	81.–82.	7 %

Wer mit 65 oder 66 Jahren zum ersten Mal eine lebenslange private Rente bezieht, muss nur 18 % davon versteuern. Beispiel: monatliche Leibrente 400,– €, steuerpflichtig 72,– €, anteilige Steuer nur 18,– € monatlich bei einem persönlichen Steuersatz von beispielsweise 25 %.

Je später der Rentenbeginn liegt, desto geringer fällt wegen der statistisch geringeren Lebensdauer auch der **Ertragsanteil** aus. Bei 67-Jährigen sind es beispielsweise 17 % und bei 70-Jährigen nur 15 %. Umgekehrt steigt der Ertragsanteil, je jünger der Rentenbezieher ist. 60-jährige Privatrentner müssen beispielsweise 22 % ihrer Privatrente versteuern und 55-jährige 26 % (siehe Tabelle).

6.1.3 Steuern auf Beamten- und Betriebspensionen

Beamten- und Betriebspensionen werden nicht wie gesetzliche Renten besteuert, sondern wie **nachträglicher Arbeitslohn.** Daher sind sie in der Einkommensteuererklärung auch nicht in der **Anlage R** für Renteneinkünfte, sondern in der **Anlage N** für **Einkünfte aus nichtselbstständiger Arbeit** einzutragen.

Weder Beamte noch Arbeitnehmer, die Leistungen aus einer Pensions- bzw. Direktzusage oder einer **betrieblichen Unterstützungskasse** erhalten, zahlen in der aktiven Phase Beiträge. Aus diesem Grund werden Beamtenpensionen sowie Betriebspensionen nachgelagert und somit bis auf einen relativ geringen Versorgungsfreibetrag in vollem Umfang besteuert. Zu einer **Doppelbesteuerung** wie bei der gesetzlichen Rente kann es bei Pensionen daher gar nicht kommen.

Beamten- und Betriebspensionen werden als Einkünfte aus nichtselbstständiger Arbeit ähnlich wie Löhne und Gehälter besteuert. Im Gegensatz zum Arbeitnehmerpauschbetrag von jährlich 1.230,– € steht den Pensionären aber ein steuerlicher **Versorgungsfreibetrag** zu, der von anfangs 3.000,– € im Jahr 2005 auf beispielsweise jährlich 1.200,– € bei Pensionsbeginn im Jahr 2020 abgeschmolzen ist.

1.080,– € sind es bei Pensionsbeginn im Jahr und nur noch 990,– €, wenn die erste Pensionszahlung erst im Jahr 2025 beginnt. Ab Pensionsbeginn im Jahr 2058 gibt es keinen Versorgungsfreibetrag mehr, sondern nur noch die **Werbungskostenpauschale** von 102,– € wie bei Rentnern.

Der Pensionär genießt den steuerlichen Versorgungsfreibetrag während der gesamten Pensionsdauer. Wie beim Rentenfreibetrag handelt es sich um einen **Festbetrag,** der sich grundsätzlich nicht ändert. Anders als beim Rentner ändert sich für Pensionäre beim Übergang in den Ruhestand aus steuerlicher Sicht daher nur wenig. Beamtenpensionäre erhalten von ihrer **Versorgungsstelle** (z.B. dem Landesamt für Besoldung und Versorgung) weiterhin eine jährliche Lohnsteuerbescheinigung.

Dem Ausdruck der **elektronischen Lohnsteuerbescheinigung** für das abgelaufene Jahr (z.B. vom 1.1.2024 bis 31.12.2024), der typischerweise zu Anfang des folgenden Jahres (z.B. im Januar 2025) den Beamtenpensionären und gleichzeitig maschinell an die Finanzverwaltung versandt wird, sind die Beträge zu entnehmen, die in den entsprechenden Zeilen der Anlage N einzutragen sind.

Versorgungsbezüge erhalten nicht nur ehemalige Beamte, sondern nach deren Tod auch ihre Hinterbliebenen, also Witwen, Witwer, Halbwaisen oder Vollwaisen. Auch Witwen- bzw. Witwergeld sowie Halb- bzw. Vollwaisengeld werden in der Lohnsteuerbescheinigung eingetragen, und zwar unabhängig davon, ob der hinterbliebene Ehegatte oder das hinterbliebene Kind darüber hinaus eigene Einkünfte aus nichtselbstständiger Arbeit erzielt.

Für die Witwen-, Witwer- und Waisengelder der Hinterbliebenen gelten also die gleichen steuerlichen Prinzipien wie beim Ruhegehalt. Sie erhalten als Rechtsnachfolger des verstorbenen Beamten bzw. Pensionärs Einkünfte aus nichtselbstständiger Arbeit und werden steuerlich wie Arbeitnehmer behandelt.

Leistungen für ehemalige Arbeitnehmer aus Direktzusagen oder betrieblichen Unterstützungskassen werden als **Werks- bzw. Betriebspensionen** bezeichnet. Betriebspensionäre erhalten wie Beamtenpensionäre vom früheren Arbeitgeber eine Lohnsteuerbescheinigung, der alle notwendigen Beträge für die Übernahme in Anlage N (Einkünfte aus nichtselbstständiger Arbeit) zu entnehmen sind.

! Den meisten Betriebspensionären steht ebenfalls ein Versorgungsfreibetrag zu. Voraussetzung dafür ist, dass es sich bei den Werks- bzw. Betriebspensionen um steuerbegünstigte Versorgungsbezüge handelt. Wenn dies der Fall ist, wird dafür wie bei den Beamtenpensionen ein Versorgungsfreibetrag gewährt.

Steuerbegünstigte Versorgungsbezüge mit dem Anrecht auf einen Versorgungsfreibetrag liegen dann vor, wenn der ehemalige Arbeitnehmer seine Betriebspension nach Vollendung des 63. Lebensjahres erhält. Schwerbehinderte müssen das 60. Lebensjahr vollendet haben. Auch beim Bezug einer Betriebspension wegen Berufs- oder Erwerbsunfähigkeit liegt ein steuerbegünstigter Versorgungsbezug vor.

Daraus folgt, dass der Versorgungsfreibetrag nur im Falle des Vorruhestands vor dem 63. Lebensjahr bzw. bei schwerbehinderten Menschen vor dem 60. Lebensjahr zunächst entfällt. Mit Vollendung des 63. bzw. 60. Lebensjahres gibt es den Versorgungsfreibetrag aber dann doch.

Wird die Betriebspension in einer Summe ausgezahlt, handelt es sich um eine Vergütung für mehrere Jahre. Diese Kapitalzahlung ist nach der sogenannten **Fünftelregelung** steuerlich begünstigt, wenn die Auszahlung zusammengeballt in einem Jahr erfolgt. Die Gründe für die Kapitalisierung von Versorgungsbezügen spielen dabei keine Rolle. Teilkapitalauszahlungen sind allerdings nicht nach der Fünftelregelung begünstigt.

6.2 Steuerfreier Altersentlastungsbetrag für zusätzliche Alterseinkünfte

Der **steuerfreie Altersentlastungsbetrag** steht mindestens 65-jährigen Rentnern und Pensionären nur für Alterseinkünfte zu, die nicht zu den gesetzlichen Renten und Rürup-Renten sowie Beamten- und Betriebspensionen zählen. Daher kommen für den Abzug des Altersentlastungsbetrages nur folgende zusätzliche Alterseinkünfte infrage:

- **Voll besteuerte Betriebsrenten und Riester-Renten,** deren Beiträge in der Ansparphase steuerbegünstigt waren bzw. durch Zulagen gefördert wurden.
- **Nicht abgeltungsteuerpflichtige Kapitalerträge** wie Zins- und Dividendeneinkünfte, die als Einkünfte aus Kapitalvermögen besteuert werden (siehe BFH-Urteil vom 25.4.2017).
- **Mieteinkünfte** (positive Einkünfte oder Gewinne aus Vermietung und Verpachtung).
- **Arbeitseinkommen** als Löhne oder Gewinne (Einkünfte aus selbstständiger oder nichtselbstständiger Tätigkeit).

Wer beispielsweise im Jahr 2025 mit 65 Jahren in den Ruhestand geht und zusätzliche Alterseinkünfte außer gesetzlichen Renten, berufsständischen Renten oder Pensionen erzielt, kann einen Altersentlastungsbetrag von 13,2 % der Bruttoeinnahmen pro Jahr abziehen, maximal aber 627,– € (siehe Tabelle). Das Finanzamt berücksichtigt den Altersentlastungsbetrag automatisch, sofern die Voraussetzungen dafür vorliegen.

Steuerfreier Altersentlastungsbetrag für zusätzliche Alterseinkünfte

65 Jahre oder älter im Kalenderjahr	Altersentlastungsbetrag		65 Jahre oder älter im Kalenderjahr	Altersentlastungsbetrag	
2005	40,0 %	1.900,– €	2023	14,0 %	665,– €
2006	38,4 %	1.824,– €	2024	13,6 %	646,– €
2007	36,8 %	1.748,– €	2025	13,2 %	627,– €
2008	35,2 %	1.672,– €	2026	12,8 %	608,– €
2009	33,6 %	1.596,– €	2027	12,4 %	589,– €
2010	32,0 %	1.520,– €	2028	12,0 %	570,– €
2011	30,4 %	1.444,– €	2029	11,6 %	551,– €
2012	28,8 %	1.368,– €	2030	11,2 %	532,– €
2013	27,2 %	1.292,– €	2031	10,8 %	513,– €
2014	25,6 %	1.216,– €	2032	10,4 %	494,– €
2015	24,0 %	1.140,– €	2033	10,0 %	475,– €
2016	22,4 %	1.064,– €	2034	9,6 %	456,– €
2017	20,8 %	988,– €	2035	9,2 %	437,– €
2018	19,2 %	912,– €	2036	8,8 %	418,– €
2019	17,6 %	836,– €	2037	8,4 %	399,– €
2020	16,8 %	798,– €	2038	8,0 %	380,– €
2021	16,0 %	760,– €	2039	7,6 %	361,– €
2022	15,6 %	741,– €	2040	7,2 %	342,– €

Bei Verheirateten, die beide mindestens 65 Jahre alt und Rentner oder Pensionäre sind, kann jeder Ehegatte den **steuerlichen Altersentlastungsbetrag** für sich beanspruchen, sofern er eigene sonstige Alterseinkünfte hat. Insofern macht es aus steuerlicher Sicht Sinn, hohe zusätzliche Alterseinkünfte des einen Ehegatten teilweise auf den anderen Ehegatten zu verlagern.

Der **steuerfreie Altersentlastungsbetrag** bleibt hinsichtlich des Prozentsatzes und des Höchstbetrages nach Festlegung unverändert. Nur der tatsächlich abzugsfähige Betrag kann sich in Abhängigkeit von der Höhe der zusätzlichen Alterseinkünfte ändern.

Der Altersentlastungsbetrag wird seit 2005 schrittweise reduziert und entfällt für Geburtsjahrgänge ab 1993 vollständig, da diese Personen erst ab dem Jahr 2058 ihren 65. Geburtstag erreichen. Ab diesem Zeitpunkt gibt es keinen Altersentlastungsbetrag mehr. Diese Reduktion orientiert sich an der schrittweisen Anhebung des **Besteuerungsanteils bei Renten.**

6.3 Steuern sparen mit Sonderausgaben

Ruheständler können Einkommensteuer sparen, wenn sie **Sonderausgaben** nachweisen können. Dies sind Ausgaben, die aus bestimmten sozialen und sozialpolitischen Gründen steuerlich abzugsfähig sind. Dazu zählen beispielsweise Rentenbeiträge, Kranken- und Pflegeversicherungsbeiträge, Pauschbeträge für behinderte Menschen und Pflegende, andere außergewöhnliche Belastungen, gezahlte Kirchensteuer und Spenden.

Außerdem können bei **Handwerkerleistungen,** für Haus oder Wohnung entstandene Lohnkosten bis zu 12.000,– € und Löhne für haushaltsnahe Dienstleistungen bis zu 20.000,– € im Jahr zu einer direkten Steuerermäßigung von 20 % führen. Daher können bis zu 1.200,– € bei Handwerkerleistungen und bis zu 4.000,– € bei haushaltsnahen Dienstleistungen direkt von der Einkommensteuer abgezogen werden.

Die Steuerermäßigung von 20 % gibt es nach § 35c EStG auch für Aufwendungen zur **energetischen Sanierung** bei einem älter als zehn Jahre alten und selbst genutzten Einfamilienhaus, bei dem maximal 40.000,– € (also 20 % von bis zu 200.000,– €) über drei Jahre verteilt direkt von der Einkommensteuer abgezogen werden können. Liegen die Aufwendungen zur Wärmedämmung oder zum Austausch von Fenstern, Türen oder Heizung beispielsweise bei insgesamt 50.000,– €, verteilt sich die Steuerermäßigung von insgesamt 20 % bzw. 10.000,– € wie folgt: je 3.500,– € im ersten und zweiten Jahr sowie 3.000,– € im dritten Jahr.

6.3.1 Steuerlich abzugsfähige Beiträge zur gesetzlichen Rente und Rürup-Rente

Wer als Frührentner vor oder als Teilrentner nach Erreichen der Regelaltersgrenze noch **freiwillige Beiträge zur gesetzlichen Rente** zahlt, kann diese seit 2023 in voller Höhe als **Altersvorsorgeaufwendungen** steuerlich absetzen. Dies gilt auch für den Arbeitnehmeranteil zum Pflichtbeitrag, sofern Frührentner oder Regelaltersrentner noch einen rentenversicherungspflichtigen Job ausüben.

Altersvorsorgeaufwendungen sind Beiträge zur Basisversorgung, also in der ersten Schicht der Altersvorsorge. Dazu gehören Beiträge zur

- gesetzlichen Rentenversicherung,
- berufsständischen Versorgung der Freiberufler,
- Alterssicherung der Landwirte und
- Basis- bzw. Rürup-Rente.

6.3.2 Steuerlich abzugsfähige Beiträge zur Betriebsrente und Riester-Rente

Beiträge zur Betriebsrente in der Privatwirtschaft aufgrund einer **Entgeltumwandlung** sind steuerlich voll abzugsfähig. Für die Arbeitnehmer-Umlage zur **Zusatzversorgung im öffentlichen Dienst** (z.B. VBL-Zusatzrente) gilt dies jedoch nicht. Bei der **Riester-Rente** ist nur der Anteil des Gesamtbeitrags steuerlich abzugsfähig, der über die Riester-Zulage hinausgeht.

! Beiträge zur privaten Rentenversicherung und Kapitallebensversicherung müssen bei Neuabschluss ab 2005 aus voll versteuertem Einkommen getragen werden und sind somit nicht mehr steuerlich abzugsfähig. Falls der Vertragsabschluss vor 2005 erfolgte, können noch 88 % dieser Beiträge weiterhin steuerlich unter sonstigen Vorsorgeaufwendungen abgezogen werden, sofern der steuerlich abzugsfähige Vorsorge-Höchstbetrag noch nicht durch Beiträge zur Kranken- und Pflegeversicherung ausgeschöpft ist.

6.3.3 Steuern auf gesetzliche Rente und Rürup-Rente

Nicht nur die bereits gezahlten Beiträge zur gesetzlichen Kranken- und Rentenversicherung mindern die erwarteten Renteneinnahmen, sondern auch die noch zu zahlenden Steuern. Daher sollten Ruheständler unbedingt auch die **Rentenbesteuerung** ins Kalkül mit einbeziehen.

Die gesetzliche Rente wird ebenso wie die Rürup-Rente im Grundsatz nachgelagert besteuert. Allerdings gibt es eine Stufenregelung für den steuerpflichtigen Anteil der gesetzlichen Rente (Besteuerungsanteil genannt) und die steuerlich abzugsfähigen Beiträge zur gesetzlichen Rente.

Der **Besteuerungsanteil** der gesetzlichen Rente und der Rürup-Rente hängt vom Rentenbeginn ab. Wer bereits 2005 in Rente ging, musste nur 50 % seiner gesetzlichen Rente besteuern. Bei Rentenbeginn im Jahr 2015 betrug der Besteuerungsanteil bereits 70 % und im Jahr 2020 sogar 80 %. Wer 2022 in Rente ging, musste bereits 82 % seiner Rente versteuern.

Dieser Besteuerungsanteil sollte um jeweils einen Prozentpunkt pro Jahr bis auf 100 % bei Rentenbeginn im Jahr 2040 steigen. Dies würde nach einem Urteil des Bundesfinanzhofs von Ende Mai 2021 aber zur Doppelbesteuerung von Renten führen. Denn es kann ja nicht sein, dass eine im Jahr 2040 beginnende Rente voll besteuert wird, wenn die zum Beispiel von 2000 bis 2024 bezahlten Rentenbeiträge nur zu 60 % bis 98 % steuerlich abzugsfähig sind.

Deshalb sind seit 2023 Beiträge zur gesetzlichen Rente steuerlich voll abzugsfähig. Der Besteuerungsanteil wird seit 2023 nur noch um einen halben Prozentpunkt pro Jahr erhöht, bis die Rente dann erst bei Rentenbeginn im Jahr 2058 voll besteuert wird.

! Unabhängig davon kann auch bei Rentnern, die bis 2022 in Rente gegangen sind, im Einzelfall eine Doppelbesteuerung ihrer Rente vorliegen. Eine solche Doppelbesteuerung müssen sie dann aber beweisen und Einspruch beim Finanzamt gegen ihre Einkommensteuererklärung einlegen. Nach Ablehnung des Einspruchs bleibt dann noch der lange Weg über eine Klage beim zuständigen Finanzgericht, Revision beim Bundesfinanzhof und Verfassungsbeschwerde beim Bundesverfassungsgericht.

Da laufende Rentenerhöhungen immer voll besteuert werden, bleibt nur der über dem Besteuerungsanteil liegende Anteil der Rente steuerfrei. Dieser **Rentenfreibetrag** wird von der ersten vollen Jahresrente berechnet. Wer beispielsweise im Dezember 2024 mit einem Besteuerungsanteil von 83 % in Rente ging und im ersten vollen Rentenjahr 2025 eine Jahresbruttorente von 24.000,– € bezieht, erhält einen persönlichen Rentenfreibetrag von 4.080,– € (= 17 % von 24.000,– €).

6.3.4 Steuerlich abzugsfähige Beiträge zur Kranken- und Pflegeversicherung

Hier gelten die **folgenden Regelungen:**

- **Gesetzliche Kranken- und Pflegeversicherung:** Beiträge zur gesetzlichen Kranken- und Pflegeversicherung (soziale Pflegeversicherung) können in voller Höhe als Sonderausgaben geltend gemacht werden, da sie der Basisabsicherung dienen. Diese Regelung gilt auch für Rentner. Die Abzugsfähigkeit ist nicht durch die allgemeinen Höchstbeträge für sonstige Vorsorgeaufwendungen (1.900,– € für Arbeitnehmer und Rentner bzw. 2.800,– € für Selbstständige) begrenzt.
- **Private Pflegepflichtversicherung:** Auch Beiträge zur privaten Pflegepflichtversicherung sind vollständig steuerlich absetzbar, da sie ebenfalls der Basisabsicherung auf dem Niveau der gesetzlichen Pflegeversicherung entsprechen.
- **Private Krankenversicherung:** Bei der privaten Krankenversicherung können nur die Beiträge zur sogenannten Basisabsicherung steuerlich berücksichtigt werden. Diese entspricht den

Leistungen der gesetzlichen Krankenversicherung. In der Regel machen diese Basisleistungen etwa 80 % des gesamten PKV-Beitrags aus. Zusatzleistungen wie Chefarztbehandlung oder Einzelzimmer im Krankenhaus sind nicht abzugsfähig, es sei denn, die allgemeinen Höchstbeträge für Vorsorgeaufwendungen sind noch nicht ausgeschöpft.

6.4 Sonstige Vorsorgeaufwendungen nur in Ausnahmefällen steuerlich abziehbar

Beiträge zu den über die **Basisabsicherung** hinausgehenden Wahlleistungen bei der privaten Krankenversicherung und zur privaten Pflegezusatzversicherung (z.B. Pflegetagegeldversicherung) zählen ebenso wie Beiträge zur Privathaftpflicht-, Autohaftpflicht-, Unfall- und Risikolebensversicherung sowie für ab 2005 abgeschlossene Kapitallebens- und private Rentenversicherungen zu den sonstigen Aufwendungen.

! Sie sind aber nicht mehr steuerlich abzugsfähig, wenn der steuerliche Höchstbetrag von jährlich 1.900,– € für sonstige Aufwendungen von alleinstehenden Ruheständlern bzw. 3.800,– € bei zusammen veranlagten Ehepartnern bereits durch die steuerlich abzugsfähigen Kranken- und Pflegeversicherungsbeiträge überschritten ist.

In der Praxis bedeutet dies, dass Steuerzahler, deren Kranken- und Pflegeversicherungsbeiträge bereits den Höchstbetrag erreichen, keine weiteren steuerlichen Vorteile durch andere Versicherungsbeiträge erhalten. Diese Regelung wurde durch das **Bürgerentlastungsgesetz** von 2010 eingeführt, um die steuerliche Absetzbarkeit von Basis-Kranken- und Pflegeversicherungsbeiträgen zu verbessern, gleichzeitig aber die Abzugsfähigkeit sonstiger Versicherungen stark einzuschränken.

6.5 Steuern sparen durch Vorauszahlung von Krankenversicherungsbeiträgen

Das wenig bekannte **Steuersparmodell** für **privat krankenversicherte Rentner und Pensionäre** wird immer interessanter: Seit 2020 können die Beiträge nunmehr für drei statt bisher zweieinhalb Jahre im Voraus gezahlt werden. Möglich ist dies auch für Rentner, die in der gesetzlichen Krankenversicherung nur freiwillig versichert sind.

! Wer also beispielsweise Anfang Dezember 2025 seine Beiträge zur privaten Kranken- und privaten Pflegepflichtversicherung für die drei folgenden Jahre 2026, 2027 und 2028 im Voraus bezahlt, kann die auf die Basisabsicherung entfallenden Beiträge im Jahr 2025 steuerlich in voller Höhe absetzen. Dies setzt allerdings entsprechend hohe eigene finanzielle Mittel voraus.

In den Jahren 2026 bis 2028 können Sie dann zusätzliche Beiträge für Haftpflicht-, Unfall- und Pflegetagegeldversicherungen bis zu 1.900,– €/3.800,– € (Alleinstehende/Ehepaare) steuerlich absetzen. Privat krankenversicherte Rentner, die von der Deutschen Rentenversicherung einen Beitragszuschuss zu ihrer privaten Krankenversicherung in Höhe von rund 9 % der Bruttorente erhalten, müssen diesen Zuschuss dann dem Gesamtbetrag ihrer Einkünfte hinzurechnen.

! Bevor Sie die Vorauszahlung tätigen, sollten Sie unbedingt bei Ihrer Krankenversicherung nachfragen, ob sie solche Vorauszahlungen auch akzeptiert und gegebenenfalls noch einen Rabatt bis zu 4 % gewährt. Die mitgliederstärkste private Krankenkasse Debeka akzeptiert beispielsweise eine Vorauszahlung für drei Jahre, gewährt aber keinen Rabatt.

Der **Verband der Privaten Krankenversicherung e.V.** (PKV-Verband) erläutert das Prinzip wie folgt: »Alle Steuerpflichtigen können nicht nur Belastungen für die Basisabsicherung in der Kranken- und Pflegeversicherung, sondern auch für »sonstige Vorsorgebeiträge« von der Steuer absetzen.«

Für letztere gilt aber eine Maximalgrenze von 1.900,– € (für Arbeitnehmer und Beamte) bzw. von 2.800,– € (für Selbstständige). Und auch das nur, sofern dieser Rahmen nicht schon durch die Beiträge zur Kranken- und Pflegeversicherung ausgefüllt ist. Das führt dazu, dass in der Regel kaum sonstige Beiträge vom Finanzamt anerkannt werden.

Zahlen Versicherte ihre PKV-Beiträge nun im Voraus, schöpfen sie zwar die Höchstgrenze in dem Jahr voll aus, in dem die Vorauszahlung anfällt. In den folgenden Jahren besteht dann aber auch der volle Spielraum und kann für sonstige Versicherungen wie private Zusatzversicherungen genutzt werden. Der finanzielle Vorteil aus diesem Vorgehen kann mehrere Tausend Euro betragen.

! Privat Krankenversicherte, die das Steuersparmodell der Vorauszahlung von Beiträgen zur privaten Krankenversicherung und privaten Pflegepflichtversicherung nutzen wollen, sollten ihre private Krankenkasse rechtzeitig anschreiben. In diesem Schreiben sollten Sie auf die Erläuterungen des PKV-Verbandes, das BMF-Schreiben vom 24.5.2017 (Az. IV C 3 – S 2221/16/1001) und § 10 Abs. 1 Nr. 3 Satz 4 EStG als Begründung für Ihre geplante Vorauszahlung hinweisen.

Rentner, die in der KVdR (**Krankenversicherung der Rentner) pflichtversichert** sind, können dieses attraktive Steuersparmodell leider nicht nutzen, da ihre Beiträge zur gesetzlichen Kranken- und Pflegeversicherung direkt von ihrer Bruttorente abgezogen werden und Vorauszahlungen nicht erlaubt sind. Sie können daher sonstige Aufwendungen für weitere private Personenversicherungen steuerlich nicht absetzen, sofern die Beiträge zur gesetzlichen Kranken- und Pflegeversicherung den Höchstbetrag von 1.900,– € für alleinstehende Rentner bzw. 3.800,– € für zusammen veranlagte Ehepaare übersteigen. In diesem Fall bleibt steuerlich keine »Luft« mehr für den Abzug von weiteren Versicherungsbeiträgen.

6.6 Gezahlte Kirchensteuer, Spenden und Mitgliedsbeiträge

Die gezahlte Kirchensteuer können Sie in voller Höhe unter Sonderausgaben steuerlich abziehen. Dasselbe gilt für Spenden und Mitgliedsbeiträge an Organisationen, die steuerbegünstigte Zwecke (gemeinnützige, mildtätige oder kirchliche Zwecke) verfolgen.

Die **Details zur Abzugsfähigkeit:**

- **Kirchensteuer:** Die gezahlte Kirchensteuer ist uneingeschränkt in voller Höhe als Sonderausgabe abziehbar (§ 10 Abs. 1 Nr. 4 EStG). Dies gilt auch für das sogenannte Kirchgeld, sofern es an eine anerkannte Religionsgemeinschaft gezahlt wurde. Nicht abziehbar ist jedoch die Kirchensteuer, die auf Kapitalerträge entfällt, wenn diese mit der Abgeltungsteuer (25 %) versteuert wurden.
- **Spenden und Mitgliedsbeiträge:** Zuwendungen (Spenden und Mitgliedsbeiträge) an steuerbegünstigte Organisationen können bis zu 20 % des Gesamtbetrags der Einkünfte oder alternativ bis zu 4 ‰ der Summe von Umsätzen, Löhnen und Gehältern als Sonderausgaben geltend gemacht werden (§ 10b Abs. 1 EStG). Voraussetzung ist, dass die Organisation gemeinnützige, mildtätige oder kirchliche Zwecke verfolgt und eine Zuwendungsbestätigung vorliegt.

6.7 Außergewöhnliche Belastungen

Krankheits-, Kur- und Pflegekosten, die nicht von der Krankenkasse oder der staatlichen Beihilfe für Beamte und Pensionäre erstattet werden, können als allgemeine bzw. andere außergewöhnliche Belastungen steuerlich abgesetzt werden. Allerdings ist dies nur möglich, wenn sie eine **zumutbare Belastung** übersteigen.

Diese **zumutbare Belastung** richtet sich nach dem Familienstand, der Zahl der kindergeldberechtigten Kinder und dem Gesamtbetrag der Einkünfte. Nur wenn die nicht erstatteten Kosten 1 % bis 7 %

des Gesamtbetrags der Einkünfte übersteigen, sind sie steuerlich abzugsfähig. Bei zusammen veranlagten Ehegatten errechnet sich die zumutbare Belastung nach dem gemeinsamen Gesamtbetrag der Einkünfte.

Bis Ende 2016 hatten die Finanzämter die zumutbare Eigenbelastung pauschal in einem einzigen Schritt berechnet (z.B. 6 % bzw. 5 % bei einem Gesamtbetrag der Einkünfte über 15.340,– € bis 51.130,– € bei Alleinstehenden bzw. Verheirateten ohne kinderzuschlagsberechtigte Kinder). Dies ist laut **Urteil des Bundesfinanzhofs** vom 19.1.2017 (Az. VI R 75/14) verfassungswidrig.

Die Neuregelung sieht vor, dass die zumutbare Eigenbelastung nun auf allen drei Stufen (bis 15.340,– €, über 15.340,– € bis 51.130,– € und über 51.130,– €) berechnet wird. Dies ist für alle Steuerzahler günstiger, deren Gesamtbetrag der Einkünfte über 15.340,– € im Jahr liegt. Vorausgesetzt, die nicht erstatteten Arzt-, Zahnarzt-, Arznei- und Krankenhauskosten sowie andere Kosten übersteigen die nach der neuen Stufenlösung errechnete zumutbare Eigenbelastung.

Da Rentner und Pensionäre typischerweise keine Kinder mehr haben, für die sie noch Kindergeld oder einen steuerlichen **Kinderfreibetrag** erhalten, wird die zumutbare Belastung je nach Familienstand (alleinstehend oder verheiratet und zusammen veranlagt) und Höhe des Gesamtbetrags der Einkünfte zwischen 4 % und 6 % betragen, also relativ hoch sein. Erst wenn dieser Satz überschritten wird, können die darüberliegenden Kosten einer allgemeinen außergewöhnlichen Belastung steuerlich abzugsfähig sein.

! Unter dem Gesamtbetrag der Einkünfte ist nicht das zu versteuernde Einkommen zu verstehen, sondern die Summe aller steuerpflichtigen Einkünfte (z.B. Renten, Pensionen, Zins- und Mieteinkünfte) vor Abzug von Sonderausgaben und außergewöhnlichen Belastungen. Diese Summe wird mehr oder minder deutlich über dem Einkommen liegen, was zu versteuern ist.

Ob **außergewöhnliche Belastungen** allgemeiner bzw. besonderer Art überhaupt vorliegen, hängt vom Einzelfall ab. Generell müssen diese privaten Ausgaben außergewöhnlich und zwangsläufig entstanden sein. Außerdem müssen sie eine finanzielle Belastung für den Steuerzahler darstellen, die nach Abzug von Kostenerstattungen durch die Krankenversicherung, Leistungen aus einer Krankenhaustagegeld-Versicherung und steuerfreien Beihilfen für Beamte und Pensionäre entsteht.

6.8 Steuerlich abziehbare Pauschbeträge für behinderte Menschen und Pflegende

Steuerlich abziehbare Pauschbeträge gibt es für **besondere außergewöhnliche Belastungen** von behinderten Menschen und Pflegepersonen, die eine ständig hilflose und damit pflegebedürftige andere Person unentgeltlich in ihrer eigenen oder deren Wohnung pflegen.

Der **Behinderten-Pauschbetrag** liegt je nach Behinderung seit 2021 zwischen 384,– € und 2.840,– € jährlich Mit diesem Pauschbetrag sind alle typischen Aufwendungen abgegolten, die laufend für behinderte Menschen entstehen.

Bei schwerbehinderten Menschen wird der **Grad der Behinderung** (GdB) auf Antrag durch das Versorgungsamt festgestellt. Für einen Behinderungsgrad von 25 % liegt der steuerlich abzugsfähige Pauschbetrag bei 384,– €.

Ab einem GdB von 50 % gelten behinderte Menschen als Schwerbehinderte. Sie erhalten dann einen steuerlich abzugsfähigen Behinderten-Pauschbetrag von mindestens 1.140,– €, der bis auf höchstens 7.400,– € bei hilflosen, blinden oder pflegedürftigen Personen mit dem Pflegegrad 4 oder 5 steigt. Zum Nachweis einer Schwerbehinderung ist der Einkommensteuererklärung entweder der Festsetzungsbescheid des Versorgungsamtes oder der Schwerbehindertenausweis beizufügen. Außerdem ist der Grad der Behinderung sowie die behinderte steuerpflichtige Person oder deren Ehegatte anzugeben.

! Der GdB von mindestens 50 % ist im Übrigen auch Voraussetzung für den Bezug einer Schwerbehindertenrente, die grundsätzlich zwei Jahre früher bezogen werden kann als die Altersrente. Sofern Rentenabschläge bei zeitlich weiter vorgezogenen Schwerbehindertenrenten anfallen, liegen diese typischerweise 7,2 Prozentpunkte unter dem Rentenabschlag für vorgezogene Altersrenten, die abschlagspflichtig sind.

Für **Hilflose und Blinde** liegt der steuerlich abzugsfähige Pauschbetrag bei jährlich 7.400,– €. Hilflos ist jemand, der täglich und dauernd auf fremde Hilfe angewiesen ist. Die Hilflosigkeit muss länger als sechs Monate dauern und darf nicht nur von vorübergehender Dauer sein. Blindheit liegt bei völligem Verlust des Augenlichts oder bei einer Sehschärfe von höchstens 2 % trotz Sehhilfe vor. Eine **Gehörlosigkeit** führt nicht zum Pauschbetrag.

Einen speziellen **Hinterbliebenen-Pauschbetrag** von jährlich 370,– € erhalten Hinterbliebene, also beispielsweise Witwen und Waisen, nur in bestimmten Fällen. Voraussetzung ist, dass die Hinterbliebenenbezüge wie Witwen- oder Waisenrente nicht aus der gesetzlichen Rentenversicherung geleistet werden, sondern aus der gesetzlichen Unfallversicherung oder der Beamtenversorgung, sofern der Beamte an den Folgen eines Dienstunfalls verstorben ist. Auch Leistungen aus dem Bundesentschädigungs- und Bundesversorgungsgesetz zählen dazu.

Der steuerlich unter besonderen außergewöhnlichen Belastungen abziehbare **Pflege-Pauschbetrag** liegt bei jährlich 1.800,– € für Pflegegrad 4 und 5. Bei Pflegegrad 3 sinkt er auf 1.100,– € und bei Pflegegrad 2 auf 600,– €. Die betreute Person muss nicht nur pflegedürftig, sondern dauernd hilflos sein. Außerdem muss die Pflege zwangsläufig sein, was typischerweise für die Pflege von nahen Angehörigen (z.B. Ehegatte, Mutter, Schwiegermutter, Vater oder Schwiegervater) zutrifft.

! Sind die Aufwendungen für die häusliche Pflege höher als der Pflege-Pauschbetrag, können diese anstelle des Pauschbetrags auch im Einzelnen unter allgemeinen bzw. anderen außergewöhnlichen Belastungen nachgewiesen werden.

6.9 Lohnkosten für Handwerkerleistungen und haushaltsnahe Hilfen sowie Kosten der energetischen Sanierung beim Eigenheim

Viele Mieter und Selbstnutzer von Haus oder Wohnung unterschätzen oft die Steuervergütung für Lohnkosten in Handwerkerrechnungen und für **haushaltsnahe Dienstleistungen.**

! Es handelt sich bei dieser im Jahr 2006 eingeführten Steuervergütung oder -ermäßigung nicht um eine bloße Steuerersparnis, sondern um eine direkte Verminderung der zu zahlenden Einkommensteuer. Die Höhe des persönlichen Steuersatzes spielt bei der Berechnung dieser Steuervergütung in Höhe von pauschal 20 % der anteiligen Lohnkosten keine Rolle.

Selbstnutzer eines Einfamilienhauses oder einer Eigentumswohnung erhalten eine Steuerermäßigung in Höhe von 20 % der Lohnkosten bei **Handwerkerleistungen** (Renovierungs-, Erhaltungs- und Modernisierungsmaßnahmen). Falls Sie beispielsweise eine komplette Badsanierung mit Lohn- und Fahrtkosten inklusive Mehrwertsteuer in Höhe von 5.000,– € von Handwerkern durchführen lassen und die Rechnung bargeldlos bezahlen, können Sie 20 % von 5.000,– € gleich 1.000,– € direkt von Ihrer Steuerschuld abziehen.

Da der Höchstbetrag für die berücksichtigungsfähigen Lohnkosten bei 6.000,– € liegt, macht die Steuerermäßigung demzufolge höchstens 1.200,– € zuzüglich eventuell ersparter Kirchensteuer aus.

! Nur die in der Handwerker-Rechnung aufgeführten Arbeitskosten und Fahrtkosten inklusive Umsatzsteuer zählen. Bei Kleinunternehmern, die nicht umsatzsteuerpflichtig sind, sind es die Arbeits- und Fahrtkosten netto. Die Rechnung muss immer bargeldlos bezahlt werden. Barzahlungen an Handwerker werden steuerlich nicht anerkannt.

Neben den Handwerkerleistungen sind auch **haushaltsnahe Hilfen** steuerlich begünstigt. Dazu zählen:

- haushaltsnahe Dienstleistungen,
- Pflege- und Betreuungsleistungen im Haushalt,
- Minijobs oder sozialversicherungspflichtige Beschäftigungen im Haushalt und
- in Heimunterbringungskosten enthaltene Aufwendungen für Dienstleistungen, die mit denen einer Haushaltshilfe vergleichbar sind.

Wer seine **Eigentumswohnung** selbst nutzt, erhält vom Hausverwalter beispielsweise zusammen mit der jährlichen Verwalterabrechnung auch eine Bescheinigung über **haushaltsnahe Dienstleistungen.** Darin wird ihm der Anteil der Aufwendungen für das Gemeinschaftseigentum bescheinigt, der zur direkten Steuerermäßigung berechtigt.

Zu den **haushaltsnahen Dienstleistungen bei selbst genutzten Eigentumswohnungen** zählen typischerweise die Löhne für die Hausreinigung, den Hausmeister (mit Winterdienst) und die Gartenpflege oder Außenanlagen. Bei einer 80 m^2 großen Eigentumswohnung fallen beispielsweise allein für diese Posten im Jahr rund 600,– € an. Wenn Sie diese 600,– € in Ihrer Einkommensteuererklärung geltend machen, zieht Ihr Finanzamt davon 20 %, also in diesem Fall 120,– €, direkt von Ihrer tariflichen Einkommensteuer ab.

! Ist die Eigentumswohnung vermietet, kann der Mieter diese Steuerermäßigung ebenfalls geltend machen, sofern der Vermieter wie üblich diese Kosten für haushaltsnahe Dienstleistungen als umlagefähige Betriebskosten auf den Mieter abgewälzt hat. Selbstnutzer könnten sogar 4.000,– € direkt von ihrer Steuerschuld abziehen, wenn die haushaltsnahen Hilfen 20.000,– € und mehr im Jahr kosten würden. Die Steuerermäßigung für diese haushaltsnahen Hilfen macht immer 20 % der Aufwendungen aus, maximal aber 4.000,– €.

In der Praxis wird es sich insbesondere um hauswirtschaftliche Tätigkeiten, die im Zusammenhang mit der **Haushaltsführung** stehen, handeln. Dazu zählen beispielsweise die Reinigung von Haus bzw. Wohnung oder Pflege des Gartens, aber auch die Pflege, Versorgung und Betreuung von Kindern oder von pflegebedürftigen Personen.

! Die Steuerermäßigung in Höhe von 20 % der Aufwendungen für Hilfen im Haushalt setzt aber immer voraus, dass die Arbeitskosten und eventuell Fahrtkosten auch tatsächlich in Rechnung gestellt werden.

Wer eine **energetische Sanierung** im Eigenheim vornimmt, kann für 20 % der gesamten Kosten eine Steuerermäßigung nach § 35a EStG erhalten, sofern er für die Sanierungsmaßnahmen (z.B. Wärmedämmung, Lüftungsanlage mit Wärmerückgewinnung, Fenster- und Türenaustausch oder Heizungsaustausch) keine staatlichen Zuschüsse erhalten hat. Die Steuerermäßigung wird auf drei Jahre verteilt, und zwar jeweils 7 % der Kosten in den ersten beiden Jahren plus 6 % der Kosten im dritten Jahr. Die gesamten Kosten dürfen aber 200.000,– € nicht übersteigen.

Falls die Kosten der energetischen Sanierung beispielsweise bei 60.000,– € liegen, wird die Steuerermäßigung wie folgt verteilt: 4.200,– € im ersten Jahr, ebenfalls 4.200,– € im zweiten Jahr und 3.600,– € im dritten Jahr, zusammen also 12.000,– € (= 20 % der Sanierungskosten von 60.000,– €).

6.10 Erbschaftsteuer und Schenkungsteuer sparen

Insbesondere ab einer **bestimmten Höhe an Immobilien- und Geldvermögen** ist es höchste Zeit, die Höhe des künftigen Nachlasses im Erbfall und die anfallende **Erbschaft- und Schenkungsteuer** genau unter die Lupe zu nehmen. Dabei ist vorrangig an eine vorweggenommene Erbfolge in Form von Schenkungen noch zu Lebzeiten zu denken. Das steuerliche Ziel sollte es sein, den Erben oder Beschenkten die Erbschaft- und Schenkungsteuer so weit wie möglich zu ersparen oder diese zumindest durch vorausschauende Steuerplanung zu senken.

6.10.1 Höhe der Erbschaft- und Schenkungsteuer

Eigenheime sind von der Erbschaftsteuer befreit, sofern die Hinterbliebenen (überlebender Ehepartner oder Kinder) das geerbte Einfamilienhaus oder die geerbte Eigentumswohnung weiterhin mindestens zehn Jahre selbst bewohnen.

! Sofern die Erben aus dem Eigenheim vor Ablauf von zehn Jahren ausziehen, entfällt diese Befreiung von der Erbschaftsteuer. Es sei denn, der Auszug war zum Beispiel wegen der Aufnahme in ein stationäres Pflegeheim dringend erforderlich.

Bei erbenden Kindern darf die Wohnfläche des Eigenheims nicht über 200 m^2 hinausgehen. Ist das Eigenheim 250 m^2 groß, sind nur 80 % des Verkehrswertes erbschaftsteuerfrei. Die restlichen 20 % werden mit dem entsprechenden steuerlichen Wert angesetzt. Außerdem muss die Selbstnutzung durch die Kinder nach einem aktuellen Urteil des BGH spätestens sechs Monate nach dem Erbfall erfolgen.

Die **Höhe der Erbschaft- und Schenkungsteuer** auf das übrige Immobilien- und Geldvermögen hängt

- vom **Wert des steuerpflichtigen Erwerbs** nach Abzug bestimmter Freibeträge,
- der vom **Verwandtschaftsgrad** abhängigen Steuerklasse und
- dem jeweiligen **Steuersatz** ab.

Folgende **Steuerklassen** sind dabei zu unterscheiden:

- **Steuerklasse I** (Ehepartner, Kinder, Enkel, Eltern, Großeltern).
- **Steuerklasse II** (Geschwister, Nichten, Neffen, Schwiegereltern, Schwiegerkinder, geschiedener Ehegatte).
- **Steuerklasse III** (alle übrigen).

Der **Steuersatz** steigt je nach Höhe des steuerpflichtigen Wertes von 7 % in Steuerklasse I bis auf höchstens 50 % in Steuerklasse III (siehe folgende Tabelle). Der steuerpflichtige Wert ergibt sich, nachdem persönliche und eventuell Versorgungsfreibeträge vom Gesamtwert des steuerpflichtigen Erwerbs abgezogen wurden.

Steuersätze bei der Erbschaft- und Schenkungsteuer

Steuersätze in Steuerklasse

Steuerwert [1)]	I	II	III
bis 75.000,– €	7 %	15 %	30 %
bis 300.000,– €	11 %	20 %	30 %
bis 600.000,– €	15 %	25 %	30 %
bis 6.000.000,– €	19 %	30 %	30 %
bis 13.000.000,– €	23 %	35 %	50 %
bis 26.000.000,– €	27 %	40 %	50 %
darüber	30 %	43 %	50 %

1) Steuerwert = Wert des steuerpflichtigen Erwerbs nach Abzug der Freibeträge

Die recht hohen Steuersätze müssen Sie aber nicht erschrecken, da sich der Wert des steuerpflichtigen Erwerbs durch relativ hohe **persönliche Freibeträge** insbesondere bei Ehepartnern und Kindern deutlich vermindert und in vielen Fällen sogar auf null und darunter fällt. Immerhin macht der persönliche Freibetrag für den erbenden Ehepartner 500.000,– € und für die Kinder noch 400.000,– € aus (siehe Tabelle).

Persönliche Freibeträge bei der Erbschaft- und Schenkungsteuer

Erbe/Beschenkter	Freibetrag
Ehepartner	500.000,– €
Kinder und Kinder verstorbener Kinder	400.000,– €
übrige Enkel, Eltern und Großeltern (nur im Todesfall)	200.000,– €
Steuerklasse II (z.B. Geschwister)	20.000,– €
alle übrigen	20.000,– €

Außer den **persönlichen Freibeträgen** gibt es noch **sachliche Freibeträge** in Höhe von 41.000,– € für den Hausrat und 10.300,– € für sonstiges bewegliches Vermögen bei Ehepartnern, Kindern, Enkeln, Eltern und Großeltern. Für alle übrigen Erben und Beschenkten liegt der sachliche Freibetrag bei insgesamt 10.300,– €.

Nur im Erbfall, nicht aber bei der Schenkung, werden zusätzlich noch **besondere Versorgungsfreibeträge** in Höhe von 256.000,– € für Ehepartner und 10.000,– € bis 52.000,– € für Kinder je nach Alter gewährt.

! Allerdings sind diese Versorgungsfreibeträge um den kapitalisierten Barwert der Hinterbliebenenversorgung (z.B. Barwert der Witwenrente in der gesetzlichen Rentenversicherung oder Barwert des Witwengeldes in der Beamtenversorgung) zu kürzen. Bei hohen Witwengeldern geht der Versorgungsfreibetrag schnell gegen null.

Eine Erbschaft- und Schenkungsteuerpflicht tritt grundsätzlich nur ein, wenn das **nach Abzug der Schulden verbleibende Reinvermögen** über den genannten persönlichen und sachlichen Freibeträgen sowie besonderen Versorgungsfreibeträgen liegt.

6.10.2 Steuern sparen bei vorweggenommener Erbfolge

Nach § 13 Abs. 1 Nr. 4a **Erbschaft- und Schenkungsteuergesetz** ist die ehebedingte Zuwendung eines Familienheims auch schon zu Lebzeiten steuerfrei. Es muss sich dabei um ein zu eigenen Zwecken genutztes Wohnhaus oder eine selbst genutzte Eigentumswohnung handeln. Vergleichbare Vergünstigungen bei Eigenheimen gibt es für nichteheliche Lebensgemeinschaften nicht.

Die **ehebedingte Zuwendung von Eigentum oder Miteigentum** an einem selbst bewohnten Eigenheim ist nicht freigebig, da sie der Fortführung der Ehe mit gemeinsamer Nutzung des Eigenheims dient. Der Ehepartner, der das Eigentum oder Miteigentum am Eigenheim erwirbt, wird durch die Übertragung auch nicht auf Kosten des anderen Ehepartners bereichert. Im Gegensatz zur Schenkung ist eine ehebedingte Zuwendung (auch »ehebezogene Zuwendung«, »Zuwendung um der Ehe willen« oder »unbenannte Zuwendung« genannt) an die Erwartung vom Fortbestand der Ehe geknüpft.

! Der Vorteil dieser ehebedingten Zuwendung ist, dass die Zehn-Jahres-Frist für Schenkungen unter Lebenden oder für den erbschaftsteuerfreien Erwerb mit anschließender Selbstnutzung nicht gilt. Auf die Größe des Eigenheims kommt es ebenfalls nicht an.

Praxisfall für ehebedingte Zuwendung der Hälfte des Eigenheims

Das von den Eheleuten selbst bewohnte Eigenheim mit einem Verkehrswert von 600.000,– € ist im Alleineigentum des Ehemanns, der darüber hinaus über ein Geldvermögen von 200.000,– € verfügt. Die Ehefrau hat ein Geldvermögen von ebenfalls 200.000,– €.

Verstirbt der Mann, soll seine überlebende Frau laut Testament Alleinerbin werden. Vom Nachlass in Höhe von 800.000,– € würde der persönliche Freibetrag von 500.000,– € abgezogen, sodass ein steuerpflichtiger Erwerb von 300.000,– € verbliebe. Die von der hinterbliebenen Ehefrau zu zahlende Erbschaftsteuer würde dann 11 % von 300.000,– € und damit 33.000,– € ausmachen, sofern sie das geerbte Eigenheim nicht mindestens zehn Jahre selbst bewohnt.

Sofern der Ehemann aber die Hälfte des Eigenheims (also 300.000,– €) per notariell beurkundetem Vertrag über eine ehebedingte Zuwendung an seine Frau überträgt, wird diese Miteigentümerin. Verstirbt der Mann, liegt der Nachlass für die Frau nur bei 500.000,– € und so hoch wie der persönliche Freibetrag von 500.000,– €. Erbschaftsteuer fällt also nicht an.

Verstirbt die Frau vor dem Mann, liegt der Nachlass des hinterbliebenen Ehemanns sogar nur bei 200.000,– €, sofern der Vertrag im Fall des Vorversterbens der Frau eine Rückübertragung des halben Anteils an den Mann vorsieht. Der überlebende Mann erhält dann den halben Anteil aus dem Vertrag zurück und erwirbt ihn nicht von Todes wegen. Der halbe Anteil am Eigenheim in Höhe von 300.000,– € fällt also nicht in den Nachlass.

Kleiner Nachteil: Für die Übertragung eines Miteigentumsanteils von 300.000,– € fallen Notar- und Gerichtskosten in Höhe von rund 1.500,– € an, sofern auf eine Auflassungs- bzw. Eigentumsvormerkung verzichtet wird und keine Grundschulden gelöscht werden müssen. Diese einmaligen Kosten von rund 1.500,– € sind aber im Vergleich zur ersparten Erbschaftsteuer von 33.000,– € im Todesfall des Mannes zu verschmerzen.

Weitere Konstellationen für ehebedingte Zuwendungen

Selbstverständlich gilt die Steuerbefreiung gemäß § 13 Abs. 4a ErbStG auch für Lebenspartner und auch für den Fall, dass das Eigenheim zu 100 % auf den Ehe- bzw. Lebenspartner übertragen wird.

Wenn der Ehemann in Abänderung des geschilderten Praxisfalls beispielsweise ein Geldvermögen von 500.000,– € besitzt, kann er das Eigenheim auch ganz an seine Ehefrau im Wege der ehebedingten Zuwendung übertragen. Im Fall seines Versterbens fällt für die hinterbliebene Frau ebenfalls keine Erbschaftsteuer an, da der Nachlass von 500.000,– € nicht höher als der persönliche Freibetrag ist.

> **!** Bei Vorversterben der Ehefrau entfällt die Erbschaftsteuer auch für den hinterbliebenen Mann, sofern er laut Vertrag die Rückforderung des auf seine Ehefrau zu Lebzeiten übertragenen Eigenheims verlangen kann.

Der **Rückübertragungsanspruch** entsteht mit dem Tod der Ehefrau und kann zeitlich unbeschränkt ausgeübt werden. Diese Regelung für den Tod des Erwerbers (hier der Ehefrau) sollte auf jeden Fall im Übertragungsvertrag stehen. Die Erbschaftsteuer erlischt gemäß § 29 Abs. 1 Ziffer 1 ErbStG mit Wirkung für die Vergangenheit, soweit ein Geschenk, wozu auch eine ehebedingte Zuwendung gehört, wegen eines Rückforderungsrechts herausgegeben werden musste. Die ehebedingte Zuwendung gilt dann als nicht ausgeführt. Sie fällt im Sinne einer auflösenden Bedingung automatisch weg, sodass ein Herausgabeanspruch gemäß § 812 BGB besteht.

! Im notariell beurkundeten Vertrag über die ehebedingte Zuwendung sollte auch eine Regelung für den Scheidungsfall getroffen werden, wonach der Zuwendende (z.B. der Ehemann) das höchstpersönliche und weder übertragbare noch vererbliche Recht hat, im Falle der Scheidung der Ehe die Rückforderung des auf die Ehefrau ganz oder zur Hälfte übertragenen Eigenheims zu verlangen, und zwar unabhängig davon, wer den Scheidungsantrag eingereicht hat.

6.10.3 Zehn-Jahres-Frist bei Schenkungen nutzen

Die **vorweggenommene Erbfolge im Wege einer Schenkung** (also keine ehebedingte Zuwendung) kann insbesondere bei der Übertragung von Immobilien für beide Seiten – Schenker und Beschenkte – von Vorteil sein. Juristisch ist von lebzeitiger Übertragung des Immobilienvermögens oder vom Verschenken von Immobilien schon zu Lebzeiten die Rede. Oder drastisch ausgedrückt: Der Schenker überträgt zu Lebzeiten Teile seines Vermögens »mit warmer Hand« an die Beschenkten, während der Erblasser im Todesfall sein Vermögen »mit kalter Hand« auf seine Erben überträgt.

! Die Schenkung von Teilen eines umfangreichen Immobilienbesitzes ist aus steuerlicher Sicht sinnvoll, wenn sie mindestens zehn Jahre vor dem Todes- bzw. Erbfall erfolgt. Die hohen persönlichen Freibeträge von 500.000,– € beim Ehepartner oder 400.000,– € für Kinder des Schenkers können jeweils im Zehn-Jahres-Zyklus in Anspruch genommen werden. Das heißt, Sie können beispielsweise jedem Ihrer Kinder alle zehn

Jahre Immobilien- oder Geldvermögen im Wert von bis zu 400.000,– € steuerfrei schenken. Die Zehn-Jahres-Frist beginnt mit dem Datum der ersten Schenkung. Eine vorweggenommene Erbfolge im Wege der Schenkung unter Beachtung der Zehn-Jahres-Frist kann also bei großen Vermögen erbschaftsteuerlich sehr sinnvoll sein.

Stirbt der Schenker **vor Ablauf der Zehn-Jahres-Frist,** wird die anteilige Schenkung (z.B. 50 % bei Versterben nach fünf Jahren) mit dem späteren – oder im Todesfall letzten – Erwerb zu einem einheitlichen Erwerb zusammengerechnet. Auf diesen gesamten Erwerb wird dann die Erbschaft- und Schenkungsteuer erhoben.

! Sofern beim früheren Erwerb durch Schenkung bereits Schenkungsteuer fällig wurde, wird diese bereits auf den früheren Erwerb bezahlte Steuer von der Steuer auf den gesamten Erwerb abgezogen.

6.10.4 Steuern sparen durch besonderen Versorgungsfreibetrag im Erbfall

Viele Ehe- oder Lebenspartner setzen sich im **Berliner Testament** gegenseitig als Erben ein. Stirbt der eine, geht der Nachlass an den überlebenden Ehegatten bzw. Lebenspartner über. Erbschaftsteuer fällt aber nur an, wenn der Nachlass den persönlichen Freibetrag von 500.000,– € nach § 16 ErbStG übersteigt.

! Nach § 17 Abs. 1 ErbStG steht dem hinterbliebenen Ehe- oder Lebenspartner zusätzlich zum persönlichen Freibetrag noch ein besonderer Versorgungsfreibetrag in Höhe von 256.000,– € zu. Dieser Versorgungsfreibetrag wird allerdings um den Kapitalwert der nicht der Erbschaft unterliegenden Versorgungsbezüge gekürzt, die der Witwe bzw. dem Witwer zustehen.

Zu diesen grundsätzlich **erbschaftsteuerfreien Versorgungsbezügen** zählen Witwen- bzw. Witwerrente aus der gesetzlichen Rentenversicherung und berufsständischen Versorgung sowie Witwen- bzw.

Witwergeld aus der Beamtenversorgung, also Hinterbliebenenbezüge aus der gesetzlichen bzw. ersten Säule der Altersvorsorge. Erbschaftsteuerpflichtig sind aber Versorgungsbezüge aus der betrieblichen Altersversorgung oder privaten Rentenversicherung sowie Immobilienrenten des Erblassers, deren Kapitalwert folglich nicht zur Kürzung des Versorgungsfreibetrags führen kann.

Gekürzter Versorgungsfreibetrag im Regelfall

In den meisten Fällen wird vom Versorgungsfreibetrag nach Kürzung durch den Kapitalwert der erbschaftsteuerfreien Versorgungsbezüge noch ein Restbetrag verbleiben. Liegt beispielsweise die Altersrente des verstorbenen Ehe- bzw. Lebenspartners bei monatlich 2.000,– € brutto, macht die Witwen- bzw. Witwerrente 1.200,– € (= 60 % der Altersrente, falls die Ehe vor 2002 geschlossen und zumindest einer der Partner vor dem 2.1.1962 geboren wurde) im Monat und 14.400,– € im Jahr aus.

Sind beide Ehepartner beim Versterben eines Partners beispielsweise 75 Jahre alt, wird die Jahresrente von 14.400,– € mit dem Faktor 9,333 (bei der überlebenden Frau) bzw. 8,198 (beim überlebenden Mann) laut der für das Jahr 2025 gültigen Tabelle des Bundesfinanzministeriums über den Kapitalwert von wiederkehrenden Nutzungen und Leistungen multipliziert.

Der Versorgungsfreibetrag wird somit um 134.395,– € bzw. 118.051,– € gekürzt, sodass nach Abzug dieser Kürzungsbeträge vom Versorgungsfreibetrag noch ein Restbetrag von 121.605,– € bzw. 137.949,– € verbleibt.

! Die Höhe des Kürzungsbetrags bzw. Kapitalwerts ist in § 14 BewG (Bewertungsgesetz) geregelt. Sie hängt vom Alter und Geschlecht des hinterbliebenen Ehe- bzw. Lebenspartners ab. Da bei der Berechnung des Kapitalwerts einer lebenslangen Rente oder Pension ein Zins von 5,5 % berücksichtigt wird, liegt der mit dem Jahresbetrag zu multiplizierende Faktor immer unter der durchschnittlichen Lebenserwartung.

Versorgungsfreibetrag von 256.000,– € bei fehlenden Versorgungsbezügen

Verstirbt beispielsweise die Ehefrau und erhält der überlebende Ehemann keine Witwerrente, da sein eigenes hohes Einkommen voll auf diese Rente angerechnet wird, steht ihm der maximale Freibetrag von 756.000,– € zu, der sich aus dem persönlichen Freibetrag von 500.000,– € und dem besonderen Versorgungsfreibetrag von 256.000,– € zusammensetzt. Mangels Versorgungsbezüge wird der Versorgungsfreibetrag in diesem Sonderfall also nicht gekürzt.

Kein Versorgungsfreibetrag bei hohen Versorgungsbezügen

Völlig anders sieht die Situation aus, wenn beispielsweise der Ehemann verstirbt und die überlebende Ehefrau ein hohes Witwengeld aus dessen Beamtenversorgung erhält. Bei einer monatlichen Bruttopension von 3.300,– € und einem Witwengeld von 1.980,– € (60 % der Bruttopension) liegen die jährlichen Versorgungsbezüge bereits bei 23.760,– €.

Ist die überlebende Ehefrau beim Tod Ihres Mannes 70 Jahre alt, wird der Jahresbetrag ihres Witwengeldes von 23.760,– € mit dem Faktor 11,050 multipliziert. Da dieser Kapitalwert bei 262.548,– € (= jährliches Witwengeld 23.760,– € × Vervielfältiger 11,050) liegt und somit über dem Versorgungsfreibetrag von 256.000,– €, steht ihr nur der persönliche Freibetrag von 500.000,– € zu. In diesem Sonderfall wird demnach kein Versorgungsfreibetrag gewährt.

6.10.5 Vermögensübertragung unter Eheleuten kann Erbschaftsteuer sparen

Angenommen, die Eheleute haben ein Vermögen von zusammen 1,3 Millionen Euro, wovon 800.000,– € auf den Ehemann und 500.000,– € auf die Ehefrau entfallen. Sofern die Ehefrau beim Versterben ihres Mannes wegen hoher Versorgungsbezüge keinen Versorgungsfreibetrag erhält, müsste sie immerhin 300.000,– € (= Nachlass 800.000,– € ./. persönlicher Freibetrag 500.000,– €) versteuern. Darauf wären dann 11 % und somit 33.000,– € an Erbschaftsteuer zu zahlen.

Dies kann durch eine Übertragung eines Vermögens von 300.000,– € vom Ehemann auf seine Ehefrau schon zu Lebzeiten vermieden werden, und zwar durch eine Schenkung oder eine ehebedingte Zuwendung eines entsprechend hohen Miteigentumsanteils am Eigenheim. Der Nachlass beim Tod des Ehemanns sinkt dann auf 500.000,– €.

Verstirbt jedoch zunächst die Ehefrau, könnte der überlebende Ehemann den Nachlass von bis zu 756.000,– € erbschaftsteuerfrei erben, sofern er wegen seiner hohen Beamtenpension keine Witwerrente bekommt.

6.10.6 Hinterbliebeneneinkommen und Erbschaft

Das Ziel, **Erbschaft- und Schenkungsteuer zu sparen,** sollte allerdings nach dem Grundsatz »Nicht nur nach Steuern steuern« nicht allein im Vordergrund stehen. Andererseits ist es bei großen Vermögen aus wirtschaftlicher Sicht fahrlässig und unsinnig, die steuerlichen Auswirkungen bei Erbschaft oder Schenkung völlig zu vernachlässigen.

Rentner und Pensionäre sollten sich spätestens in der Ruhestandsphase Gedanken über die **finanziellen Folgen eines Todesfalls für die Hinterbliebenen** machen. Dabei geht es aber nicht nur um die Frage, wer einmal das Vermögen zu welchen Teilen erben soll. Vorrangig geht es oft um das **Einkommen der Hinterbliebenen,** also deren direkte finanzielle Absicherung in den Alterssicherungssystemen gesetzliche Rentenversicherung, Zusatzversorgung des öffentlichen Dienstes und Beamtenversorgung (z.B. Witwenrente oder Witwengeld).

! Ehepartner und eingetragene Lebenspartner sollten in beiden Fällen prüfen, ob der überlebende Ehepartner finanziell gut versorgt ist. Dabei zählt nicht nur das eigene Einkommen des hinterbliebenen Ehepartners oder eingetragenen Lebenspartners, sondern auch die Höhe der Witwen- bzw. Witwerrente aus der gesetzlichen Rentenversicherung und eventuell Zusatzversorgung des öffentlichen Dienstes oder des Witwen- bzw. Witwergeldes aus der Beamtenversorgung des verstorbenen Ehepartners.

Liegt das eigene Einkommen des überlebenden Ehepartners recht hoch und die Rente des verstorbenen Ehepartners deutlich darunter, kann die Witwen- bzw. Witwerrente bis auf null gekürzt werden. In vielen Fällen wird die Witwen- bzw. Witwerrente aber nur um einen bestimmten Kürzungsbetrag vermindert. Auf die recht komplizierte Berechnung dieses Kürzungsbetrages soll hier nicht weiter eingegangen werden, da sie von einer Reihe von Voraussetzungen (z.B. altes oder neues Rentenrecht, Erwerbs- bzw. Erwerbsersatzeinkommen der Witwe bzw. des Witwers, aktueller Freibetrag für Witwen bzw. Witwer) abhängt.

! Die Witwen- bzw. Witwerrente wird bei der Einkommensteuer mit dem Besteuerungsanteil angesetzt, wie er bereits für den verstorbenen Rentner galt. Steuerlich treten Witwe oder Witwer in die Fußstapfen des verstorbenen Ehe- oder eingetragenen Lebenspartners. Sie »erben« praktisch sein Rentenstammrecht und demzufolge auch seine Versicherungsnummer.

War der verstorbene Ehepartner noch **berufstätig,** wird zunächst eine **fiktive Erwerbsminderungsrente** berechnet und anschließend daraus die Witwen- bzw. Witwerrente. Der Besteuerungsanteil hängt dann vom Jahr des Beginns der Hinterbliebenenrente ab.

! Auch wenn die Witwen- bzw. Witwerrente wegen hohen eigenen Einkommens komplett wegfällt, steht dem hinterbliebenen Ehepartner zumindest die volle Rente des verstorbenen Ehepartners für die restlichen Tage des Sterbemonats sowie die dem Sterbemonat folgenden drei Monate zu (sog. Sterbevierteljahr).

Eigenes Einkommen wird zwar auf die **Witwen- bzw. Witwerrente angerechnet,** aber niemals eigenes **Vermögen.** Nach neuem Rentenrecht, das für eine Heirat ab 2002 oder für nach dem 1.1.1962 geborene Ehepartner mit Heirat vor 2002 gilt, werden allerdings **Vermögenseinkünfte** wie Zins- oder Mieterträge auf die Witwen- bzw. Witwerrente angerechnet. Die Anrechnung von Vermögenseinkünften entfällt aber immer nach altem Rentenrecht, also bei Eheschließung vor 2002 und mindestens einem vor dem 2.1.1962 geborenen Ehepartner.

7 Nachlassplanung: Vermögen sichern, Streit vermeiden

Die Nachlassplanung beantwortet die zentrale Frage, wie das Vermögen des Verstorbenen unter den Erben aufgeteilt werden soll. Der **Nachlass,** also das zu vererbende Vermögen, setzt sich aus dem **Wert der Vermögensgegenstände** (wie Immobilien und sonstigem Vermögen, z.B. Geldvermögen) **abzüglich der Nachlassverbindlichkeiten** zusammen. Zu diesen Verbindlichkeiten gehören Schulden des Verstorbenen sowie Kosten im Zusammenhang mit dem Erbfall, etwa für die Bestattung, ein angemessenes Grabdenkmal und die übliche Grabpflege.

! Nicht zum Nachlass zählen jedoch zukünftige Einkünfte des hinterbliebenen Ehepartners, wie beispielsweise eine Witwen- oder Witwerrente aus der gesetzlichen Rentenversicherung oder das Witwen- bzw. Witwergeld aus der Beamtenversorgung. Auch Kapitalauszahlungen aus einer Kapitallebensversicherung oder privaten Rentenversicherung gehören nicht zum Nachlass, sofern der überlebende Ehepartner sowohl Versicherungsnehmer als auch bezugsberechtigte Person ist.

7.1 Vorsorgevollmacht und Patientenverfügung

Wohl oder übel muss man sich bei der Nachlassplanung auch mit rechtlichen Fragen beschäftigen. Außer der rechtlichen Vorsorge für Krankheit, Unfall oder Todesfall geht es dabei um die Frage des **rechtlich geeigneten Testaments oder Erbvertrags.**

Wer will sich schon mit der Frage befassen, was mit dem Immobilien- oder Geldvermögen im Todesfall geschieht? Viele scheuen davor zurück, rechtzeitig Vorsorge zu treffen. Das beginnt schon mit der Frage, was im Notfall einer schweren Erkrankung zu tun ist. Über den Todes- und Erbfall schweigt man sich oft ganz aus.

Ein Autounfall mit ernsten gesundheitlichen Folgen oder eine plötzliche schwere Erkrankung kann von heute auf morgen eintreten. Um für diesen Notfall vorzusorgen, sollten einige schriftliche Vorkehrungen getroffen werden.

! Es empfiehlt sich, der Bank eine Kontovollmacht zu erteilen, damit eine Person Ihres Vertrauens (z.B. der Ehepartner) über Ihr Konto verfügen kann. Viel wichtiger ist allerdings eine Vorsorgevollmacht, mit der Sie einer Person oder auch mehreren von Ihnen benannten Personen eine Vollmacht erteilen, Sie im Notfall zu vertreten. Diese treten dann ein, wenn Sie selbst nicht mehr in der Lage sind, eigene Entscheidungen zu treffen.

Die **Vollmacht** kann sich auf

- Vermögensangelegenheiten (z.B. Vermögensverwaltung),
- Angelegenheiten der Gesundheits- und Pflegesorge,
- der Aufenthaltsbestimmung (z.B. Wohnung oder Aufenthalt in einem Heim) und
- sonstige persönliche Angelegenheiten (z.B. Vertretung vor Behörden und Gerichten, Wahrnehmung von Rechten und Pflichten aus abgeschlossenen Versicherungen) beziehen.

! Die Vorsorgevollmacht oder Vorsorgeurkunde kann im Zentralen Vorsorgeregister (ZVR) eingetragen werden. Die Gebühren für die Online-Registrierung betragen 20,50 € bei Zahlung per Lastschrift und 23,– € bei Überweisung. Eine Registrierung erleichtert in Notfällen den Zugriff auf die Vorsorgedokumente durch Gerichte und Ärzte. Im Zentralen Vorsorgeregister kann auch eine Patientenverfügung eingetragen werden. Darin werden die Wünsche des Patienten bei der medizinischen Behandlung formuliert, falls der Patient nicht mehr imstande ist, diese zu äußern. Sofern keine Patientenverfügung vorliegt, muss der Arzt den mutmaßlichen Willen des Patienten ermitteln. Im Zweifel wird sich der Arzt für lebenserhaltende Maßnahmen entscheiden.

Die **Betreuungsverfügung** ist für den Fall gedacht, dass vom Betreuungsgericht ein Betreuer für eine volljährige Person, die wegen einer körperlichen, geistigen oder seelischen Behinderung ihre Angelegenheiten nicht mehr selbst besorgen kann, bestellt wird.

7.2 Gesetzliche Erbfolge

Nach wie vor ist die **gesetzliche Erbfolge** gemäß Bürgerlichem Gesetzbuch (BGB) in vielen Fällen maßgeblich, da ein erheblicher Teil der Bevölkerung keine testamentarische Verfügung trifft. Hierzu die wesentlichen Ergebnisse aktueller Studien:

- **Testament und Erbvertrag:** Laut einer Forsa-Umfrage aus dem Jahr 2024 haben lediglich 31 % der Deutschen ein Testament oder einen Erbvertrag aufgesetzt. Besonders ältere Menschen regeln ihren Nachlass häufiger: In der Altersgruppe 60+ liegt die Quote bei 58 %, während sie bei den 18- bis 29-Jährigen nur bei 3 % liegt.
- **Gemeinschaftliche Testamente:** Der Trend zum sogenannten Berliner Testament, bei dem Ehepartner sich gegenseitig als Alleinerben einsetzen, nimmt ab. Nur noch 42 % der Ehepartner wählen diese Form, verglichen mit 59 % im Jahr 2018.
- **Professionelle Beratung:** Immer mehr Menschen suchen professionelle Unterstützung bei der Nachlassplanung. So holen inzwischen 88 % derjenigen, die ein Testament verfassen, Rat von Notaren oder Anwälten ein.

Trotz wachsender Vermögenswerte und der Bedeutung von Erbschaften bleibt das Thema für viele unangenehm. Rund 64 % der Deutschen vermeiden es aktiv, sich mit ihrer **Vermögensnachfolge** auseinanderzusetzen. Dies betrifft vor allem jüngere Menschen und Familien.

! Da die gesetzliche Erbfolge oft nicht den Wünschen des Erblassers und der Erben entspricht, ist die Erstellung eines Testaments oder Erbvertrags, insbesondere bei größerem Vermögen, nahezu unverzichtbar.

Ohne Vorliegen von Testament oder Erbvertrag gelten die gesetzlichen Vorschriften des **Bürgerlichen Gesetzbuches** (§§ 1922 bis 2385 BGB). Dort wird in allen Details geregelt, wie mit dem Tode einer Person (Erbfall) dessen Vermögen (Erbschaft) als Ganzes auf eine oder mehrere Personen (Erben) übergeht.

Der jeweilige Verwandtschaftsgrad bestimmt darüber, in welcher Reihenfolge bzw. Ordnung die Erben zum Zuge kommen. Es gilt das Prinzip der **Blutsverwandtschaft** (»Das Gut fließt wie das Blut«).

Jeder mit dem Stammbaum seiner Familie bestens Vertraute weiß, wer von wem abstammt. Die **Abkömmlinge** bzw. Nachkommen des Erblassers – also Kinder, Enkel und Urenkel – stehen in der gesetzlichen Erbfolge ganz oben und sind **Erben 1. Ordnung.**

Als **Erben 2. Ordnung** kommen Mutter und Vater als Eltern des Erblassers sowie deren Abkömmlinge, also Schwestern, Brüder, Nichten und Neffen des Erblassers, infrage. Dies aber nur, wenn der Erblasser keine eigenen Kinder hat. Jeder Angehörige einer niedrigeren Ordnung (z.B. Tochter des Erblassers) schließt alle Verwandten einer höheren Ordnung (z.B. Schwestern und Brüder des Erblassers bzw. Onkel der Tochter) aus.

Und so geht es weiter über die **Erben 3. Ordnung** (Großeltern und deren Abkömmlinge wie Tante, Onkel, Cousine und Cousin des Erblassers) und **Erben 4. Ordnung** (Urgroßeltern und deren Abkömmlinge). Erben fünfter und noch höherer Ordnung (Ururgroßeltern und deren Abkömmlinge usw.) zählen zu den entfernteren Verwandten des Erblassers.

! Es ist nur schwer vorstellbar, dass diese gesetzliche Erbfolge immer den Wünschen des Erblassers und der Erben entspricht.

Zwar gibt es noch ein gesetzliches Erbrecht für den überlebenden Ehegatten und eingetragenen Lebenspartner. Dies gilt aber ausdrücklich nicht für Lebensgefährten, die ohne Trauschein zusammenleben. Wenn weder Testament noch Erbvertrag vorliegen, erbt der überlebende Lebensgefährte nichts.

7.3 Testament oder Erbvertrag

Jeder kann allein ein Testament errichten, da das Testament im engeren Sinne eine **einseitige Willenserklärung** ist. Das **Einzeltestament** kann wie das **Gemeinschaftstestament** eigenhändig errichtet werden, also **ohne Einschaltung eines Notars.**

Dies spart erst einmal Kosten. Damit ein **eigenhändiges Testament** aber wirksam werden kann, muss es im Erbfall auch aufgefunden werden. Außerdem muss es handschriftlich verfasst und eigenhändig vom Erblasser unterschrieben sein. Der letzte Wille muss zweifelsfrei zum Ausdruck kommen, damit später nicht über die »richtige« Auslegung diskutiert werden muss.

Der **Erblasser** soll im eigenhändigen Testament zudem angeben, zu welchem Zeitpunkt und an welchem Ort er es unterschrieben hat. Fehlen diese Angaben, ist das Testament nur gültig, wenn sich die notwendigen Feststellungen über den Zeitpunkt und Ort der Errichtung des Testaments anderweitig treffen lassen.

! Um auf Nummer sicher zu gehen, sollten Sie das notarielle Testament dem eigenhändigen Testament vorziehen. Die entstehenden Notar- und Gerichtskosten sind der Preis für diese Sicherheit. Wer diesen Preis nicht zahlen und Kosten einsparen will, geht zumindest das Risiko ein, dass das Testament irgendwann verlorengeht oder im Erbfall nicht mehr aufzufinden ist.

7.3.1 Berliner Testament bei Ehepartnern

Alles, was Eheleute im Erbvertrag regeln, können sie grundsätzlich auch in einem gemeinschaftlichen Testament tun. Im sogenannten **Berliner Testament** setzen sich die Ehegatten gegenseitig als Erben ein. Auch dort können sie selbstverständlich Regelungen für den Fall treffen, ob ihre Kinder im ersten Erbfall den Pflichtteil verlangen können.

Kosten können sie beim Berliner Testament im Vergleich zum Erbvertrag aber nicht sparen. In beiden Fällen kommt die doppelte Notargebühr auf sie zu, zum Beispiel rund 1.000,– € inklusive 19 % Mehrwertsteuer bei einem Nachlasswert von 200.000,– €. Während der Notar den Erbvertrag gratis aufbewahrt, kommt beim Testament eine Gerichtsgebühr von rund 100,– € für die Hinterlegung beim Amtsgericht hinzu.

Bei einem Nachlasswert (Vermögen ./. Schulden) von beispielsweise einer Million Euro liegt die doppelte Notargebühr bei gut 2.200,– € und die Gerichtsgebühr bei rund 400,– €.

7.3.2 Generationensprung erwägen

Beim gemeinsamen Testament setzen sich Ehegatten mit Kindern typischerweise gegenseitig als Erben ein und schließen ihre Kinder zunächst von der Erbschaft aus. Das führt einerseits zur **Überversorgung** des hinterbliebenen Ehepartners, der möglicherweise Erbschaftsteuer zahlen muss, und andererseits zum fehlenden Ausnutzen des hohen persönlichen Freibetrags von 400.000,– € pro Kind.

Erben die Kinder nach dem Tod des zunächst überlebenden Elternteils alles, müssen auch sie nach Überschreiten des Freibetrags Erbschaftsteuer zahlen. Letztlich wird das Erbe zweimal besteuert, zunächst nach dem Tod des ersten Elternteils und später nach dem Tod des zweiten Elternteils.

Um diese erbschaftsteuerlichen Nachteile zu vermeiden, bietet sich ein **Generationensprung** an. Beispielsweise kann der Vater sein Immobilienvermögen im Wege der vorweggenommenen Erbfolge direkt auf seine Kinder oder Enkelkinder übertragen. Er überspringt damit eine oder gar zwei Generationen bei seiner Nachlassplanung.

! Alternativ zur Schenkung kann der Vater im Erbvertrag oder Testament die Kinder und/oder Enkelkinder als Erben des Immobilienvermögens einsetzen und der überlebenden Ehefrau ein Nießbrauch- und Wohnungsrecht an den Immobilien im Falle seines Todes einräumen. Die überlebende Ehefrau erhält dann die laufenden Mieterträge aus den an die Kinder (oder Enkelkinder) später vererbten Immobilien und kann das Eigenheim weiterhin selbst nutzen.

7.3.3 Erbvertrag in bestimmten Fällen

Gerade für **nichteheliche Lebensgemeinschaften** ist der Abschluss eines Erbvertrages fast schon ein Muss. In diesem von beiden Partnern vor einem Notar abgeschlossenen und unterschriebenen Vertrag können sich die Lebensgefährten gegenseitig als Erben einsetzen und einen Rücktrittsvorbehalt für den Fall festlegen, dass die Partnerschaft eines Tages wieder beendet wird.

! Der Erbvertrag kann auch sinnvoll sein, wenn sich Erblasser und künftige Erben ihrer Sache sicher sein wollen. Beispielsweise schließen die Eheleute einen Erbvertrag ab, in dem sie sich für den ersten Erbfall gegenseitig als Erben einsetzen und für den zweiten Erbfall ihre Erben (z.B. Tochter und Sohn) bereits benennen.

7.4 Zugewinngemeinschaft oder Gütertrennung

Mit Testament oder Erbvertrag ist es leider nicht getan. Bei der Nachlassregelung im Erbfall kommt es auch auf den jeweiligen **ehelichen Güterstand** an, der gesetzlich geregelt ist oder vertraglich im Ehevertrag vereinbart wurde.

Der überlebende Ehepartner oder eingetragene Lebenspartner ist kein Blutsverwandter. Er erbt aber neben den Verwandten erster Ordnung (z.B. Kinder des Erblassers) immer die Hälfte der Erbschaft, sofern der gesetzliche Güterstand der **Zugewinngemeinschaft** gilt. Zum gesetzlichen Erbteil in Höhe von einem Viertel des Nachlasses kommt also ein weiteres Viertel hinzu. Die Kinder erben dann insgesamt die andere Hälfte.

Insbesondere Geschäftsleute oder Privatleute mit hohem Vermögen entscheiden sich häufig für die **Gütertrennung** als vertraglichen Güterstand. In diesem Fall erbt der überlebende Ehepartner grundsätzlich gemeinsam mit den Kindern zu gleichen Teilen. Das heißt bei einem Kind ebenfalls die Hälfte wie bei der Zugewinngemeinschaft, aber bei zwei Kindern nur ein Drittel und bei drei und mehr Kindern nur ein Viertel.

Die **Gütertrennung** führt also bei Ehepaaren, die in Gütertrennung leben und mehrere Kinder haben, für den überlebenden Ehepartner zu Nachteilen. Bei drei und mehr Kindern erbt er nur ein Viertel statt der Hälfte des Nachlasses.

! Dies kann durch eine modifizierte Zugewinngemeinschaft verhindert werden. Dabei wird vereinbart, dass die Zugewinngemeinschaft im Falle der Erbschaft weiterhin gilt, aber die Gütertrennung nur bei Scheidung. Auf diese Weise wird der Zugewinn im Todesfall so ausgeglichen wie beim gesetzlichen Güterstand.

Ein Zugewinnausgleich im Todesfall, verbunden mit Gütertrennung im Scheidungsfall, kann auch von vornherein über einen notariell beurkundeten Ehevertrag vereinbart werden. Diese modifizierte Zugewinngemeinschaft unterscheidet sich also von der reinen Zugewinngemeinschaft, die für Todes- und Scheidungsfall gleichermaßen gilt.

! Eine solche Vereinbarung verbindet die erbschaftsteuerlichen Vorteile des Zugewinnausgleichs mit dem Vorteil, dass der Zugewinn im Falle einer Scheidung nicht ausgeglichen wird. De facto gibt es eine Gütertrennung dann also nur im Fall einer Scheidung.

7.5 Schenkung als vorweggenommene Erbfolge

Die **vorweggenommene Erbfolge** kann insbesondere bei der Übertragung von Immobilien für beide Seiten – Schenker und Beschenkte – von Vorteil sein. Die Schenkung von Haus oder Wohnung lässt sich nicht ohne Weiteres rückgängig machen. Zur eigenen Sicherheit sollte der Schenker daher im Regelfall Nutzungs-, Renten- oder Pflegerechte zu seinen Gunsten vertraglich vereinbaren und grundbuchlich absichern.

! Sinnvoll ist auch eine Rückfallklausel für den Fall, dass der Beschenkte vor dem Schenker stirbt oder seinen Verpflichtungen nicht nachkommt.

7.5.1 Reine Schenkung

Die reine Schenkung von Immobilien oder anderem Vermögen, also die Schenkung ohne Übernahme von Restschulden und ohne Auflagen wie Nutzungs- oder Rentenverpflichtungen für den Beschenkten, wird einkommensteuerlich als **unentgeltlicher Erwerb** eingestuft.

Da der Beschenkte mangels Kaufs keine Anschaffungskosten hat, kann er nur in die Fußstapfen des Schenkers treten und dessen Abschreibungen bei vermieteten Immobilien fortführen (sog. »**Fußstapfentheorie**«). Lagen die früheren Anschaffungskosten auf sehr niedrigem Niveau, fällt auch die vom Schenker übernommene Abschreibung gering aus. Bei der reinen Schenkung eines Eigenheims ändert sich einkommensteuerlich gar nichts, da **keine Einkünfte aus Vermietung und Verpachtung** vorliegen.

7.5.2 Schenkung mit Auflage

Oft ist es sinnvoll, die Schenkung einer Immobilie mit **Auflagen** zugunsten des Schenkers zu verbinden. Eine solche Schenkung unter Auflage erfolgt über die Einräumung eines **Nießbrauchrechts,** eines **Wohnungsrechts,** einer **Pflegeverpflichtung,** eines **Pflichtteilsverzichts** oder einer **Versorgungsrente.**

Letztlich bestehen die Auflagen auf Gegenleistungen, die im notariell beurkundeten Übertragungsvertrag vereinbart werden. Entweder handelt es sich um eine **Nutzungsauflage** (z.B. Nießbrauch), eine **Duldungsauflage** (z.B. Wohnungsrecht) oder eine **Leistungsauflage** (z.B. Leibrente oder Pflegeleistung).

7.5.3 Schenkung mit Nießbrauch

Insbesondere bei der Übertragung von vermieteten Immobilien an die künftigen Erben kommt der Nießbrauch nach §§ 1030 ff. BGB vor. Meist genießt der Übergeber weiterhin die Mieteinnahmen und behält sich dies vor (sog. »**Vorbehaltsnießbrauch**«), während der Übernehmer bereits neuer rechtlicher Eigentümer der Immobilie wird.

Im Prinzip handelt es sich dabei um eine **vorweggenommene Erbfolge** bzw. eine **Schenkung unter Auflage.** Bei der Übertragung eines selbst bewohnten Einfamilienhauses oder einer selbst genutzten Eigentumswohnung schließt der Nießbrauch auch ein lebenslanges Wohnungsrecht für den Übergeber mit ein.

! Im Unterschied zum Verkauf einer Immobilie gegen Veräußerungsrente oder zur Übertragung gegen Versorgungsrente fließt bei der Immobilienübertragung gegen Nießbrauch kein Geld. Der Beschenkte als Übernehmer und neuer rechtlicher Eigentümer der Immobilie muss also kein Geld an den Übergeber und alten Eigentümer zahlen. Stattdessen genießt der Schenker und ehemalige Eigentümer lebenslang das Recht auf die Erzielung von Einnahmen (Nießbrauch im engeren Sinne).

Sowohl bei vermietetem als auch bei selbst bewohntem Grundbesitz können Sie als Schenker und Übergeber Nießbrauch- und Wohnungsrecht miteinander kombinieren. In der Regel reicht schon die alleinige Eintragung eines Nießbrauchrechts in der zweiten Abteilung des Grundbuches aus, da der Nießbrauch im weiteren Sinne auch die lebenslange Nutzung zu eigenen Wohnzwecken umfasst.

! Aus Vorsichtsgründen sollte das Nießbrauchrecht auf jeden Fall als erstrangiges dingliches Recht vor allen anderen Rechten im Grundbuch eingetragen werden. Auch im denkbar schlimmsten Fall einer Zwangsversteigerung bleibt dann das Nießbrauchrecht zugunsten des Schenkers und ehemaligen Eigentümers weiter bestehen. Das heißt, der Ersteigerer müsste dem früheren Eigentümer weiterhin den Genuss der Mieteinnahmen einschließlich der lebenslangen Nutzung der Wohnung gestatten.

Die Vereinbarung eines Nießbrauchs gehört unbedingt ins Grundbuch. Als alter Eigentümer und **Nießbrauchberechtigter** (auch Nießbraucher genannt) profitiert der Übergeber der Immobilie weiter von den Mieteinnahmen und versteuert wie bisher seine Vermietungseinkünfte. Der neue Eigentümer als **Nießbrauchgeber** kommt erst nach dem Tod des Schenkers in den Genuss der Mieteinnahmen.

Vom Wert der übertragenen Immobilie wird aus schenkungsteuerlicher Sicht der kapitalisierte Wert des vorbehaltenen Nießbrauchs abgezogen. Dieser **Kapitalwert** errechnet sich aus dem Jahreswert des Nießbrauchrechts, der durchschnittlichen Lebenserwartung des Übergebers laut Statistischem Bundesamt (diese ist für Männer geringer als für gleichaltrige Frauen) und einem Zinssatz von 5,5 % pro Jahr.

Der **Jahreswert des Nießbrauchrechts** an einer vermieteten Immobilie entspricht dem tatsächlich erzielten Mietreinertrag, der laut § 16 Bewertungsgesetz nicht über 1/18,6 des Werts der Immobilie liegen darf. De facto wird also eine maximale Mietrendite von 5,38 % unterstellt. Der ermittelte Jahreswert wird dann mit dem Kapitalisierungsfaktor multipliziert. Wenn die Wohnimmobilie vermietet ist, wird von dem so ermittelten Kapitalwert noch der Verschonungsabschlag von 10 % abgezogen.

! Im Übertragungsvertrag sollte unbedingt geklärt werden, wer die Kosten für Instandhaltungsmaßnahmen zu tragen hat. Im Regelfall sollten sie wie die laufenden Betriebs- und Verwaltungskosten vom Übergeber getragen werden, was auch einkommensteuerlich sinnvoll ist.

Der Übergeber sollte auf jeden Fall **Rücktrittsrechte** und damit die Rückübereignung der Immobilie unter im Vertrag genau bestimmten Bedingungen vereinbaren. Damit sichert er sich in wirtschaftlicher und rechtlicher Hinsicht ab, falls eine der Bedingungen tatsächlich eintritt.

Wie ein solcher Übertragungsvertrag in seinen wichtigen Teilen aussehen kann, zeigt das folgende Originalbeispiel.

Mustertext für Immobilienübertragung gegen Nießbrauch

Herr .... ist Eigentümer des im Grundbuch von ..... Blatt .... verzeichneten Grundstücks (Flur .... Nr. .... und .....). Er überträgt die Eigentumswohnung an seinen Sohn ....

Der Veräußerer überträgt hiermit dem dies annehmenden Erwerber den vorbezeichneten Grundbesitz nebst etwaig eingeräumten Sondernutzungsrechten und allen sonstigen Bestandteilen. Die Veräußerung bedarf nicht der Zustimmung des Verwalters (gerade Linie).

Die Übertragung erfolgt im Wege der vorweggenommenen Erbfolge. Der Erwerber hat sich die Zuwendung auf seinen Pflichtteil nach dem Veräußerer anrechnen zu lassen.

Der Veräußerer behält sich am übertragenen Grundbesitz den unentgeltlichen Nießbrauch vor. Der Nießbrauch beginnt mit der Eintragung des Rechts im Grundbuch und endet – vorbehaltlich einer früheren Aufgabe – mit dem Tod des Nießbrauchers.

Für den Inhalt des Nießbrauchrechts gelten die gesetzlichen Bestimmungen mit folgender Maßgabe: Abweichend von § 1041 BGB obliegen dem Nießbraucher Ausbesserungen und Erneuerungen auch insoweit, als sie nicht zur gewöhnlichen Unterhaltung der Sache gehören. Alle für die Dauer des Nießbrauchs auf den Grundbesitz entfallenden öffentlichen Lasten hat der Nießbraucher zu tragen.

Der Jahreswert des Nießbrauchrechts wird zum Zwecke der Kostenberechnung beim Grundbuchamt mit 6.840,– € angegeben.

Der Veräußerer behält sich das Recht vor, die Rückübereignung des Vertragsobjekts zu verlangen, wenn

- der Erwerber das Vertragsobjekt ohne Zustimmung des Veräußerers ganz oder teilweise verkauft oder belastet oder dies versucht oder
- in das Vertragsobjekt Zwangsvollstreckungsmaßnahmen eingeleitet und nicht innerhalb von vier Wochen wieder aufgehoben werden oder
- ein Antrag auf Scheidung der Ehe des Erwerbers gestellt wird oder
- der Erwerber vor dem Veräußerer verstirbt.

Der Anspruch auf Rückübereignung ist weder vererblich noch übertragbar. Nach dem Tod des Berechtigten erlischt der Anspruch, wenn er bis dahin bei Eintritt eines Rückerwerbsfalls nicht geltend gemacht wurde.

7.5.4 Steuerlicher Vorteil beim Vorbehaltsnießbrauch

Da der **Kapitalwert des Nießbrauchrechts** bei der Berechnung der Schenkungsteuer vom Wert der übertragenen Immobilie abgezogen wird, vermindern sich der Steuerwert und dadurch die eventuelle Steuerlast.

Die **anfallende Schenkungsteuer** bemisst sich also nach dem Wert der Immobilie nach Abzug des Wertes des vorbehaltenen Nießbrauchrechts. Der Kapitalwert dieses Nießbrauchrechts wird unter Berücksichtigung des Jahreswertes des Nießbrauchrechts (also Jahresreinertrag als jährliche Nettokaltmiete minus nicht umlagefähige Instandhaltungs- und Verwaltungskosten), des Alters der nießbrauchberechtigten Person (also des ehemaligen Eigentümers) und dessen statistischer Lebenserwartung nach der **Sterbetafel des Statistischen Bundesamtes** und des zugrunde gelegten Zinssatzes ermittelt.

Ein 70-jähriger Nießbrauchberechtigter (ehemaliger Eigentümer) hat nach der Sterbetafel des Statistischen Bundesamtes von 2021/2023 noch eine statistische Lebenserwartung von 14,01 Jahren für Männer. Bei einem Zins von 5,5 % errechnet sich ein Vervielfältiger von 9,858 nach der laut Bundesfinanzministerium veröffentlichten Tabelle für 2025. Das heißt, der Kapitalwert dieses Nießbrauchrechts macht das rund 10-Fache des Jahresreinertrags aus.

Liegt dieser Jahresreinertrag beispielsweise bei 60.000,– € für ein Mietwohnhaus mit einem Immobilienwert von 900.000,– € nach Abzug des Verschonungsabschlags von 10 % für die vermietete Wohnimmobilie, werden 591.480,– € (= 60.000,– € × 9,858) als Kapitalwert des Nießbrauchrechts berechnet.

Zieht man diesen Kapitalwert von 591.480– € für den Vorbehaltsnießbrauch vom Wert der Immobilie in Höhe von 900.000,– € ab, errechnet sich ein Steuerwert von 308.520,– €. Sofern das Mietwohnhaus vom Vater an den Sohn mit Nießbrauch übertragen wird, liegt dieser Steuerwert noch unter dem persönlichen Freibetrag von 400.000,– € für den Sohn. Daher fällt keine Schenkungsteuer an.

Unter Umständen hat der Sohn beim Tod seines Vaters aber Steuern nachzuzahlen. Die Berechnung des Kapitalwertes für das Nießbrauchrecht ist gemäß § 14 Abs. 2 Bewertungsgesetz zu korrigieren, wenn die tatsächliche Nutzung kürzer ist als die statistisch zugrunde gelegte Lebenserwartung. Dies wäre in obigem Beispiel der Fall, wenn der bei der Schenkung 70 Jahre alte Vater beispielsweise mit 80 Jahren verstirbt, da die durchschnittliche statistische Lebenserwartung 14,01 Jahre für einen 70-jährigen Mann laut Tabelle beträgt und somit gut vier Jahre höher wäre als die tatsächliche.

Völlig anders sieht die Situation beim sogenannten **Zuwendungsnießbrauch** aus, der in der Praxis nur selten vorkommt. Hierbei bestellt der Eigentümer (z.B. Eltern) zugunsten eines Dritten (z.B. Sohn oder Tochter) einen Nießbrauch. Treten dann Sohn oder Tochter gegenüber dem Mieter erkennbar als Vermieter auf, müssen sie als Nießbraucher auch die Vermietungseinkünfte versteuern. Abschreibungen können sie im Gegensatz zum Vorbehaltsnießbraucher nicht geltend machen.

! Letztlich werden beim Zuwendungsnießbrauch die Rollen völlig vertauscht. Nicht die betagten Eltern genießen die Mieteinnahmen, sondern ihre Kinder. Dafür bleiben die Eltern im Gegensatz zum Vorbehaltsnießbrauch aber weiterhin Eigentümer der Immobilie. Sie verschenken also nicht die Immobilie, sondern nur die laufenden Mieteinnahmen.

Da dies aber wegen des Nichtabzugs von Abschreibungen und des meist höheren Steuersatzes bei Sohn oder Tochter häufig zu **steuerlichen Nachteilen** führt, ist diese Nießbrauchgestaltung nur die zweitbeste Lösung. Meist entspricht die **Vermögensübertragung gegen Vorbehaltsnießbrauch** sowohl den Interessen der Schenker (z.B. Eltern) als auch der Beschenkten (z.B. erwachsene Kinder).

7.5.5 Schenkung mit Wohnungsrecht

Bei der Übertragung des Eigenheims wird häufig ein **Wohnungsrecht** vereinbart. Es verschafft dem Wohnberechtigten das ausschließliche Recht auf Selbstnutzung des Hauses oder der Wohnung.

! Wohnungsrecht nur auf einem Blatt Papier zu vereinbaren, reicht nicht. Dingliches Wohnungsrecht im Grundbuch ist immer besser. Dieser Grundsatz sollte auch unter nahen Angehörigen gelten. Vertrauen ist gut, Kontrolle ist besser. Mit Misstrauen gegenüber dem Beschenkten und dem neuen Eigentümer hat dies nichts zu tun. Die Grundbucheintragung dient zur Sicherheit des Schenkers und alten Eigentümers für den Fall, dass der Beschenkte später die Immobilie verkauft. Das Wohnungsrecht sollte unbedingt als beschränkte persönliche Dienstbarkeit in der Zweiten Abteilung des Grundbuches eingetragen werden und allen anderen Rechten vorangehen.

Wird im Fall der Duldungsauflage ein **lebenslanges Wohnungsrecht zugunsten des Schenkers** vereinbart, gilt aus schenkungsteuerlicher Sicht das Gleiche wie beim Vorbehaltsnießbrauchrecht. Der Kapitalwert des Wohnungsrechts wird vom Wert des Eigenheims abgezogen, sodass nur der verbleibende Wert für die Berechnung einer eventuellen Schenkungsteuer herangezogen wird. Der Jahreswert des Wohnungsrechts wird aus der ortsüblichen Vergleichsmiete errechnet. Es wird also so getan, als ob das weiterhin selbst genutzte Eigenheim vermietet würde.

7.5.6 Schenkung mit Pflegeverpflichtungen

Eine Schenkung kann für den Beschenkten auch mit der Auflage verbunden sein, **Pflegeleistungen** für den Fall zu erbringen, dass der Schenker pflegebedürftig wird. Art, Ort und Umfang der Pflegeverpflichtungen und Pflegeleistungen müssen im Schenkungsvertrag ausdrücklich vereinbart werden. Meist wird es sich um die **häusliche Pflege** handeln, die außer der Grundpflege noch die hauswirtschaftliche Versorgung umfasst.

7.5.7 Schenkung mit Erb- und Pflichtteilsverzicht

Die Schenkung kann auch mit einem **Erb- und Pflichtteilsverzicht** verbunden sein. Der Beschenkte verzichtet als Gegenleistung der Schenkung auf seinen gesetzlichen Erbteil und in der Regel auch auf seinen Pflichtteil. Verständlicherweise werden sich gesetzliche Erben nur dann auf einen solchen Verzicht einlassen, wenn der Wert der Schenkung entsprechend hoch ausfällt.

! Der Erb- und Pflichtteilsverzicht muss notariell beurkundet werden (§ 2348 BGB).

7.5.8 Schenkung mit Versorgungsrente

Das **Aushandeln oder gar Feilschen um die Höhe einer lebenslangen Rente** mögen nahe Angehörigen oft nicht. Andererseits möchte der Schenker aus Altersgründen seine Immobilie gegen eine laufende Rentenzahlung an die nachfolgende Generation übertragen und selbst im Alter finanziell abgesichert sein. Der mögliche Ausweg ist dann die **Vereinbarung einer Versorgungsrente.**

Versorgungsrenten sind – dies sagt schon der Name – Renten, die in erster Linie der Versorgung des Rentenberechtigten dienen. Die Höhe der Rentenleistung richtet sich daher in erster Linie nach der wirtschaftlichen Lage und dem Versorgungsbedürfnis des Verkäufers und nicht nach dem Wert der auf den rentenverpflichteten Käufer übertragenen Immobilie. Allerdings sollte auch die Leistungsfähigkeit des Rentenverpflichteten mit bedacht werden.

Ähnlich wie beim Altenteil im Zusammenhang mit der Hof- oder Geschäftsübergabe an den Nachfolger hängt die Versorgungsrente bzw. beim Altenteil der Anspruch auf Wohnen, Ernährung und Pflege nicht vom Verkehrswert der übertragenen Immobilie ab.

Aus diesem Grund liegt der **Kapitalwert der Versorgungsrente** (sog. Rentenbarwert) meist **deutlich über dem Verkehrswert.** Beispiel: Verkehrswert 300.000,– €, aber Kapitalwert der Versorgungsrente 500.000,– €. Damit die Vermögensübertragung gegen Versorgungsrente aber steuerlich dem Verkauf gegen Veräußerungsrente gleichgestellt werden kann, darf der Kapital- bzw. Rentenbarwert nicht mehr als das Doppelte des Verkehrswertes ausmachen.

Liegt der Kapitalwert der Rente über dem Doppelten des Verkehrswertes (z.B. Verkehrswert 300.000,– €, aber Kapitalwert 700.000,– €), spricht man von einer **Unterhaltsrente,** die im Zusammenhang mit der Übertragung von Immobilien überhaupt nicht steuerlich erfasst wird.

! Unterhaltsrenten dieser Art fallen unter das steuerliche Abzugsverbot für freiwillige Zuwendungen. Nur bestimmte andere Unterhaltsleistungen wie beispielsweise der Unterhalt an den geschiedenen Ehegatten sind steuerlich abzugsfähig.

Da **Unterhaltsrenten** für den Rentenverpflichteten nicht steuerlich abzugsfähig sind, ist von der Vereinbarung einer Unterhaltsrente abzuraten. Stattdessen sollte man die **Versorgungsrente** wählen, bei der zumindest der Ertragsanteil wie bei der Veräußerungsrente steuerlich berücksichtigt wird.

! Der Immobilieneigentümer kann seine Immobilien an zukünftige Erben oder sonstige nahe Angehörige auch verkaufen. Er vereinbart einen Kaufpreis oder lässt sich eine lebenslange Rente zahlen. Bei einer Immobilienübertragung auf Rentenbasis wird nicht die einmalige Zahlung eines Kaufpreises, sondern eine periodisch wiederkehrende, meist monatliche Rentenzahlung vereinbart. Sie ist auf die Lebenszeit eines Menschen (Leibrente) oder auf die Dauer von mindestens zehn Jahren (Zeitrente) ausgerichtet. Die Höhe der Veräußerungsleibrente orientiert sich am Verkehrswert der Immobilie und berücksichtigt das Alter des Verkäufers bzw. Übergebers sowie das aktuelle Zinsniveau.

Für den Verkäufer bzw. Übergeber ist die langfristige Sicherung seines Lebensstandards durch die Rentenzahlung von großer Bedeutung.

! Damit während der häufig sehr langen Laufzeiten von Leibrenten kein Kaufkraftverfall eintritt, vereinbaren Übernehmer und Übergeber häufig eine Wertsicherungsklausel, die eine mögliche Geldentwertung durch Koppelung der Rente an die Inflationsrate ausgleicht.

Die **Veräußerungsleibrente** ist im Gegensatz zur reinen Versorgungsrente eine nach kaufmännischen Grundsätzen abgewogene Gegenleistung für den Erwerb einer Immobilie. Sie kann auch mit Verwandten, also auch mit den nächsten Angehörigen, vereinbart werden. Allerdings muss sie dann einem Fremdvergleich standhalten. Das ist dann der Fall, wenn der Rentenbarwert als Summe aller abgezinsten Leibrenten in etwa dem Verkehrswert entspricht.

Immobilienrenten sollten unbedingt zugunsten des Verkäufers als Reallast gemäß § 1105 BGB im Grundbuch eingetragen werden. Eine Leibrente bedeutet für den Verkäufer bzw. Übergeber eine lebenslange finanzielle Absicherung. Das Risiko einer Leibrente besteht für den Übernehmer der Immobilie darin, dass die von ihm gezahlte Summe aller Renten bei einer langen Lebensdauer des Übergebers höher ausfallen kann als bei einer einmaligen Kaufpreiszahlung.

! Der Berechnung einer Leibrente liegen der Verkehrswert einer Immobilie und die aus den Sterbetafeln des Statistischen Bundesamtes zu entnehmende fernere Lebenserwartung des Verkäufers zugrunde. Außerdem wird neben dem gewählten Zinssatz auch der Zahlungsrhythmus (z.B. monatlich oder quartalsweise) berücksichtigt sowie die vor- oder nachschüssige Zahlung zu Beginn oder Ende eines Abrechnungszeitraums.

Eine eventuelle **Vereinbarung einer Leibrente** für verbundene Leben fließt ebenfalls in die Berechnung ein. Bei der Ermittlung der Leibrentenhöhe wird eine bestimmte Verzinsung des Kapitalwertes zugrunde gelegt. Eine Leibrente für verbundene Leben bezieht sich auf eine vertragliche Vereinbarung, bei der die Rentenzahlungen an die Lebensdauer mehrerer Personen gebunden sind – typischerweise bei Ehepaaren oder Lebenspartnern. Häufig wird zusätzlich zum Hausverkauf auf Rentenbasis noch ein meist lebenslanges oder auch befristet mögliches Wohnungsrecht für den Verkäufer vereinbart. Die Rentenzahlung wird dann um den Wert des Wohnungsrechts reduziert.

Der Immobilienübergeber kann durch die Vereinbarung einer Leibrente seinen Lebensunterhalt absichern oder seine Altersrente aufbessern. In aller Regel erzielt der Übergeber einer Immobilie auf Rentenbasis eine größere Gesamteinnahme als bei einem Einmalbeitrag in eine private Rentenversicherung.

! Zudem können sich aus den speziellen Steuervorschriften, die für Leibrenten gelten, für den Übergeber Vorteile gegenüber der Besteuerung aus Kapitalerträgen ergeben. Schließlich muss er nur den relativ geringen Ertragsanteil der Leibrente versteuern. Auf Leibrenten fallen für den Übergeber daher nur geringe Steuern an. Besteuert wird nur der **Ertragsanteil der Privatrente,** der den pauschal geschätzten Zinsanteil der Leibrente erfasst. Der in der Leibrente enthaltene Kapitalanteil bleibt steuerfrei.

Wer mit 65 Jahren zum ersten Mal eine Leibrente bezieht, muss nur 18 % davon versteuern.

» Jährliche Leibrente 12.000,– €, steuerpflichtig 2.160,– € bei einem steuerpflichtigen Ertragsanteil von 18 %, anteilige Steuer nur 540,– € pro Jahr bei einem persönlichen Steuersatz von beispielsweise 25 %.

Je später der Rentenbeginn liegt, desto geringer fällt wegen der statistisch geringeren Lebensdauer auch der Ertragsanteil aus.

Allerdings müssen Immobilieneigentümer, die ihre Immobilie auf Rentenbasis übergeben möchten, einen **zahlungskräftigen Angehörigen** finden, der für viele Jahre in der Lage ist, die vereinbarte Rente zu bezahlen.

Immobilieneigentümer scheuen häufig davor zurück, ihr eigenes finanzielles Wohlergehen von der künftigen finanziellen Situation des Erben abhängig zu machen. Dieser mag zwar zum jetzigen Zeitpunkt zahlungskräftig erscheinen. Wie jedoch die Bonität in einigen Jahren beschaffen sein wird, lässt sich meist nur schwer einschätzen.

> **!** Die Immobilienübertragung auf Rentenbasis kann auch für den Übernehmer interessant sein. Ein wesentlicher Vorteil einer Immobilienverrentung für den Übernehmer besteht darin, dass er die Leibrente möglicherweise ganz oder teilweise aus seinem laufenden Einkommen bestreiten und den Ertragsanteil der Leibrente steuerlich absetzen kann – unabhängig davon, ob er die auf Rentenbasis erworbene Immobilie selbst nutzt oder vermietet.

Eine Zahlung aus seinem Vermögen oder die Aufnahme eines Darlehens in Höhe des Wertes des Hauses ist nicht oder nur für einen Teilbetrag des Verkehrswertes der Immobilie erforderlich. Vorhandenes liquides Vermögen, das der Übernehmer nicht zur Zahlung eines sonst fälligen Einmalbetrages einsetzen muss, kann er zur Renovierung verwenden. Übernehmer werden darauf achten, dass sie sich nicht zu einer überhöhten Rentenzahlung verpflichten.

Sowohl Übergeber als auch Übernehmer von Immobilien können also von einer Immobilienverrentung profitieren.

> **!** Aufgrund der vielfältigen Gestaltungsmöglichkeiten sollten sich alle Beteiligten jedoch vor dem Abschluss eines Verrentungsvertrages fachkundig beraten lassen.

Auf jeden Fall sollte der Übergeber die Leibrente **erstrangig im Grundbuch absichern,** und zwar unter »**Reallast**« in der **zweiten Abteilung des Grundbuches.** Falls der Übernehmer später ein

Hypothekendarlehen aufnehmen und es wegen rückständiger Zinsen zu einer Zwangsversteigerung auf Antrag der Gläubigerbank kommen würde, müsste der Ersteigerer die auf der Leibrente bestehen bleibenden Rechte übernehmen und anstelle des ursprünglichen Übernehmers die Leibrente an den ehemaligen Verkäufer zahlen.

! Sollte der Übernehmer mit der Zahlung der Leibrenten an den Übergeber in Rückstand geraten, kann dieser auch selbst die Zwangsversteigerung der Immobilie beantragen. Um eine Verschleuderung zu verhindern, kann der ehemalige Eigentümer sogar selbst im Versteigerungstermin bieten oder enge Verwandte bieten lassen. Ersteigert der ehemalige Eigentümer die Immobilie selbst, wird er neuer Eigentümer. Sein Eigentum hat er also nicht verloren, sondern zurückerworben.

Da bei der Immobilienübertragung gegen Leibrente der **Zeitpunkt des Ablebens** beim Übergeber immer ungewiss bleiben wird, ist diese Variante sowohl für Übergeber als auch für Übernehmer mit einem finanziellen Risiko verbunden. Für den Übergeber ist die Leibrente eine **»Wette auf ein langes Leben«.** Je länger er im Vergleich zur statistischen Lebenserwartung laut Sterbetafel des Statistischen Bundesamtes lebt, desto eher lohnt sich die Immobilienübertragung auf Rentenbasis.

Für den Übernehmer ist es gerade umgekehrt. Er geht eine **»Wette auf einen frühen Tod«** des Übergebers ein. So makaber es auch klingen mag: Je früher der Übergeber verstirbt, desto eher hat sich die Übernahme der Immobilie gegen Leibrente ausgezahlt.

! Wegen dieser Chancen, aber auch Risiken auf beiden Seiten ist es verständlich, dass die Immobilienübertragung auf Leibrentenbasis fast nur unter engen Angehörigen vorkommt. Hier können beide Seiten – der in aller Regel betagte Übergeber und der meist aus der nachfolgenden Generation stammende Übernehmer (z.B. Sohn, Tochter, Neffe oder Nichte) – noch am ehesten die fernere Lebenserwartung des Übergebers abschätzen und eine für beide Seiten faire Leibrente aushandeln.

7.5.9 Gemischte Schenkung mit Schuldübernahme

Bei einer **gemischten Schenkung** verpflichtet sich der Beschenkte zu einer bestimmten Gegenleistung (z.B. Übernahme der restlichen Hypothekenschulden oder Zahlung eines bestimmten Betrages), die unter dem Verkehrswert der übertragenen Immobilie liegen muss.

Die gemischte Schenkung wird immer aufgeteilt in einen **entgeltlichen Teil** in Höhe der Gegenleistung des Beschenkten und in einen **unentgeltlichen Teil.** In Höhe der Gegenleistung entstehen für den Beschenkten Anschaffungskosten.

Als Gegenleistungen des Beschenkten kommen infrage:

- **Einmalzahlung eines Betrages,** der unter dem Verkehrswert liegt (z.B. ein Drittel oder Viertel des Verkehrswertes),
- **Übernahme von Geldverbindlichkeiten** (z.B. restliche Hypothekenschulden) des Schenkers,
- Abstandszahlungen an den Schenker und
- **Gleichstellungszahlungen** an andere Angehörige (z.B. an die Geschwister als Miterben).

» Wird beispielsweise eine Immobilie mit einem Verkehrswert von 500.000,– € und einer Restschuld von 200.000,– € verschenkt, belaufen sich die Anschaffungskosten für den Beschenkten auf 200.000,– €, da er diesen Betrag durch die Übernahme der Schulden als Gegenleistung erbringt. Der unentgeltliche Teil beträgt 300.000,– € und stellt den schenkungsteuerlichen Erwerb dar (§ 10 Abs. 1 ErbStG). Dabei ist jedoch zu beachten, dass Freibeträge gemäß § 16 ErbStG (z.B. 400.000,– € für Kinder) angerechnet werden können. In diesem Fall bliebe der Erwerb steuerfrei, da der unentgeltliche Teil unterhalb des Freibetrags liegt.

7.6 Die Erbschaft

Treten der Todesfall und damit der Erbfall ein, erspart ein notarielles Testament oder ein notariell beurkundeter Erbvertrag in aller Regel die **Ausstellung eines Erbscheins.** Gegenüber dem Grundbuchamt reichen die Vorlage von Testament oder Erbvertrag sowie die Niederschrift des Nachlassgerichtes über die Eröffnung dieser letztwilligen Verfügung als Nachweis aus.

Die **Eröffnung von Testament oder Erbvertrag** erfolgt gegen eine geringe Gebühr. Der Erbschein kostet hingegen die doppelte Gebühr und ist daher genauso teuer wie ein beim Notar beurkundetes gemeinschaftliches Testament oder ein notariell beurkundeter Erbvertrag. Der Erblasser erspart somit den künftigen Erben Geld und Zeit, wenn er eine letztwillige Verfügung von Todes wegen über ein Testament oder einen Erbvertrag getroffen hat.

Der **Erbschein** ist ein amtliches Zeugnis über das Erbrecht und gibt an, wer den Verstorbenen beerbt hat bzw. welcher Anteil bei einer Erbengemeinschaft auf jeden Miterben entfällt. Damit wird es den Erben ermöglicht, über die Erbschaft und damit den Nachlass zu verfügen. Die Erben können Nachlassgegenstände verkaufen und Immobilien im Grundbuch auf ihren Namen umschreiben lassen.

! Die Angaben im Erbscheinsantrag sind durch Urkunden (z.B. Sterbeurkunde, Stammbuch zum Nachweis der Verwandtschaft des Erben mit dem Erblasser, Heiratsurkunde bei Ehegatten) zu belegen und durch eine eidesstattliche Versicherung glaubhaft zu machen. Die Gebühr für den Erbschein, der beim Nachlassgericht beantragt wird, richtet sich nach der Höhe des Nachlasses.

7.6.1 Alleinerbe oder Erbengemeinschaft?

Dem Alleinerben fällt es in aller Regel leicht, sein Erbe anzutreten. Vorsicht ist aber angebracht, wenn der **Nachlass überschuldet** oder **mit Vermächtnissen und Pflichtteilsansprüchen belastet** ist. Eine Überschuldung liegt vor, wenn die Nachlassverbindlichkeiten über dem Rohvermögen liegen. Beispielsweise sind die restlichen Hypothekenschulden höher als der aktuelle Verkehrswert einer Immobilie.

! Der Alleinerbe sollte daher genau prüfen, ob er die Erbschaft annimmt oder ausschlägt. Wenn er die Erbschaft wegen Überschuldung ausschlagen will, muss er dies innerhalb der nur sechswöchigen Ausschlagungsfrist tun. Diese Frist beginnt mit dem Zeitpunkt, zu dem der Erbe weiß, dass ihm die Erbschaft als gesetzlichem oder testamentarischem Erben zufällt. Bei einer durch Testament oder Erbvertrag festgelegten Erbfolge beginnt die Frist mit dem Zeitpunkt, an dem ihn das Nachlassgericht über die letztwillige Verfügung informiert hat.

Die **Annahme der Erbschaft** erfolgt in der Praxis fast immer durch schlüssiges Verhalten des Erben. Eine ausdrückliche Annahme gegenüber dem Nachlassgericht oder einem Nachlassgläubiger ist also entbehrlich.

! Nach Annahme der Erbschaft kann der Erbe mit dem Nachlass grundsätzlich so verfahren, wie er es für richtig hält. Es sei denn, dass Vermächtnisse, Auflagen oder Pflichtteilsansprüche zu beachten sind.

7.6.2 Erbengemeinschaft

Eine **Erbengemeinschaft** entsteht automatisch, wenn eine verstorbene Person mehrere Erben hinterlässt, sei es durch gesetzliche Erbfolge oder testamentarische Verfügung. Rechtlich handelt es sich hierbei um eine **Gesamthandsgemeinschaft,** was bedeutet, dass der gesamte Nachlass allen Miterben gemeinschaftlich gehört. Kein einzelner Miterbe hat ein exklusives Eigentum an bestimmten Nachlassgegenständen; vielmehr steht jedem nur ein ideeller Anteil am gesamten Nachlass zu (§ 2032 BGB).

Die wichtigsten Kriterien der Gesamthandsgemeinschaft:

- **Gemeinsames Eigentum:** Alle Nachlassgegenstände gehören der Gemeinschaft als Ganzes. Entscheidungen über den Nachlass können nur gemeinsam getroffen werden.
- **Verfügungsbeschränkungen:** Kein Miterbe darf allein über einzelne Nachlassgegenstände verfügen. Ausnahmen gelten für den Verkauf des eigenen Erbteils, der jedoch nicht ohne Zustimmung der anderen Miterben erfolgen kann.
- **Rechte und Pflichten:** Die Erben treten in die Rechte und Pflichten des Erblassers ein, einschließlich der Begleichung von Schulden. Dabei haften sie gesamtschuldnerisch, was bedeutet, dass Gläubiger jeden einzelnen Erben für die gesamte Schuld in Anspruch nehmen können.

Die **Erbengemeinschaft** ist **nicht auf Dauer** angelegt. Jeder Miterbe hat das Recht, jederzeit die **Aufteilung des Nachlasses** zu verlangen (§ 2042 BGB). Dies kann durch einen einvernehmlichen Auseinandersetzungsvertrag oder – bei Streitigkeiten – durch eine gerichtliche Teilungsklage erfolgen. In letzterem Fall können unteilbare Vermögenswerte wie Immobilien zwangsversteigert werden.

! Die Erbengemeinschaft ist eine komplexe rechtliche Konstruktion mit hohem Konfliktpotenzial. Eine frühzeitige und klare Kommunikation unter den Miterben sowie juristische Beratung können helfen, Streitigkeiten zu vermeiden und den Nachlass effizient aufzuteilen.

7.7 Verwaltung des Nachlasses

Schon bei der Verwaltung des Nachlasses kann es zum Streit kommen. Dies passiert vor allem bei der Verwaltung von **gemeinsam geerbten Immobilien.** Zunächst wird eine Berichtigung im Grundbuch erfolgen, wonach die Immobilie vom Erblasser auf die Erbengemeinschaft übergeht. Die Erbanteile der Miterben werden dort aber nicht genannt, da es sich lediglich um eine Gesamthandsgemeinschaft handelt.

Wer die Immobilie verwalten soll, kann bereits innerhalb der Erbengemeinschaft strittig sein. Oft wird ein Miterbe als Verwalter von den anderen kritisch beäugt.

! Daher ist es meist besser, einen Außenstehenden als Grundstücksverwalter zu bestellen und ihn zu bezahlen. Weiter muss die Nutzung der Immobilie (z.B. Selbstnutzung durch einen Miterben oder Vermietung an Dritte) geklärt werden. Da Mieterträge erst nach der endgültigen Teilung des Nachlasses auf die Miterben aufgeteilt werden können, müssen die Miterben einstimmig Vorschusszahlungen auf diese Mieterträge beschließen.

Darüber hinaus müssen die Miterben ebenfalls **einstimmig außerordentliche Verwaltungsmaßnahmen** wie die Aufhebung eines Mietverhältnisses oder die Räumung und Herausgabe einer Wohnung **beschließen.** Lediglich Maßnahmen der ordnungsgemäßen Verwaltung wie beispielsweise notwendige Instandhaltungsarbeiten oder Neuvermietung der Immobilie können mit einfacher Stimmenmehrheit beschlossen werden.

Der **Beschluss,** die **Nachlassimmobilie zu verkaufen,** bedarf in der Regel der **Einstimmigkeit** aller Miterben (§ 2040 BGB).

! Allerdings kann es Ausnahmen geben: Wenn der Verkauf zur ordnungsgemäßen Verwaltung des Nachlasses erforderlich ist, etwa um die Teilbarkeit des Nachlasses zu gewährleisten, kann eine Mehrheitsentscheidung ausreichen (§ 2038 Abs. 1 Satz 2 BGB). Solche Fälle sind jedoch eng auszulegen und erfordern eine sorgfältige rechtliche Prüfung.

Diese Beispiele verdeutlichen, welche Herausforderungen eine gemeinschaftliche Verwaltung der Immobilie mit sich bringen kann. Insbesondere dann, wenn mehrere Immobilien nach dem Tod des Erblassers in das Eigentum der Erbengemeinschaft übergehen.

7.7.1 Teilung des Nachlasses

Jeder Miterbe kann jederzeit die **Auseinandersetzung des Nachlasses** verlangen. Der Gesetzgeber sieht grundsätzlich vor, den Nachlass tatsächlich entsprechend den gesetzlichen Erbquoten aufzuteilen. Das ist aber gerade bei **Nachlassimmobilien** gar nicht möglich. Im schlimmsten Fall kommt es dann auf Antrag eines Miterben zu einer **Versteigerung der Immobilie** vor dem zuständigen Amtsgericht.

Teilungsanordnungen des Erblassers im Testament oder Erbvertrag müssen umgesetzt werden. Das heißt aber nicht, dass der einzelne Miterbe automatisch Eigentümer bestimmter Nachlasswerte wird.

! Die Teilungsanordnung des Erblassers ist erst bei der eigentlichen Auseinandersetzung des Nachlasses von den Miterben oder dem Testamentsvollstrecker zu beachten. Als Testamentsvollstrecker sollte der Erblasser nur eine neutrale, vertrauenswürdige und auch fachlich kompetente Person auswählen.

Bei Nachlassimmobilien besteht zudem ein erhöhtes **Pflichtteilsrisiko.**

! Da der Pflichtteilsberechtigte nicht eine bestimmte Immobilie oder bestimmte Nachlassgegenstände verlangen kann, besteht der Pflichtteil nur in Form eines Geldanspruchs. Wird dieser geltend gemacht, kann das bei Nachlassimmobilien zu erheblichen Liquiditätsproblemen bei den eigentlichen Erben führen. Nicht selten muss das geerbte Elternhaus oder das geerbte Mietobjekt verkauft werden, um den Pflichtteil auszahlen zu können.

7.7.2 Teilungsversteigerung von Immobilien

Wenn die Erbengemeinschaft sich gar nicht über die Teilung von Nachlassimmobilien einigen kann, kommt es auf Antrag eines Miterben und Miteigentümers zur **Teilungsversteigerung** der Immobilie vor dem Amtsgericht.

Offiziell heißt dies »**Versteigerung zum Zwecke der Aufhebung der Gemeinschaft**«. Der umgangssprachliche Begriff Teilungsversteigerung ist missverständlich, da ja keine Teilung der Immobilie erfolgt, sondern nur eine Umwandlung einer an sich unteilbaren Immobilie per Zwangsversteigerung in einen aufteilbaren Versteigerungserlös. Die eigentliche Auseinandersetzung über die Verteilung dieses Versteigerungserlöses auf die jeweiligen Miteigentümer wird nur vorbereitet. Daher wäre der Begriff »Auseinandersetzungsversteigerung« für dieses Verfahren auch treffender.

! Diese Teilungs- oder Auseinandersetzungsversteigerung zum Zwecke der Aufhebung der Erbengemeinschaft kann jeder Miterbe und Miteigentümer formlos beim zuständigen Amtsgericht beantragen. Es reicht, wenn der Miterbe die im Grundbuch eingetragene Immobilie konkret benennt und sich hinsichtlich der genauen Bezeichnung der Immobilie sowie der Eigentumsverhältnisse auf das Bestandsverzeichnis im jeweiligen Grundbuch (Gemarkung, Grundbuchblatt, Flur, Flurstück) bezieht. Der

Hinweis im Antrag, dass alle bisherigen Versuche einer einvernehmlichen Regelung zur Verwertung der Immobilie gescheitert sind und daher eine Teilungsversteigerung geboten ist, sollte nicht fehlen. Erforderlich ist dieser Hinweis aber nicht.

Das **Amtsgericht** wird nach Prüfung des Antrags die Versteigerung der Immobilie zum Zwecke der Aufhebung der Erbengemeinschaft anordnen, einen Gutachter mit der Bewertung der Immobilie beauftragen und einen Versteigerungstermin ansetzen.

Bei **Erbengemeinschaften** entzündet sich der Streit meist am ehemals von den Eltern bewohnten Eigenheim. Es kann sich aber auch um einen umfangreichen Grundbesitz mit mehreren Mietobjekten handeln, den die zerstrittene Erbengemeinschaft geerbt hat. Wenn diese Erbengemeinschaft dann noch aus einer Vielzahl von Miterben besteht, die völlig unterschiedliche Vorstellungen über den Wert und die Verwertung des Grundbesitzes haben, ist der erbitterte Streit fast nicht mehr zu vermeiden.

Beim **Versteigerungstermin** kann nicht nur jeder am Verfahren beteiligte Miterbe bieten, sondern auch ein Dritter. Meist entbrennt der Bieterkampf aber unter den Miterben. Bei zwei Geschwistern als Erben des Elternhauses kommt es dann zum Zweikampf, bei dem sich beide Miteigentümer gegenseitig überbieten, bis am Ende einer von ihnen als Meistbietender übrig bleibt und den Zuschlag erhält.

Der meistbietende Geschwisterteil wird dann Alleineigentümer, während der unterlegene Geschwisterteil am Ende des Verfahrens die Hälfte des Versteigerungserlöses erhält. Friede unter den Geschwistern kehrt dann in der Regel immer noch nicht ein. Zumindest der Streit um das zunächst gemeinsam geerbte Elternhaus ist aber damit beendet.

Zum **Dauerstreit** kann es bei **sehr großen Erbengemeinschaften** kommen. Wenn beispielsweise zahlreiche Miterben eines älteren Einfamilienhauses aus mehreren Familien stammen, deutlich unterschiedlichen Geburtsjahrgängen angehören und völlig unterschiedliche Interessen haben, wird der Streit schon fast zu einer unendlichen Geschichte. Letztlich bleibt dann nur noch die Teilungsversteigerung vor dem zuständigen Amtsgericht.

Wie diese Versteigerung dann ausgeht, ist unschwer zu erraten: Nach einem **erbitterten Bieterkampf** ersteigert schließlich ein Miterbe das Einfamilienhaus und zahlt an die ehemaligen Miterben den Versteigerungserlös entsprechend der Erbquoten aus. Ein vom Erblasser sorgfältig verfasstes Testament hätte einen solchen jahrelangen und völlig unnötigen Streit schon im Ansatz verhindern können.

7.8 Vermächtnisse

Im Testament oder Erbvertrag können **Vermächtnisse** vorgesehen werden. Wenn man jemandem einen genau festgelegten Teil seines Vermögens (z.B. Familienschmuck, vermietete Eigentumswohnung oder Zahlung eines Geldbetrags) »vermacht«, erhält dieser lediglich einen Vermögensvorteil. Er wird dadurch aber nicht Erbe. Vermachen ist also nicht gleichzusetzen mit Vererben.

Da der **Vermächtnisnehmer** (also die durch ein Vermächtnis bedachte Person) nicht in die Rechtsnachfolge des Erblassers eintritt, erwirbt er im Todesfall nur einen schuldrechtlichen Anspruch, der sich gegen den mit dem Vermächtnis beschwerten Erben richtet. Das Vermächtnis kann sich auch auf ein Wohnungsrecht oder Nießbrauchrecht beziehen.

Auch auf **minderjährige** und bei Abfassung von Testament oder Erbvertrag noch **nicht geborene Enkel** können Vermächtnisse zum Beispiel in Geld ausgesetzt werden. In diesem Fall sollten Ehepartner aber vorsorglich eine Testamentsvollstreckung anordnen. Eine solche Klausel könnte wie folgt lauten:

Für den Fall, dass ein Enkel, der das vorstehende Vermächtnis annimmt, noch nicht das 27. Lebensjahr vollendet haben sollte, ordnet der Letztversterbende von uns für das betreffende Vermächtnis Testamentsvollstreckung an.

Zum Testamentsvollstrecker wird unsere Tochter/unser Sohn .... ernannt. Diese(r) ist berechtigt, einen oder mehrere Ersatztestamentsvollstrecker zu ernennen.

Der Testamentsvollstreckung unterliegt allein das Vermächtnis zugunsten des Enkels, der das 27. Lebensjahr noch nicht vollendet hat. Der Testamentsvollstrecker hat für den betreffenden Enkel das Vermächtnis in Empfang zu nehmen und dieses bis zur Vollendung des 27. Lebensjahres des betreffenden Enkels zu verwalten (Dauertestamentsvollstreckung).

Es wird in das pflichtgemäße Ermessen des Testamentsvollstreckers gestellt, die Erträgnisse ganz oder teilweise dem betreffenden Enkel auszuhändigen und ihm auch Geldbeträge zur freien Verfügung zu überlassen, soweit der Enkel deren aus besonderen Gründen bedarf, insbesondere zur Finanzierung einer Ausbildung oder eines Studiums.

7.9 Pflichtteilsansprüche

Der **Pflichtteil** ist eine gesetzlich festgelegte Beteiligung am Nachlass, sofern der Erblasser nahe Verwandte per Testament oder Erbvertrag von der Erbfolge ausgeschlossen hat. Er beträgt immer die **Hälfte des Erbteils,** der dem vom Nachlass ausgeschlossenen Erben laut gesetzlicher Erbfolge zustehen würde.

Liegt der gesetzliche Erbteil beispielsweise bei der Hälfte des Nachlasses, macht der Pflichtteil immerhin noch ein Viertel aus. Ansprüche auf den Pflichtteil haben nur Abkömmlinge des Erblassers (Kinder, Enkel und Urenkel), Eltern und enterbte Ehepartner.

! Großeltern, Geschwister und andere weiter entfernte Verwandte (Onkel, Tante, Neffe, Nichte usw.) sind nicht pflichtteilsberechtigt. Sofern der Erblasser sie im Testament oder Erbvertrag weder mit einem Erbteil noch durch ein Vermächtnis bedacht hat, erhalten sie nichts. Gleiches gilt für Ex-Ehepartner und in Trennung lebende Ehepartner.

7.9.1 Die Pflichtteilsstrafklausel

Grundsätzlich gilt: Verlangt bei Ehepaaren eines der Kinder im ersten Erbfall den Pflichtteil in Höhe der Hälfte des gesetzlichen Erbteils, bekommt es auch im zweiten Erbfall nur den Pflichtteil (Strafklausel).

Machen die Kinder aber beim Tode des ersten Elternteils ihren Pflichtteil nicht geltend, erben sie nach dem Tod des zweiten Elternteils als Erben 1. Ordnung alles.

! Um den Kindern den Pflichtteilsverzicht beim ersten Erbfall »schmackhaft« zu machen, erhalten sie laut Testament oder Erbvertrag aus dem Nachlass des erstversterbenden Elternteils ein Vermächtnis im Wert ihres gesetzlichen Erbteils, das aber erst beim Tod des letztversterbenden Elternteils ausgezahlt wird (Belohnungsklausel). Wie im wirklichen Leben können also Eheleute aus erzieherischer Sicht Belohnung bei Wohlgefallen und Strafe bei Missfallen in einer letztwilligen Verfügung von Todes wegen (gemeinschaftliches Testament oder Erbvertrag) verteilen.

Mustertext für Strafklausel mit Vermächtnis

Wenn ein Abkömmling entgegen den Verfügungen aus dem Nachlass des Erstversterbenden den Pflichtteil verlangt, so sollen sowohl er als auch seine Abkömmlinge, soweit sie an seine Stelle treten, von der Erbfolge nach dem Überlebenden ausgeschlossen sein, aus dem Nachlass des Überlebenden also ebenfalls – soweit dies gesetzlich zwingend vorgeschrieben ist – den Pflichtteil erhalten.

Die als Erben eingesetzten Abkömmlinge, die die Pflichtteile nicht verlangen, sollen aus dem Nachlass des Erstversterbenden ein Vermächtnis erhalten, das für jeden Abkömmling so groß sein soll, wie dessen Erbteil bei gesetzlicher Erbfolge und Übernahme der Pflichtteilslast auf die Abkömmlinge sein würde.

Die Vermächtnisse sollen sofort beim Tode des Erstversterbenden anfallen, aber erst beim Tode des Längstlebenden ausgezahlt werden.
Diese Verfügungen sollen auch dann unberührt bleiben, wenn zum Zeitpunkt des jeweiligen Erbfalls irgendwelche weitere Pflichtteilsberechtigte vorhanden sind.

Wenn diese auf den ersten Blick höchst kompliziert erscheinenden Regelungen bereits im Vorfeld mit den erwachsenen Kindern kommuniziert werden, beugt dies späteren Missverständnissen vor und sorgt für klare Verhältnisse. Ein solcher **vorbeugender Pflichtteilsverzicht,** verbunden mit einem Vermächtnis in Höhe des gesetzlichen Erbteils, empfiehlt sich insbesondere bei mehreren Kindern und großem Immobilienvermögen.

Ein **Pflichtteilsergänzungsanspruch** entsteht bei Schenkungen im Wege der vorweggenommenen Erbfolge. Hat der Erblasser vor seinem Tod eine Schenkung vorgenommen, kann der Pflichtteilsberechtigte (z.B. Sohn oder Tochter) als Ergänzung des Pflichtteils verlangen, dass das verschenkte Vermögen dem Nachlass hinzugerechnet wird.

7.9.2 Der Pflichtteilsverzicht

Nicht immer werden Pflichtteilsberechtigte durch die obige Pflichtteilsstrafklausel davon abgehalten, ihren Pflichtteil aus dem Nachlass doch zu verlangen. Um auf Nummer sicher zu gehen, könnte der künftige Erblasser mit dem Pflichtteilsberechtigten auch einen Pflichtteilsverzicht gegen Zahlung einer Abfindungssumme oder Übertragung einer vermieteten Immobilie vereinbaren.

! Ein solcher Pflichtteilsverzichtsvertrag muss gemäß § 2346 Abs. 2 BGB notariell beurkundet werden. Die Höhe der Abfindungszahlung oder des Immobilienwertes sollte in etwa dem Pflichtteilsanspruch im Erbfall entsprechen. Zusätzlich sollte vereinbart werden, dass der Pflichtteilsverzicht auch für die Nachkommen des Pflichtteilsberechtigten gilt.

Durch einen im gegenseitigen Einvernehmen mit dem Pflichtteilsberechtigten vereinbarten Pflichtteilsverzicht kann der künftige Erblasser bereits zu Lebzeiten für klare Verhältnisse sorgen und den künftigen Nachlass nach eigenen Wünschen regeln.

Index

C

D

E

H

I

K

L

M

N

O

P

T

U

V

Steuertipps
Egal, ob du vor der Herausforderung stehst, deine Steuererklärung zu erledigen, eine Immobilie zu erwerben oder deine persönliche Vorsorge zu machen – du kannst dich darauf verlassen, dass wir dir in jeder Lebenslage zur Seite stehen.
Unsere Ratgeber und Software bieten dir wichtige Informationen und konkrete Lösungen in allen Lebenslagen.
Unser
Tipp
für beste Infos:
www.steuertipps.de